给所有酒店行业从业者

365天 可视化酒店管理实操手册

赵广欣 编

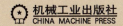

机械工业出版社
CHINA MACHINE PRESS

本书以表格的形式将酒店各部门365天的工作细则进行了明确分工，涉及业主办公室、前厅部、客房部、餐饮部、销售部、传媒部、财务部、人力资源部、保安部、工程部等，一目了然、可操作性强。

本书可作为大中型酒店管理人员手册，或作为酒店员工培训用书。

图书在版编目（CIP）数据

365天可视化酒店管理实操手册 / 赵广欣编. —北京：机械工业出版社，2023.2
ISBN 978-7-111-72151-2

Ⅰ.①3… Ⅱ.①赵… Ⅲ.①饭店－商业企业管理－手册 Ⅳ.①F719.2-62

中国版本图书馆CIP数据核字（2022）第231613号

机械工业出版社（北京市百万庄大街22号 邮政编码100037）
策划编辑：卢志林 范琳娜 责任编辑：卢志林 范琳娜
责任校对：史静怡 梁 静 责任印制：任维东
北京中兴印刷有限公司印刷

2023年2月第1版第1次印刷
169mm×239mm・19.25印张・290千字
标准书号：ISBN 978-7-111-72151-2
定价：88.00元

电话服务 网络服务
客服电话：010-88361066 机 工 官 网：www.cmpbook.com
　　　　　010-88379833 机 工 官 博：weibo.com/cmp1952
　　　　　010-68326294 金 书 网：www.golden-book.com
封底无防伪标均为盗版 机工教育服务网：www.cmpedu.com

序

"机会总是留给有准备的人。"所谓"有准备",无外乎是订目标、做计划,并付诸实际行动。作为消费体验、安全保障、经营业绩并重的酒店业,必须以更加精细化的管理,系统地关注宾客服务、市场营销、设施保养、安全消防、危机公关等千头万绪的工作。

随着移动互联网、电子支付、自媒体的迅速发展,宾客的消费行为、体验需求均发生了个性化、差异化、多样性的变化,酒店运营的市场环境也发生着巨大的变化。为了更好地适应酒店市场多方面的变化和个性化的需求、服务,面对越来越多的酒店管理挑战和繁杂多样的管理任务,酒店管理者要想更具前瞻性、计划性地开展全年的工作,并通过责任落实和可视化的闭环管理,更加高效地确保各项重点工作有序进行,关键就在于能有效制订重点工作计划,并通过PDCA闭环管理确保目标顺利实现。

由于工作的原因,我十分关注业界关于酒店管理的各种创新做法和独特经验总结。机缘巧合,我有幸在作者所在的酒店,发现和了解了作者带领其管理团队,基于酒店管理的实际需要和十余年的探索实践而积累形成的《365天可视化酒店管理实操手册》。

《365天可视化酒店管理实操手册》是以计划性和前瞻性为出发点的酒店管理工具。它以酒店全年365天重点工作计划的有效制订与具体落实为立足点,将酒店的年度目标层层分解,细化为每月、每天的具体工作任务,并按照时间节点逐一列明,旨在帮助酒店管理者在繁杂多样的任务中更加有效地聚焦工作重点,更加前瞻性地组织实施。

《365天可视化酒店管理实操手册》是以目标管理为理论依据的科学管理方法。它以目标为导向,以人为中心,以成果为标准,涉及安全资产、财务回报、宾客体验、企业责任、员工团队五大模块，覆盖了业主办公室、前厅部、客房部、餐饮部、销售部、传媒部、财务部、人力资源部、保安部、工程部等部门的重点任务。如此，酒店管理全链条一目了然，为管理者提供了系统的、可控的管理依据。

《365天可视化酒店管理实操手册》是对国际品牌酒店管理经验积累的可视化呈现。它基于组织管理民主化、员工管理自我控制化、成果管理目标化的要求，以长期管理经验积累和可视化为显著特点，对量化、点题、追踪等管理要求以目视化的形式全景展现，实现了管理的再管理，从而协助组织和个人取得最佳业绩。

《365天可视化酒店管理实操手册》是全面质量管理理念和PDCA循环的具体运用。它将全年繁杂的工作按照时间倒推法合理排序，确保各项工作能够按照计划、执行、检查、处理的循环管理工作模式展开，并在此过程中不断追求卓越，不仅为酒店管理控制提供了依据，更为全员降低了日常管理成本，使全员有更多时间和精力思考未来成为可能，有效地实现了成效驱动。

管理过程学派的创始人亨利·法约尔强调：管理就是预测和计划、组织、指挥、协调以及控制。"365天可视化工作法"源于对管理理论的具体实践和酒店多年管理经验的积累总结，对于实现酒店管理所必要的前瞻性、计划性，以及高效执行和闭环管理，都具有十分重要的指导意义和实践价值。

编者将"365天可视化工作法"集结成册，并正式出版，实属首创，我十分乐意分享给大家。希望本手册能够在业界同行的实践运用中日臻完善，力争开辟一条促进中国酒店业经营管理水平持续提升的有效路径。

国际饭店与餐馆协会业亚太区主席
全国绿色饭店工作委员会主任
中国饭店协会会长
韩　明

前 言

　　酒店常规工作千头万绪，点多面广，且占比大而繁杂，业务范围涉及住宿、餐饮、会议和健身等多个方面。每一位酒店管理者都期望能够高效运营，但是，即便是专业的管理公司和职业的管理团队，也经常会发生重要工作遗漏、前瞻性不够、计划性不强，工作部署不系统、不全面和不接地气等现象。例如，一些到期合同未能及时签订或续签，存在违约违规的风险；设施设备维护安排不及时、不到位，存在运营安全风险；重要经营活动没有充分的时间准备，考虑不全面、不系统，导致经营活动效果与预期相差甚远。此外，酒店是一个人员流动性很强的行业，由于人员的更替频繁，每一个新入职的人员无法在短时间内对酒店的重点工作、重要时间节点进行全面了解，从而会出现工作衔接长期不到位和疲于应付等现象。

　　酒店要高效运营，就要确保各部门将每天、每周、每月的重点工作按照目标要求有序地落实，去积极适应酒店多变的市场环境和宾客个性化的需求。工作的前瞻性、计划性、系统性和全面性是酒店管理者一直亟须思考和解决的问题。诸多酒店在管理上都有着系统的工作制度及流程，但均是以文档的形式呈现，许多工作制度和流程未划分主次，未区分重点工作和关键问题，这些都需要管理者层层沟通、部署和落实。酒店管理者每天将大部分时间花在了管理的再管理上面，没有将更多精力放在酒店发展的战略谋划、创新创造和团队建设等更为重要的工作上来，无形中增加了管理成本，降低了经济效益和品牌影响力。

　　"企业的使命和任务，必须转化为目标"是彼得·德鲁克在《管理的实践》一书中提出的。为解决酒店业存在的以上问题，笔者在任中国饭店协会绿色饭店专业委员会常务副主席、洲际酒店集团大中华区酒店业主委员会人力资源专委会主任期间，不断总结管理经验，结合在国外学习考察的收获，借鉴目标管理、精细化管理、全面质量管理、PDCA 循环工作法等，与酒店实际经营相结合，组织各部门整合重点工作，并深入分析、归纳，经过近十年的实践积累与完善，总结汇编了《365 天可视化酒店管理实操手册》。

《365 天可视化酒店管理实操手册》是酒店管理方法的一种创新，让复杂问题简单化、可视化，为管理者找准工作重心，指明工作方向，做到有章可循，达到降低管理成本和提高工作效率的目的。具有很强的科学性、前瞻性、系统性、实用性和可操作性。

"工欲善其事，必先利其器"。本书的重要意义在于，它是酒店高效管理的工具书，能够帮助酒店成功实施 365 天重点工作可视化。它让管理者从组织架构入手，根据酒店规模选择最合理的组织架构。通过考量法定节假日、计算工作时间节点和梳理阶段性工作，在年初就对酒店全年的重要工作和时间节点进行计划，并将重点工作分解到各部门，同时各部门根据年度工作再完善、细化，层层落实。酒店和各部门把确定下来的年度各项工作根据类别以图标区分，系统考虑，以天为单位形成可视化的统筹图表。让管理者和员工对每天、每周、每月的重点工作一目了然，有章可循，合理把控每项重点工作的计划安排，更加有效地聚焦重点工作，更加有前瞻性地进行组织实施，更好地预防重要工作无计划、重点工作被忽视和考虑问题不全面等问题的发生，显著提高管理水平和工作效率。

最后，感谢中国饭店协会会长韩明女士、洲际酒店集团大中华区董事总经理丹尼尔·爱默尔（Daniel Aylmer）先生、北京北辰实业股份有限公司吕毅红女士和业内专家给予本书编写过程中的指导与帮助。超越自我，日臻完善是酒店业管理者的不懈追求，限于个人学养，书中疏漏在所难免，恳请广大读者批评指正。

赵广欣

目 录

序
前言

酒店管理基础知识篇

002 第一章 酒店的组织架构与 365 天可视化工作法

第一节　酒店组织架构 …2
一、大型酒店组织架构模式 …2
二、中型酒店组织架构模式 …3
三、小型酒店组织架构模式 …4

第二节　365 天可视化工作法 …5
一、考量法定节假日 …5
二、计算工作时间节点 …5
三、落实阶段性工作 …6

007 第二章 酒店总经理岗位概述

第一节　酒店总经理的岗位要素 …7
一、个人形象 …7
二、心理素质 …8
三、个人能力 …9
四、职业道德 …12

第二节　酒店总经理的工作内容 …13
一、日常管理 …13
二、专业管理 …13

酒店管理实务篇

016 第三章
业主办公室 365 天
可视化工作管理实务

一、职责概述 ...16
二、主要工作职责 ...16
三、组织架构 ...16
四、工作细则 ...16
五、专业术语 ...17
六、关键指标 ...18
七、365 天可视化工作管理日历 ...19

044 第四章
前厅部 365 天
可视化工作管理实务

一、职责概述 ...44
二、主要工作职责 ...44
三、组织架构 ...44
四、工作细则 ...45
五、专业术语 ...46
六、关键指标 ...47
七、365 天可视化工作管理日历 ...47

072 第五章
客房部 365 天
可视化工作管理实务

一、职责概述 ...72
二、主要工作职责 ...72
三、组织架构 ...72
四、工作细则 ...72
五、专业术语 ...74
六、关键指标 ...74
七、365 天可视化工作管理日历 ...75

100 第六章
餐饮部 365 天可视化工作管理实务

一、职责概述 ...100
二、主要工作职责 ...100
三、组织架构 ...100
四、工作细则 ...100
五、专业术语 ...102
六、关键指标 ...103
七、365 天可视化工作管理日历 ...103

128 第七章
销售部 365 天可视化工作管理实务

一、职责概述 ...128
二、主要工作职责 ...128
三、组织架构 ...128
四、工作细则 ...129
五、专业术语 ...130
六、关键指标 ...130
七、365 天可视化工作管理日历 ...131

156 第八章
传媒部 365 天可视化工作管理实务

一、职责概述 ...156
二、主要工作职责 ...156
三、组织架构 ...156
四、工作细则 ...156
五、专业术语 ...158
六、关键指标 ...158
七、365 天可视化工作管理日历 ...159

184 第九章 财务部 365 天可视化工作管理实务

一、职责概述 …184
二、主要工作职责 …184
三、组织架构 …184
四、工作细则 …185
五、专业术语 …186
六、关键指标 …187
七、365 天可视化工作管理日历 …187

212 第十章 人力资源部 365 天可视化工作管理实务

一、职责概述 …212
二、主要工作职责 …212
三、组织架构 …212
四、工作细则 …213
五、专业术语 …214
六、关键指标 …214
七、365 天可视化工作管理日历 …215

240 第十一章 保安部 365 天可视化工作管理实务

一、职责概述 …240
二、主要工作职责 …240
三、组织架构 …240
四、工作细则 …241
五、专业术语 …242
六、关键指标 …243
七、365 天可视化工作管理日历 …243

268 第十二章 工程部 365 天可视化工作管理实务

一、职责概述 …268
二、主要工作职责 …268
三、组织架构 …268
四、工作细则 …269
五、专业术语 …270
六、关键指标 …271
七、365 天可视化工作管理日历 …271

酒店管理基础知识篇

第一章 酒店的组织架构与365天可视化工作法

第一节 酒店组织架构

一、大型酒店组织架构模式

大型酒店的组织架构模式比较固定且清晰,有很完善的总监责任制,各部门总监向酒店总经理负责,同时受业主代表的监管。各部门总监负责各个部门的具体运行,分工明确。大型酒店组织架构模式如图1-1。

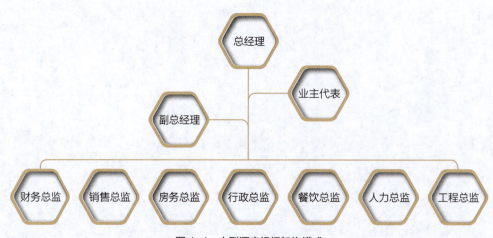

图1-1 大型酒店组织架构模式

酒店总经理全权负责处理酒店事务,督导各项业务的开展,带领酒店团队完成酒店制订的各项目标,包括预算目标、成本核算、安全管控、企业责任、创新能力、团队建设等,并代表酒店与各外部单位保持良好关系,树立酒店形象。

总经理下设业主代表与副总经理，业主代表由业主委派，代表业主协助总经理开展管理工作，并把握酒店整体方向是否符合业主的投资初衷与业主对酒店设定的中远期目标，做好酒店与业主之间的沟通与协调。副总经理向总经理负责，协助总经理督导运营开展情况，深入部门检查工作落实情况，协助总经理完成业主下达的经营目标。

除业主代表、副总经理之外，总经理下设各业务部门、职能部门总监，各部门总监直接向总经理负责，带领本部门做好酒店整体目标下的部门分解目标，作为执行者的同时也是督导者，做好部门之间的协调配合，最终完成酒店的整体经营目标。行政总监负责酒店对内对外各项文件的起草与审核；负责各项会议的组织安排与相关会务工作落实；做好各部门之间的协调平衡，保证酒店相关工作安排及通知，上传下达畅通；负责酒店行政工作，如印章管理、相关凭证管理、文件流转等各项行政管理工作。

二、中型酒店组织架构模式

中型酒店的组织架构模式多为经理责任制，各部门经理向酒店总经理负责（大多酒店不再设立部门总监），同时受业主代表的监管。部分部门也会合并到一起，如工程部和安保部合并为工程安保部。各部门经理负责各个部门的具体运行。中型酒店组织架构模式如图1-2。

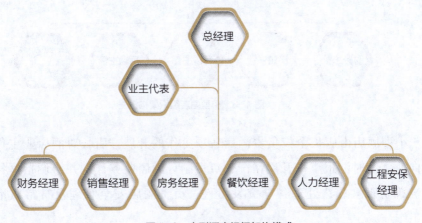

图1-2　中型酒店组织架构模式

中型酒店由总经理全权负责处理酒店事务，督导各项业务的开展，总经理职责与大型酒店总经理职责相同。总经理下设业主代表，业主代表由业主委派，代表业主协助总经理开展管理工作，及时向业主反馈酒店运营整体方向与工作进展，做好酒店与业主之间的沟通与协调。

中型酒店对组织架构进行简化，不再设置部门总监岗位，同时职能相近的部门进行合并。各部门设置部门经理直接向总经理负责，带领、督导部门完成酒店整体经营目标下的分解目标，做好部门的直接协调配合，最终完成酒店整体经营目标。

三、小型酒店组织架构模式

小型酒店的组织架构模式多为主管责任制，各部门主管向店长负责，大多不再设立酒店总经理和部门经理，部分部门也会合并，如前厅、客房、餐饮、销售部合并到一起统称为运营部，由运营主管统一管理。各部门主管负责部门的具体运行。小型酒店组织架构模式如图1-3。

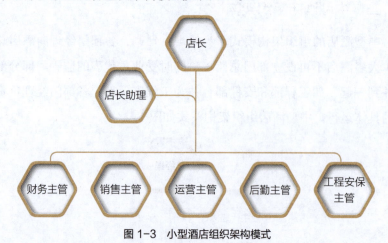

图1-3 小型酒店组织架构模式

小型酒店由店长全权负责酒店各项工作的开展，店长对酒店业主负责并向业主及时汇报工作开展情况；负责制订酒店业务计划并协调指挥各部门准确贯彻实施；处理各项突发事件；负责酒店安全管理及日常质量管理工作。

店长下设店长助理，协助店长做好酒店整体运营管理；在店长领导下主管酒店员工，严格规范员工日常行为规范；负责酒店招聘工作及培训工作；负责部门分管工作或被授权处理店长不在店时的酒店事务。

酒店各部门不再设立经理岗位，职能部门如前厅部、客房部、餐饮部合并为运营部门，各部门设置部门主管，下达店长任务安排，并督导部门完成任务。

第二节　365天可视化工作法

365天可视化工作法是通过考量法定节假日、计算工作时间节点和落实阶段性工作三方面来确保酒店年度目标层层分解、各项工作件件落实。旨在帮助酒店管理者在繁杂多样的工作中更加有效地聚焦重点，更加前瞻性地组织实施。

一、考量法定节假日

酒店的运营需要充分考虑当年节假日，以便提前做好工作和人员安排。酒店在制订全年工作计划前，会参考《全国年节及纪念日放假办法》，如图1-4。

二、计算工作时间节点

（1）部门工作　在往年工作时间的基础上，根据当年的日历，结合各部门的实际情况，制订各部门工作完成的具体时间，如部门到期合同、资产维护等，并且需各部门定期向总经理和业主代表汇报工作的进程。

（2）酒店大事件　在往年工作时间的基础上，根据当年的日历，结合本地区的一些重要事件、重大节日、固定大型活动等，来准确制订酒店的工作时间，并且在此期间需要整个酒店各个部门配合完成。

（3）重要事项　在往年工作时间的基础上，根据当年的日历，结合政府相关要求，制订酒店需要落实跟进的如消防演练、反恐演练等一系列重大事项的工作时间，需要全员参与其中，并做好记录。

（1949年12月23日政务院发布　根据1999年9月18日《国务院关于修改〈全国年节及纪念日放假办法〉的决定》第一次修订　根据2007年12月14日《国务院关于修改〈全国年节及纪念日放假办法〉的决定》第二次修订　根据2013年12月11日《国务院关于修改〈全国年节及纪念日放假办法〉的决定》第三次修订）

第一条　为统一全国年节及纪念日的假期，制定本办法。

第二条　全体公民放假的节日：

（一）新年，放假1天（1月1日）；

（二）春节，放假3天（农历正月初一、初二、初三）；

（三）清明节，放假1天（农历清明当日）；

（四）劳动节，放假1天（5月1日）；

（五）端午节，放假1天（农历端午当日）；

（六）中秋节，放假1天（农历中秋当日）；

（七）国庆节，放假3天（10月1日、2日、3日）。

第三条　部分公民放假的节日及纪念日：

（一）妇女节（3月8日），妇女放假半天；

（二）青年节（5月4日），14周岁以上的青年放假半天；

（三）儿童节（6月1日），不满14周岁的少年儿童放假1天；

（四）中国人民解放军建军纪念日（8月1日），现役军人放假半天。

第四条　少数民族习惯的节日，由各少数民族聚居地区的地方人民政府，按照各该民族习惯，规定放假日期。

第五条　二七纪念日、五卅纪念日、七七抗战纪念日、九三抗战胜利纪念日、九一八纪念日、教师节、护士节、记者节、植树节等其他节日、纪念日，均不放假。

第六条　全体公民放假的假日，如果适逢星期六、星期日，应当在工作日补假。部分公民放假的假日，如果适逢星期六、星期日，则不补假。

第七条　本办法自公布之日起施行。

图1-4　《全国年节及纪念日放假办法》

三、落实阶段性工作

1）根据业主或酒店的五年计划，制订酒店五年整体发展目标，将任务分解到每一年，保证每一年任务的完成，最终确保五年计划的落实。

2）运营与保养采用阶段性工作，酒店淡季时侧重资产维护、保养维修，为旺季做好设施设备的维护工作。酒店旺季时侧重于运营，需投入更多精力到运营中。

3）做好季度性总结工作，每季度召开季度经营分析会议，对本季度经营、安全、宾客满意度、资产维护等方面进行总结，对下一季度目标进行确认。

4）每个月月初对上个月重点工作进行总结分析，对本月重点工作进行确认，确保月度工作计划的顺利实施和完成，并对下个月的目标进行确认。

第二章 酒店总经理岗位概述

第一节 酒店总经理的岗位要素

一、个人形象

酒店既是物质文明的一面镜子,更是精神文明的场所。良好的职业规范能使顾客在认识和理解服务工作的基础上对酒店产生情感和行为倾向。职业规范主要包括仪容仪表、行为举止、礼貌礼节,力求做到整洁、恰当、规范。

(一)仪容仪表

中华民族是礼仪之邦,自古以来就非常崇尚礼仪。仪容是对酒店总经理身体和容貌的要求,仪表是对酒店总经理外表仪态的要求。酒店作为城市对外形象的代表,对员工的仪容仪表有更高的要求,而酒店总经理作为酒店对外形象窗口的代表,要求则会更高。酒店总经理要保持良好的仪容仪表,给人以庄重、大方、美观的感受,切忌奇装异服或浓妆艳抹。

(二)行为举止

优秀的酒店总经理要做到行为规范,举止大方,服务动作要轻,坐、立、行都要保持正确的姿势。站立时,身体前倾,重心应在双脚之间,双脚自然分开,与肩同宽,双眼平视前方,挺胸收腹,双肩舒展,身体不倚不靠。落座时,要保持正确坐姿,坐在椅子2/3的部位,腰部挺直,胸前挺,双肩自然放松,双腿并拢,手自然放在沙发扶手或桌角上,不在椅子上前俯后仰,不摇腿、跷脚。此外,不要把手插入衣袋,或双手相抱。在工作场所要保持良好的仪态,应尽量克服不好的习惯动作。

（三）礼貌礼节

优秀的酒店总经理要恰当使用称呼礼节，谈吐文雅，待人接物不卑不亢，事事处处注意表现出良好的精神风貌和较高的文化修养。在与客人交流时，要把握好分寸，不得过分随意。

二、心理素质

酒店总经理的心理素质主要是心理上对该职位的理解和应承受的心理能力。心理的过程状态和心理反应结果就是心理素质。心理素质主要有以下几个方面。

（一）开朗热情的性格

酒店总经理作为酒店的一面旗帜，其价值观、文化观将极大影响酒店的企业文化，所以，酒店总经理必须要有正能量的价值观，这样才能引领酒店创造积极、健康、乐观、公平的环境与工作氛围，因此酒店总经理须具备热情开朗的性格，同时需要酒店总经理具有正能量的企业文化引领能力，只有这样，酒店面对激烈的外部市场竞争，才能屡战屡胜，才能成功实现良好的经营。

（二）稳定的心理素质

不以物喜，不以己悲。酒店总经理要有稳定的心理素质，恰当地处理各种情况，不轻易受外部事物影响而使判断出现偏差。春风得意时不要忘乎所以，挫折逆境时不能精神颓废，要顺势而为，永远向前。酒店总经理的情绪会影响全店，故不可变化多端、喜怒无常。

（三）承受压力的心理素质

酒店总经理须承受数倍于一般员工的压力，即酒店内部是否安全、团队管理是否妥善、经营情况是否达标、客源是否充足、营销策略是否顺应市场变化等一系列变动因素的压力。要求酒店总经理不断锻炼并提高自身心理承受能力，酒店总经理不乱则酒店员工团队不乱，酒店才能稳步前进。

（四）谦虚谨慎、不骄不躁

酒店总经理在工作中应随时保持谦虚谨慎的态度。谦虚谨慎不仅表现为取得成绩时不得意自满，更表现为日常工作中的时刻自戒。酒店运营过程中要不断听取好的意见与建议，不断分析酒店与竞争酒店的优势与劣势，居安思危，不断找出存在的问题和改进的方法，做到虚怀若谷，才能不断进步，并提高酒店创新能力，实现酒店的可持续发展。

三、个人能力

（一）管理知识

酒店管理所涉及的知识面很广，主要有业务管理、市场营销学、会计和财务管理学、公共关系学、设备工程管理学、人力资源开发知识、国际金融货币学、营养卫生学等。

（二）业务知识

酒店总经理应掌握涉及对内对外各项业务的知识。对外有市场推销技巧、旅行社知识，还有与本企业相关的其他业务知识；对内主要是各部门的业务知识。企业的各种业务知识都有其专业性，酒店总经理对业务知识要钻研，要有系统全面的了解，并能善于运用。所有的业务能力以及业务知识都是酒店总经理所必须具有的，酒店总经理要做业内的行家。

（三）法规知识

依法办事是酒店总经理应有的能力。法规知识有两大类：一类是国家法律，它以法的形式公之于众；一类是政府的法规、规定、政策条文。这两类法规，酒店总经理都应该掌握并遵守，同时运用法律武器保护企业的利益。

（四）决策能力

决策是酒店总经理的主要工作之一，酒店总经理的决策能力主要有以下几方面。

（1）**富有远见**　决策往往是对今后而言的，有的决策有其长远的意义，有的决策可能是仅对短期有效。酒店总经理不仅要决策正确，更重要的是要使决策能产生长远影响。为此，酒店总经理要有超前思考的能力，能捕捉各种有价值的信息，通过对信息的分析处理，为决策服务。这样才能高瞻远瞩，从长远利益方面来考虑问题。酒店总经理也要充分顾及眼前利益，但切忌因眼前利益一叶障目。

（2）坚决果敢　一旦有决策就必须决断，不能犹豫不决，决策结果应无比清晰明确，而非模棱两可。坚决果敢的决策会使全体管理人员和员工树立信心，也会使酒店总经理保持一往无前的心理。但在坚决果敢地决策的同时，要避免马虎从事和意气用事。

（3）魄力和实力　决策是对今后而言的，今后有很多不可预见的因素。即使是可预见因素，也会有很多的不利因素，很多种决策要冒一定风险。在权衡利益和风险后，要敢于承担风险。魄力是实力的外在体现，扎实的业务知识、全面的市场考量及员工团队的支持皆是实力的表现。

（五）组织能力

酒店总经理的组织能力，是要在业务进行时掌握全局，组织指挥，调动一切力量为了一个目标而工作。一个非常复杂的动态综合体，要在动态中保证业务的正常进行，酒店总经理的组织能力起到很大的作用：其一，对组织结构、机构设置、人事安排有决策能力；其二，在执行管理职能中有组织业务正常运转的能力；其三，要有调配和重组业务的能力。

（六）公共关系能力

公共关系是酒店总经理要重点抓好的工作。人们常说，酒店总经理的职责就是决策和公关。此言似有偏颇，但也说明了一些问题。酒店总经理对公关工作要具备的能力有以下几种。

1. 对公共关系正确全面的认识

公共关系是一个特别的领域，既不同于一般的关系学，又和一般的关系学有密切联系，如人际关系学、社会关系学、组织关系学等。酒店总经理要能正确认识公共关系学的内涵，掌握其范围和尺度，能确定公共关系工作的目标和方向，对公关工作做出决策。

2. 组织并参加公司活动的能力

公共关系活动的形式是多种多样的，每个活动的目的和内容也不尽相同。酒店总经理要有能力组织大型的重要活动，并在这些活动中把握自己扮演的角色。在公关活动中要有各种必要的能力和技巧，如应酬、联络感情、信息的传输、宣传自我、控制自身、把握分寸、利用机会、重点突破、调集力量、使用人员等，从而达成决策目标。

3. 塑造形象，把握公关成果的能力

公共关系的基本目的是疏通各种关系，树立自身形象，赢得公众支持。其中最有效也是最持久的公关成果是塑造形象。形象是声誉，是信息，是竞争武器。酒店总经理应有明确的概念，把企业塑造成怎样的形象，豪华、规范、亲切、诚挚？该形象如何塑造，通过哪些工作达到目的？公关工作在一定程度上达到预期成效后，还要进一步考虑怎样使之巩固持久，公关成果的内容是否需要更新充实，从而在更深层和更广范围内开展公关工作。

（七）创新能力

创新能力是酒店总经理成绩的关键，敢创新就会不断发展。创新是艰苦和烦琐的事情，创新能力对酒店总经理有以下要求：第一，在具备广泛知识的基础上，善于突破，有创造的冲动并克服各种心理障碍；第二，有了新的想法，要及时捕捉，形成轮廓，先抓住主要矛盾，暂不去考虑细节问题，新事物总是由模糊到清晰、由粗糙到完整的；第三，具体设计要细致考虑和严格论证，进行科学的可行性研究；第四，竭尽全力使创新方案得以实现。

（八）用人的能力

用人的能力是酒店总经理最重要也是难度最大的能力。归结起来，酒店总经理的用人能力为知人善任。

（1）知才之识　酒店总经理对每个员工要通过长期的考察，了解员工的优点与欠缺，了解各人有何才、才之长短、程度如何。

（2）爱才之心　酒店总经理要关心人才，爱惜人才，求才若渴，不可忌才。

（3）用才适当　酒店总经理要根据才能分配工作。特别要避免任人唯亲，庸才胡用。

（4）求才之切　总的来说，人才是人中之出众者，总是少数。酒店虽是劳动力密集型企业，但酒店良好的运营与出众的管理人才、技术人才亦是不可缺少的，酒店所需人才涉及各种专业，而随着酒店业迅速发展，人才竞争更加激烈。因此酒店总经理要广罗人才，多多益善。

（5）护才之诚　酒店总经理应既有用才之道，又有护才之诚。创新是酒店发展的长足动力，然而有胆识、敢创新的人才往往可能承受更多质疑，酒店总经理的护才之法：一是安排恰当岗位；二是严格督促，积极鼓励；三是大胆放手信任下级；四是力排众议。

四、职业道德

1. 敬业乐业

热爱本职工作，遵守酒店规章制度和劳动纪律，遵守员工守则，维护酒店的对外形象和声誉，不说有损酒店利益的话，不做有损酒店利益的事情。

2. 主人翁的责任感

以主人翁的态度对待本职工作，关心酒店的前途和发展，并为酒店兴旺发达出主意、做贡献。工作中处理好个人与业主的关系，处理好与下级之间的工作关系，互相尊重，互相协作，严于律己，宽以待人。

3. 良好的品德

人品第一，能力第二。能力可以培养，人品不可培养，用人要求"德才兼备，以德为先"。

4. 敬业的态度

在经营管理实践中，酒店总经理最常出现的问题在于执行力不强、刚愎自用、墨守成规，因此是否有端正的职业态度也是衡量酒店总经理的关键要素。

5. 格局高远

格局决定着酒店总经理是否能有更大的发展。一个人的格局与使命感、责任心、担当、智慧、见识、眼光等有关。

第二节　酒店总经理的工作内容

一、日常管理

一是召开每天的例会；二是阅读分析各种报表；三是检查巡视酒店有关部门；四是审批各种预算和开支；五是处理各种函件；六是接待或拜访有关人士；七是找有关部门或人员商量研究工作；八是学习有关文件资料。

酒店总经理应根据主次分明、重点突出、计划有序的原则，合理安排工作时间，提高工作效率。

二、专业管理

（1）**企业责任**　确保酒店宾客、员工和酒店资产的安全，遵守酒店或业主的政策与流程以及相应法规要求。负责酒店的对外联系。担任公关代表，在本地提升酒店和品牌知名度。鼓励团队成员参与社区组织与社区活动，开发本地业务。开发并执行各项行动计划，提高环保意识，逐步减少酒店碳排量。

（2）**宾客体验**　保证符合所有要求的品牌标准、行为规范、酒店标志及许可协议授权内容，从而提升酒店品牌知名度。推动宾客满意度不断提高。同酒店团队一起建立并执行各种计划，推广各种服务，满足及超越宾客的期望。与宾客进行互动，获取反馈并建立良好的关系。

（3）**安全资产**　安全是生产的前提，资产是生产的保障。通过全面安全监察，确保酒店所涉及范围内的所有人、财、物在以安全为目的的情况下开展有计划、有组织的安全工作。在此基础上，对酒店的全部资产进行综合管理，并由此达成资产回报目标，继而为业主实现资产价值。

（4）**员工团队**　开发各项与酒店品牌服务行为相关的项目，提高员工工作满意度。制订、执行并监督团队成员的继任规划，为酒店培养精英人才队伍。为团队成员设定工作绩效与发展目标，为他们提供教导与辅导，定期给予反馈，提升员工绩效。监督确保员工薪资、工作规程及所有与人力资源问题相关的行动符合公司的规定和政策。

（5）财务回报　　通过年度资金、现金流及市场营销计划准备精确的预算，取得预期的运营目标。分析财务状况以提升营收和未来营利能力，达到最大投资回报率。通过各个分销渠道和技术平台，提升营收，扩大市场份额。主管资金计划与资产管理工作，包括同酒店业主协作，保持及提高酒店的市场地位。

酒店管理实务篇

第三章 业主办公室 365 天可视化工作管理实务

一、职责概述

业主办公室由业主委派人员组成,一般由业主代表、业主财务总监、业主办公室行政助理组成。负责业主对酒店工作意见的下达,并与酒店管理团队做好沟通交流,及时向业主公司汇报相关工作进展。同时对酒店各项经营活动进行监管。

二、主要工作职责

业主办公室根据酒店管理合同相关规定,对酒店经营、财务、资产、人事、安全、设备及其他重要事项进行日常经营监管;负责与酒店管理团队的交流和沟通等工作;负责业主公司(及其下属公司)与酒店之间业务往来的协调与服务工作;负责与酒店管理集团、饭店业协会、酒店联盟等组织机构及政府机关等的外部公共关系的协调维护工作;负责监督酒店对外包单位的管理、协调工作;负责业主公司安排的其他工作。

三、组织架构

业主办公室常见组织架构见图 3-1。

四、工作细则

(1)业主代表 新开业酒店业主代表须协助业主公司及经营团队在酒店开业前办理好相关营业执照;业主代表全面传达业主公司的核心价值观并在整体上把控酒店的发展方向,代表业主方与酒店总经理做好日常沟通与协调

图3-1　业主办公室常见组织架构

工作，确保双方信息畅通，协调业主方与管理方关系；督促酒店做好资产管理、设备运营、外部单位管理、酒店形象树立等工作；审核酒店现金流量，依据酒店管理合同向业主申请拨款，及时向业主缴纳经营利润；督促并协助酒店管理层完成业主设定的经营预算目标。

（2）业主财务总监　创建优化酒店筹建、筹备及开业后的财务管理体系；督导酒店财务建立健全财务会计制度，检查会计制度执行情况，监督会计核算工作质量；督导酒店建立健全财务管理制度，完善财务监督机制，对财务活动的合法性进行监督；参与酒店年度预算方案审核、资金使用调度计划审核及投资计划、利润分配、亏损弥补方案审核；监督采购流程合规性；建立健全资产管理制度，使资产采购、更新、报废过程在合理范围内。

（3）业主办公室行政助理　负责与业主下属各单位之间的工作协调；做好业主公司相关发文、通知、决策的下达，并与酒店行政办公室协作，收集工作进展情况上报业主公司相关部门；负责业主办公室印章、介绍信、相关证照等日常管理工作；负责酒店各部门办公室工作检查与督导工作。

五、专业术语

（1）酒店业主代表　酒店业主代表是业主公司在酒店的利益代表，其通过对酒店管理团队在日常经营管理决策及实施过程和结果的检查和监督，以确保业主资产的保值和增值。酒店业主代表主要发挥桥梁作用、指导作用、监督作用、检查作用和协调作用五个工作职能。

（2）酒店预算管理制度　预算管理制度是酒店整个经营管理的重要组成部分，是经营者对酒店经营活动进行组织、管理、控制的手段之一，也是业主公司对酒店进行监管的有效措施。酒店要完成计划的经营目标，必须加强预算管理。酒店预算由总经理负责，由各部门负责人组成预算编制小组，根据市场情况、往年经营情况，经过反复测算、修改、平衡、调整后产生，其中包括经营预算、非经营预算、投资预算和财务预算四大类，预算经业主公司批准后执行。

（3）企业责任　酒店无论是商业策略还是日常运营，都应将社会和环境因素考虑其中，这也是确保酒店长期可持续发展的关键所在。酒店在创造利润，对业主利益负责的同时，还需要承担对员工、社会、环境的社会责任，包括遵守商业道德、生产安全、职业健康、保护劳动者合法权益、保护环境、节约资源等，是酒店取之于社会，回报于社会的行为。

（4）酒店现金流量　酒店现金流量是指酒店投资营销项目在整个营销期间所发生的现金流出和现金流入的全部资金收付数量，是酒店评价营销方案经济效益的必备资料。具体内容包括固定资产投资、流动资产投资、营运成本等现金流出和营业收入、残值收入或变价收入、收回的流动资产等现金流入。

（5）酒店形象　酒店形象是指社会公众对酒店在经营过程中的印象和评价。酒店若要表现其差异性，最有效的突破点就是树立良好而独特的形象。酒店形象包括人员形象、管理形象、实力形象、产品和服务形象，除此之外酒店名称、店标、象征物、广告语、代表色等也是酒店形象的构成因素。

六、关键指标

（1）经营利润指标　是指业主办公室协助酒店总经理按期完成业主下发的经营利润指标。

（2）企业责任　酒店运行是否符合政策及相关法规要求，是否树立正面社会形象及运营过程是否符合绿色发展要求。

（3）资产维护　酒店固定资产、低值易耗品购置报废流程是否合规，是否达到资产利用率最大化。

（4）酒店监管　按照酒店管理合同约定的权限，监督酒店管理公司履行其职责，执行国家和地方政府及有关部门的方针、政策及法律法规。

（5）参与管理　审查开业家具、装置和设备等预算内的重要项目；审查开业前的营销推广计划；参与制订能产生效益的人力资源计划（包括组织架构、招聘、培训、薪金福利政策）；参与制订理性化的营业指标，建立年度和季度绩效评估及激励机制等。

七、365 天可视化工作管理日历

1月 Jan.

01	02	03	04
★ 集中检查重大活动前各专业系统设备 ■ 编制财务月度报表及资金计划报表 ● 实施元旦促销计划 ◎ 上年度入离职及人力资源成本统计分析	◎ 2月份员工劳动合同到期续签及试用期转正审批 ● 酒店签订年度廉洁从业责任书、安全责任书、目标责任书 ★ 签订水箱清洗、消毒及军团菌检测合同/年 ■ 上一年度财务决算、审计及报表编报	● 大型政务会议接待方案制订及实施 ○ 实施酒店年度客户答谢活动 ● 人力资源月报，上一年度12月份离职率分析 ★ 上一年度能耗成本统计分析	● 柴油发电机定期起动测试 ■ 财务滚动预算（上旬） ● 第一季度推广活动宣传及实施 ○ 上一年度入住率、每房收益及销售产量统计分析
09	**10**	**11**	**12**
■ 大型政务会议前对酒店设施设备专项监督检查 ★ 制订节能计划 ▲ 宾客服务案例培训 ● 上一年度大型、中型设备技术改造及维修资料归档	▲ 大型政务会议前电梯、锅炉等特种设备专项集中消缺 ◎ 新员工入职培训 ● 危机10分钟培训	● 年度绩效评估——各部门绩效面谈 ● 收益分析会 ▶ 新菜品研发及推广	※ 上半个月消防设施设备检查 ◎ 月度优秀员工、优秀宿舍评选 ■ 蔬菜、水果、肉类市场调查、谈判并定价
17	**18**	**19**	**20**
◎ 举办1月份员工生日会（联合分工会） ■ 环保安全自查噪音、垃圾、废物等 ● 楼层吸尘器清理保养 ★ 月度电梯保养	● 上报年度培训计划 ■ 推送春节、情人节、元宵节活动宣传 ※ 下半个月消防设施设备检查 ● 客房羽绒类床品清洗（1次/季度）	○ 更新重要协议公司客户信息 ● 制作春节拜年视频 ◆ 4月份即将到期酒水、食品检查及更换 ■ 廉政警示教育	■ 大型政务会议前更新书吧党建、时政及文学类图书 ■ 召开月度采购计划会 ■ 大寒节气宣传 ◎ 月度总经理座谈会
25	**26**	**27**	**28**
★ 制冷机房机组维护保养	■ IT数据库备份及维护 ● 召开月度服务质量会议，分享宾客意见及评价、制订改进计划	◎ 酒店仪容仪表检查 ▶ 签订餐厨垃圾回收合同 ■ 发送酒店未来3个月到期合同清单	★ 洗衣设备维护保养 ■ 库存物资月度盘点 ★ 水箱清洗消毒（2次/年）

第三章 业主办公室 365 天可视化工作管理实务

■ 业主办公室　● 酒店团队⊖　▲ 前厅部　◆ 客房部　▶ 餐饮部
○ 销售部　■ 传媒部　● 财务部　★ 人力资源部　★ 工程部　※ 保安部

05	06	07	08
◆ 制订年度绩效目标及岗位职责 ● 食品安全检查及培训会议 ● 春节布置物品选样及采购	● 召开酒店上一年度工作述职会议 ★ 排污系统定期启动排污及泵体管道阀门检查消缺 ◎ 实施月度"金点子"⊜计划 ■ 小寒节气宣传	★ 锅炉房水泵维护保养、软水器水质测试 ■ 梳理各部门年度重点工作清单,确定亮点工作 ◆ 客房壁纸清洁(1次/月) ■ 库房规范管理检查	■ 各部门签订本年度廉政协议书 ◆ 客房木饰面除尘 ※ 危机管理——风险源的辨识及风险评估

13	14	15	16
● 更新婚宴、会议预订信息 ● 更新安全标识,符合国家标准 ★ 消防报警主机操作培训 ▲ 神秘、访客⊜流程培训及演练	● 汇报月度经营数据及重点工作 ● 实施酒店新年装饰	◆ 洗衣房设备毛絮清理 ● 第一季度员工大会 ★ 电梯故障困人演练 ※ 应急救援培训与演练 ▲ 长存行李及物品检查、清理盘点	★ 工作车卫生及使用情况检查 ■ 社交点评分数分享 ■ 各部门春节期间材料备货 ◆ 检查客房床垫舒适度并进行床垫翻转调整(1次/季度)

21	22	23	24
● 约谈管理团队,传达业主公司工作安排,对年度经营计划工作进行交流沟通 ● 更新酒店组织架构图 ◆ 洗衣房员工客衣洗涤流程培训	■ 财务滚动预算(下旬) ◎ 员工宿舍安全检查 ※ 上报安全环保生产月报(1次/月)	● 酒店年度经营研讨会 ◎ 房务部、餐饮部劳务外包合同续签 ■ 月度信贷会并跟进应收账款清欠	★ 第一季度宴会厅门、大堂玻璃门维护保养 ○ 拜访酒店协议公司 ◎ 月度实习生座谈会

29	30	31	
■ 检查酒店各类软件操作系统、服务器及网络设备 ★ 第一季度旋转门维护保养 ● 春节前安全大检查	◆ 餐厅后厨消杀 ◎ 制订2月份公共培训、活动月历 ○ 月度销售产量分析	■ 月度新增供应商资质审核并存档 ○ 客房未来3个月销售预测 ■ 年度经营财务预算(定稿)	

⊖ 酒店团队:酒店团队是指由酒店总经理、各职能部门组成的服务团队,包含决策者、督导者和执行者,以快速有效地实现既定目标为导向。
⊜ 金点子:酒店向员工征集的对酒店节能降耗、提升服务质量等有实质性帮助的意见或建议。
⊜ 神秘访客:洲际酒店集团每年会委托第三方,以客人的角度通过预订、入住、问讯、用餐等流程来考察酒店运营是否按集团标准执行。

2月 Feb.

01
- ■ 编制财务月度报表及资金计划报表
- ■ 严格管控设施设备、食品、信息、员工安全等
- ● 库房规范管理专项检查

02
- ◎ 3月份员工劳动合同到期续签及试用期转正审批
- ★ 游泳池水质检测（第三方）
- ※ 上半个月消防设施设备检查

03
- ■ 实施2月份节假日活动
- ◎ 人力资源月报，1月份离职率分析
- ○ 调研本地酒店市场，进行市场分析

04
- ■ 发送酒店未来3个月到期合同清单
- ★ 月度锅炉房、厨房燃气管道泄漏巡检
- ■ 立春节气宣传

09
- ★ 西餐厅厨房冷库维护保养
- ○ 更新婚宴、会议预订信息
- ▲ 宾客服务案例培训

10
- ◎ 月度实习生座谈会
- ■ 厨房后区食品浪费检查
- ● 举办酒店年会

11
- ● 各部门编制本年度大型、中型设备技术改造及维修施工方案
- ○ 查阅竞争酒店网络点评
- ◆ 5月份即将到期酒水、食品检查及更换
- ◎ 新员工入职培训

12
- ■ 月度信贷会并跟进应收账款清欠
- ◎ 月度优秀员工、优秀宿舍评选
- ● 举办2月份员工生日会（联合分工会）

17
- ● 更新酒店各岗位技能操作标准与流程
- ※ 下半个月消防设施设备检查
- ● 三八妇女节妇女活动策划

18
- ◎ 检查更新酒店公共信息及产品知识并进行培训考核
- ● 制订本年度重点工作清单
- ■ 月度新增供应商资质审核并存档

19
- ▶ 食品安全检查培训及会议
- ○ 制订春季客户拜访计划
- ■ 雨水节气宣传

20
- ● 检查酒店各类软件操作系统、服务器及网络设备
- ● 各部门服务技能培训
- ● 宣贯业主公司月度安全生产委员会会议精神

25
- ★ 签订锅炉维修保养合同
- ◎ 月度总经理座谈会

26
- ◎ 策划酒店年度服务技能大赛
- ● 制订并启动客户拜访"闪电战"方案

27
- ● 策划第一季度员工大会
- ◆ 房间地毯定期保养清洗
- ■ IT数据库备份及维护

28
- ★ 召开月度绿色参与会议
- ◎ 制订3月份公共培训、活动月历
- ○ 月度销售产量分析

图例：■ 业主办公室　● 酒店团队　▲ 前厅部　◆ 客房部　▶ 餐饮部
○ 销售部　■ 传媒部　● 财务部　◎ 人力资源部　★ 工程部　※ 保安部

05	06	07	08
◆ 工作车卫生及使用情况检查 ◆ 员工宿舍安全检查、优秀宿舍评比 ● 财务滚动预算（上旬） ■ 收益分析会	● 酒店各部门制度更新及完善 ◆ 客房消杀	● 召开月度服务质量会议，分享宾客意见及评价、制订改进计划 ★ 签订酒店境外电视频道服务合同	◆ 提交年度布草采购计划 ■ 廉政警示教育

13	14	15	16
◎ 新员工入职培训 ■ 汇报月度经营数据及重点工作 ▶ 蔬菜、水果、肉类市场调查、谈判并定价 ▲ 神秘访客流程培训及演练	★ 餐饮设施、设备维护保养 ▶ 情人节促销活动 ◎ 员工社会保险知识讲解培训	◎ 拟定年度招聘方案 ▶ 制订并更新库房冰箱故障应急方案 ▲ 长存行李及物品检查、清理盘点	★ 第一季度污水管道疏通，化粪池、隔油池清理 ◆ 客房壁纸清洁（1次/月）

21	22	23	24
◆ 洗衣房设施设备月度巡检 ※ 消防安全培训 ■ 大型政务会议接待	★ 整理更新一般隐患排查治理档案 ■ 召开月度采购计划会 ◎ 员工宿舍安全检查	● 财务滚动预算（下旬）	※ 制订月度风险管理与安全行动计划 ◆ 酒店公共区域不锈钢清洁保养 ◎ 制订酒店员工个人发展计划

3月 Mar.

01
- ▶ 实施3月份餐饮促销计划
- ■ 编制财务月度报表及资金计划报表
- ◆ 盘点洗衣房布草

02
- ◎ 人力资源月报，2月份离职率分析
- ▶ 端午节礼粽售卖前期准备
- ■ 发送酒店未来3个月到期合同清单

03
- ▶ "三八妇女节"活动策划及实施
- ■ 跟进酒店证照年检工作
- ◎ 4月份员工劳动合同到期续签及试用期转正审批

04
- ■ 第二季度活动策划
- ■ 财务滚动预算（上旬）
- ◆ 6月份即将到期酒水、食品检查及更换
- ■ 启动年度固定资产零购采购工作

09
- ★ 第一季度军团菌水质采样及检测
- ● 实施春季扫楼拜访计划
- ■ 清明节酒店活动策划
- ▲ 宾客服务案例培训

10
- ◎ 更新酒店产品知识手册及人才库信息
- ◆ 客房壁纸清洁（1次/月）
- ● 收益分析会

11
- ◎ 新员工入职培训
- ■ 酒店财务内控自查
- ◆ 客房落地玻璃刮洗（1次/季度）

12
- ★ 酒店泛光照明维护保养
- ▶ 食品安全检查培训及会议
- ■ 库房规范管理检查
- ◎ 月度优秀员工、优秀宿舍评选

17
- ◆ 水幕景观水垢清除
- ※ 下半个月消防设施设备检查

18
- ● 廉政警示教育
- ★ 宴会厨房冷库维护保养
- ■ 月度新增供应商资质审核并存档

19
- ◎ 月度实习生座谈会
- ★ 第一季度厨房排油烟罩及烟道清洗

20
- ※ 厨房安全检查
- ■ 召开月度采购计划会
- ■ 春分节气宣传

25
- ◎ 月度总经理座谈会

26
- ◆ 防烟面罩有效期检查并更新
- ■ 检查酒店各类软件操作系统、服务器及网络设备
- ● 第一季度全员消防疏散逃生演练

27
- ▶ 管事部厨房大清洁及清洗下水道
- ▶ 年度客房地毯边缝除尘大清洁
- ★ 月度电梯保养

28
- ◆ 酒店门头清洗
- ■ 汇报月度经营数据及重点工作

| ■ 业主办公室 | ● 酒店团队 | ▲ 前厅部 | ◆ 客房部 | ▶ 餐饮部 |
| ○ 销售部 | ■ 传媒部 | ◆ 财务部 | ◎ 人力资源部 | ★ 工程部 | ※ 保安部 |

05	06	07	08
● 实施继任者计划，更新岗位继任者人选 ◆ 上半个月消防设施设备检查 ■ 惊蛰节气宣传	● 品牌标准年度审核准备工作 ◆ 实施"金钥匙①"服务计划 ★ 洗衣房设施设备月度巡检	○ 户外婚礼主题策划 ◎ 绩效管理——制订个人发展计划 ■ 第一季度低值易耗品盘点及报废申请	● "三八妇女节"员工及酒店活动实施 ◆ 客房保养消杀 ★ 强电井配电箱维护保养

13	14	15	16
▶ 蔬菜、水果、肉类市场调查、谈判并定价 ★ 酒店泳池设备维护保养 ◎ 第一季度员工餐厅满意度调查 ▲ 神秘访客流程培训及演练	◎ 员工宿舍安全检查、优秀宿舍评比 ※ 消防警报处理流程演练	◎ 举办3月份员工生日会（联合分工会） ▲ 长存行李及物品检查、清理盘点	■ 财务滚动预算（下旬） ※ 办理特殊行业许可证

21	22	23	24
● 宴会厅吊灯安全隐患排查 ● 烟感测试演练报警处理流程	◆ 客房窗户内层玻璃清洁 ◎ 员工宿舍安全检查	■ 制订4月份公共培训、活动月历 ▶ 端午节礼粽盒样品选定	■ 第二季度海鲜冻品、中餐西餐调料及烘焙材料市场调研、谈判并定价 ※ 上报安全环保生产月报（1次/月） ● 召开采购廉洁会议

29	30	31	
◎ 第一季度招聘数据分析 ○ 月度销售产量分析 ● 集团春季安全大检查	◎ 对食品供应商实地审核及食品卫生检查 ● 第一季度灭火器实操演练 ■ 地球1小时活动	◆ 酒店长期资产维护保养培训 ★ 实施年度大型、中型设备技术改造及维修项目方案 ■ IT数据库备份及维护	

---

① 金钥匙服务是为客人提供的一站式服务计划。

4月 Apr.

01
- ■ 编制财务月度报表及资金计划报表
- ▶ 实施4月份餐饮促销计划

02
- ◎ 校园宣讲会
- ▶ 劳动节推广方案提报
- 库房卫生、标准化检查

03
- ● 春季安全大检查隐患整改
- ○ 5月份员工劳动合同到期续签及试用期转正审批
- 员工"心语"（满意度）调查
- ◎ 人力资源月报，3月份离职率分析

04
- ▶ 食品安全检查培训及会议
- ■ 财务滚动预算（上旬）
- ■ 清明节气宣传

09
- ◆ 酒店灯具清洁
- ● 专项安全检查、环保检查
- ◎ 酒店员工技能大赛
- ▲ 宾客服务案例培训

10
- ◎ 参加校园双选会
- ● 大厅大理石地面清洁

11
- ● 第二季度员工大会
- ○ 客房未来3个月销售预测
- ◆ 客房壁纸清洁（1次/月）
- ◎ 新员工入职培训

12
- ● 业主公司第一季度经营分析会
- ※ 上半个月消防设施设备检查
- ◎ 月度优秀员工、优秀宿舍评选

17
- ■ 召开月度采购计划会
- ■ 制作户外婚礼、晚宴、满月宴微信推文
- ★ 第二季度宴会厅门、大堂玻璃门维护保养

18
- ◆ 7月份即将到期酒水、食品检查及更换
- ■ 检查酒店各类软件操作系统、服务器及网络设备
- ★ 中餐厨房冷库维护保养

19
- ● 年度品牌安全标准审计自查
- ※ SOS报警装置、应急电话安全检查
- 谷雨节气宣传

20
- ◎ 月度实习生座谈会
- ■ 月度信贷会并跟进应收账款清欠
- ▶ 厨房推出新菜品

25
- ● 廉政警示教育
- ◎ 举办4月份员工生日会（联合分工会）
- ■ 财务滚动预算（下旬）

26
- ◎ 制订5月份公共培训、活动月历
- ■ 库房月度盘点
- ○ "嫁"日户外婚礼秀场地布置

27
- ○ 开启"嫁"日户外婚礼秀
- ※ 下半个月消防设施设备检查

28
- ▶ 启动啤酒花园
- ※ 上报安全环保生产月报（1次/月）
- ■ 约谈管理团队，传达业主公司工作安排，对年度经营计划工作进行交流沟通

第三章　业主办公室 365 天可视化工作管理实务

■ 业主办公室　● 酒店团队　▲ 前厅部　◆ 客房部　▶ 餐饮部
○ 销售部　■ 传媒部　● 财务部　◎ 人力资源部　★ 工程部　※ 保安部

05	06	07	08
酒店长期资产维护保养培训 电梯五方对讲通话系统检查 员工宿舍安全检查、优秀宿舍评比	◆ 年度客房木饰面清洁 ◆ 室外水景设备维修保养及试运行 ※ 游泳池溺水救援演练	★ 弱电井设备维护保养 ■ 月度新增供应商资质审核并存档 ◆ 客房羽绒类床品清洗（1次/季度）	◎ 各部门签订继任者计划 ※ 水晶灯安全隐患排查 ■ 月度上旬成本（冷冻食品化冰率）检查

13	14	15	16
蔬菜、水果、肉类市场调查、谈判并定价 汇报月度经营数据及重点工作 IT 数据库备份及维护 神秘访客流程培训及演练	▶ 端午节礼盒项目合同签订 ■ 劳动节、端午节活动宣传 ▶ 大型宴会服务保障	● 年度食品安全审计 ◆ 工作车卫生及使用情况检查 ▲ 长存行李及物品检查清理盘点	※ 监控点位检查、维护 ◎ 新员工入职培训 ● 配合上级单位检查安全生产及消防工作

21	22	23	24
酒店外围硬地面污渍刷洗 库房规范管理检查	■ 地球环保周活动宣传 ● 收益分析会 ◆ 客房花洒水垢清除 ◎ 员工宿舍安全检查	◆ 客房大清理、西餐厅大理石镜面保养 ◎ 月度总经理座谈会 ★ 第二季度旋转门维护保养 ■ 发送酒店未来 3 个月到期合同清单	◎ 绩效管理——继任者计划月度回顾 ★ 启动地球环保周活动 ◆ 检查客房床垫舒适度并进行床垫翻转调整（1次/季度） ■ 环保安全自查噪音、垃圾、废物等

29	30		
公区卫生间清洁 检查"五步十步"服务㊀标准落实情况 开展员工面谈	※ 酒店设备机房安全检查 ○ 月度销售产量分析		

㊀ "五步十步"服务指客人离你 5 步时问好，10 步时点头微笑。

5月 May.

01	02	03	04
■ 编制财务月度报表及资金计划报表 ▶ 劳动节促销活动	★ 宴会厨房高温冷库维护保养 ● 餐饮外卖营销 ◎ 6月份员工劳动合同到期续签及试用期转正审批	◆ 客房马桶水箱清洗 ■ 沟通办理水疗高危行业许可证 ※ 气体灭火系统维修项目合同谈判	○ 五一假期客房（含亲子房）收益分析 ■ 财务滚动预算（上旬）

09	10	11	12
◆ 客房壁纸清洁（1次/月） ★ 5月底完成所有电梯、扶梯年检工作 ▲ 宾客服务案例培训	★ 员工厨房冷库维护保养 ■ 母亲节活动实施 ● 工作车卫生及使用情况检查	○ 查阅竞争酒店网络点评 ○ 开展酒店行业市场调研 ■ 商业综合责任险合同签订计划 ◎ 新员工入职培训	◎ 参加人才市场招聘会 ※ 安全通道、疏散通道指示牌检查 ★ 清真粗加工厨房冷库设备维护保养 ◎ 月度优秀员工、优秀宿舍评选

17	18	19	20
★ 宴会厅配电箱维护保养 ◆ 8月份即将到期酒水、食品检查及更换 ※ 安全火灾隐患培训	◆ 清洗玻璃幕墙 ★ 第二季度污水管道疏通，化粪池、隔油池清理 ■ 财务滚动预算（下旬）	※ 消防设施设备检查 ■ 发送酒店未来3个月到期合同清单 ◎ 制订6月份公共培训、活动月历	■ 库房规范管理检查 ◆ 大厅大理石镜面保养 ● 小满节气宣传 ■ 召开月度采购计划会

25	26	27	28
◆ 烘干机过滤网清洁 ● 固定资产维护保养培训 ■ 启动啤酒花园宣传	※ 大型活动前消防设备安全检查 ▶ 厨房和餐厅库房盘点 ◎ 接洽6~7月在校实习生	○ 定次年婚宴价格 ■ 6月份儿童节推广宣传 ◎ 月度实习生座谈会	■ 检查酒店各类软件操作系统、服务器及网络设备 ※ 外包单位防火安全检查 ★ 公共区域设备设施安全检查

第三章 业主办公室 365 天可视化工作管理实务

■ 业主办公室　● 酒店团队　▲ 前厅部　◆ 客房部　▶ 餐饮部
○ 销售部　■ 传媒部　● 财务部　◎ 人力资源部　★ 工程部　※ 保安部

05	06	07	08
★ 安装有限空间作业告知牌 ■ 月度新增供应商资质审核并存档 ■ 立夏节气宣传	▶ 检查厨房后区食品浪费 ◆ 洗衣房领袖夹机维护保养	◎ 月度"金点子"计划实施 ● 创新开展绿色酒店深化、扩展工作 ■ 月度上旬成本（冷冻食品化冰率）检查	▶ 食品安全检查培训及会议 ● 准备大型活动保障 ◎ 人力资源月报，4月份离职率分析

13	14	15	16
★ 公共卫生间设施设备维护保养 ■ 蔬菜、水果、肉类市场调查、谈判并定价 ▲ 神秘访客流程培训及演练	● 学习安全事故案例及生产安全事故应急条例 ◎ 新员工入职培训	★ 雪花制冰机维护保养 ◆ 酒店整体消杀 ◎ 义务消防员体能训练 ▲ 长存行李及物品检查清理盘点	■ 制订国际大型会议茶歇主题摆台 ○ 客房未来3个月销售预测 ■ 6月份儿童节宣传设计及微信推文撰稿

21	22	23	24
◎ 月度总经理座谈会 ◆ 洗衣房设备毛絮清理 ● 汇报月度经营数据及重点工作 ★ 弱电井设备维护保养	※ 泳池救援设备安全检查 ◆ 卫生间水垢清洁 ◎ 举办5月份员工生日会（联合分工会） ◎ 员工宿舍安全检查	● 廉政警示教育	★ 奶制品冷库设备维护保养 ● 库房标准化整理 ● 酒店产品知识培训

29	30	31	
★ 配合环保部门检测锅炉废气 ■ 父亲节活动推文宣传 ■ IT数据库备份及维护	● 服务保障国际大型会议 ■ 审核计算机系统风险管理报表 ★ 洗衣房软化水系统设备维护保养	■ IT设备安全检查 ■ 无烟日海报宣传 ○ 月度销售产量分析	

6月 Jun.

01	02	03	04
■ 编制财务月度报表及资金计划报表 ◎ 7月份员工劳动合同到期续签及试用期转正审批 ● 儿童节促销活动	◆ 装饰鲜花、绿植合同签订 ○ 大型会议、活动收益分析 ▶ 谢师宴活动策划 ◎ 人力资源月报，5月份离职率分析	★ 宴会吊灯安全网安全检查 ■ 财务滚动预算（上旬） ● 消防安全培训	◎ 员工宿舍安全检查、优秀宿舍评比 ● 客房清洁化学品培训 ★ 第二季度厨房烟罩清洗

09	10	11	12
■ IT数据库备份及维护 ● 第二季度全员消防疏散逃生演练 ■ 工作车卫生及使用情况检查 ▲ 宾客服务案例培训	▶ 开展月饼礼盒选样工作 ■ 谢师宴活动宣传 ★ 第二季度军团菌水质采样及检测	▶ 大堂吧设施设备维护保养 ■ 召开酒店上半年安全会议 ◎ 新员工入职培训	◆ 积分系统续费合同谈判及续签工作 ▶ 餐饮优惠活动培训 ■ 第二季度灭火器实操演练 ◎ 月度优秀员工、优秀宿舍评选

17	18	19	20
■ 检查酒店产品知识 ● 9月份即将到期酒水、食品检查及更换 ■ 啤酒花园宣传推广	▶ 参加国家食品药品监督管理总局食品安全周活动 ※ 下半个月消防设施设备检查 ■ 财务滚动预算（下旬）	▶ 消防演习 ◎ 月度实习生座谈会 ■ 月度新增供应商资质审核并存档 ■ 库房规范管理检查	■ 汇报月度经营数据及重点工作 ● 召开月度采购计划会 ◎ 举办6月员工生日会（联合分工会） ■ 办理高危行业许可证 ※ 消防设施设备检查

25	26	27	28
◆ 洗衣房设备毛絮清理 ■ 对食品供应商实地审核及食品卫生检查 ▶ 端午节促销活动	※ 反恐应急演练 ■ 月度下旬成本（冷冻食品化冰率）检查 ★ 餐厅炉灶维护保养 ◎ 制订7月份公共培训、活动月历	● 经营分析会 ◎ 第二季度招聘数据分析	■ 洗衣房清洁设备使用安全培训 ■ 第二季度及半年固定资产盘点 ◎ 继任者计划实施情况跟进

第三章 业主办公室 365 天可视化工作管理实务

■ 业主办公室　● 酒店团队　▲ 前厅部　◆ 客房部　▶ 餐饮部
○ 销售部　■ 传媒部　■ 财务部　◎ 人力资源部　★ 工程部　※ 保安部

05	06	07	08
■ 个税知识培训 ○ 新员工入职培训 芒种节气宣传 食品安全检查培训及会议	■ 年度布草采购合同谈判 ※ 端午节前安全检查 ★ 蔬果加工间高温冷库设备维护保养 ◆ 客房落地玻璃刮洗（1次/季度）	◆ 客房壁纸清洁（1次/月） ▶ 垃圾房绿色环保检查	◆ 水洗机和大烫机毛絮清洁 ※ 酒店义务消防员灭火救援演练 ★ 空调机组滤网清洗及控制柜维护保养

13	14	15	16
● 中秋节活动策划 蔬菜、水果、肉类市场调查、谈判并定价 ● 月度总经理座谈会 ▲ 神秘访客流程培训及演练	○ 大型会议服务保障 ※ 安全生产月全员安全培训 ★ 洗衣房蒸汽管道维护保养	● 组织安全生产月风险与安全委员会议 ▲ 宾客服务案例培训 ★ 酒吧设施设备维护保养 ▲ 长存行李及物品检查清理盘点	■ 父亲节宣传推广 ● 安全生产月安全警示片播放 ■ 计算机网络设备后台信息检查

21	22	23	24
■ 防汛应急演练 ● 酒店水幕清除水垢 夏至节气宣传 ■ 月度中旬成本（冷冻食品化冰率）检查	※ 消防泵测试 ● 廉政警示教育 ★ 洗衣房排风系统风道毛絮清理 ◎ 员工宿舍安全检查	■ 发送酒店未来3个月到期合同清单 ▶ 拟订啤酒花园活动计划 ◆ 外墙清洗验收	※ 客房逃生面罩疏散指示图检查 ▶ 月饼礼盒设计和产品选品二次沟通会

29	30		
※ 监控室消防设备操作培训 ● 公共区域消杀 ● 第三季度海鲜冻品、中西餐调料及烘焙材料市场调研、谈判并定价	★ 半年工程维修统计 ※ 半年酒店安全事件统计		

7月 Jul.

01
- ■ 垃圾分类、环保指导宣传设计
- ■ 检查酒店各类软件操作系统、服务器及网络设备
- ● 大型展览活动前工作沟通会

02
- ■ 车险续签资料准备
- ▶ 食品安全检查培训及会议
- ◎ 人力资源月报，6月份离职率分析

03
- ◎ 8月份员工劳动合同到期续签及试用期转正审批
- ■ 完成端午节礼粽损益报告
- ★ 西点加工间冷库维护保养

04
- ■ 财务滚动预算（上旬）
- ★ 垃圾平台墙面、照明、地面维护改造
- ※ 上半个月消防设施设备检查

09
- ● 安全环保培训
- ▲ 宾客服务案例培训

10
- ※ "防风险保平安迎大庆"消防安全自查
- ■ 启动第二季度绩效谈话
- ★ 锅炉年检

11
- ■ 汇报月度经营数据及重点工作
- ■ 第二季度低值易耗品盘点
- ● 生态环保培训
- ◎ 新员工入职培训

12
- ■ 半年度固定资产盘点
- ● 制订增收节支详细的工作计划
- ■ IT 数据库备份及维护
- ◎ 月度优秀员工、优秀宿舍评选

17
- ■ 督查酒店消防自查
- ◆ 工作车卫生及使用情况检查
- ◎ 举办7月份员工生日会（联合分工会）

18
- ■ 啤酒花园物资采购
- ◎ 院校拜访——接洽实习生事宜
- ★ 第三季度宴会厅门、大堂玻璃门维护保养

19
- ★ 抹布分类标准操作培训
- ◎ 第二季度员工餐厅满意度调查
- ■ 财务滚动预算（下旬）

20
- ※ 水泵房消防水池液位检查
- ● 设置跨国公司报价系统
- ■ 召开月度采购计划会

25
- ★ 第三季度旋转门维护保养
- ■ 库房规范管理检查
- ● 收益分析会
- ■ 月度新增供应商资质审核并存档

26
- ■ 月度下旬成本（冷冻食品化冰率）检查
- ◆ 客房羽绒类床品清洗（1次/季度）
- ● 召开运营衔接沟通会
- ◎ 制订8月份公共培训、活动月历

27
- ● 生态环保考试
- ◆ 检查客房床垫舒适度并进行床垫翻转调整（1次/季度）
- ※ 下半个月消防设施设备检查

28
- ▶ 中秋月饼产品宣传
- ◎ 酒店第二季度员工大会

■ 业主办公室　● 酒店团队　▲ 前厅部　▶ 客房部　▶ 餐饮部
○ 销售部　■ 传媒部　● 财务部　◎ 人力资源部　★ 工程部　※ 保安部

05
- ※ 厨师油锅灭火实操演练
- ■ 员工宿舍安全检查、优秀宿舍评比

06
- ▶ 推荐新品蛋糕、甜点
- ◆ 防火门操作使用安全培训

07
- ※ 酒店设备机房安全检查
- ● 服务案例培训
- ■ 发送酒店未来3个月到期合同清单
- ■ 小暑节气宣传

08
- ○ 开展金秋营销拜访月活动
- ■ 厨房后区食品浪费检查
- ◆ 客房壁纸清洁（1次/月）

13
- ● 蔬菜、水果、肉类市场调查、谈判并定价
- ■ 排污许可证更换
- ● 食品安全检查培训及会议
- ● 神秘访客流程培训及演练

14
- ■ 各部门提交未来3年大型、中型设备技术改造及维修项目及计划
- ◆ 客房酒水盘点
- ■ 啤酒花园物料选定

15
- ■ 啤酒花园微信宣传
- ● 廉政警示教育
- ※ 消防安全专项自查
- ▲ 长存行李及物品检查清理盘点

16
- ■ 亲子房推广
- ● 启动次年跨国公司报价工作
- ■ 第三季度员工大会

21
- ◎ 月度总经理座谈会
- ● 设计制作垃圾分类员工手持卡片
- ● 检查重要客户工作安排实施计划

22
- ◎ 月度实习生座谈会
- ※ 体能训练，消防战斗服穿戴、抛水带培训
- ◎ 签订社保基数调整确认函
- ■ 大暑节气宣传
- ◎ 员工宿舍安全检查

23
- ● 环保安全自查噪音、垃圾、废物等
- ◆ 10月份即将到期酒水、食品检查及更换
- ★ 洗衣房烘干机排风系统维护保养

24
- ★ 水泵房冷冻水系统循环水智能加药装置维护保养
- ● 鼠害防控
- ■ 国庆节推广活动策划

29
- ○ 更新酒店产品知识手册
- ★ 洗衣房软化水系统设备维护保养

30
- ■ 工会慰问酒店员工
- ★ 锅炉热能检测
- ◆ 签订客房门锁维保合同

31
- ○ 拜访协议公司
- ※ 参加业主生态环保培训
- ■ 大型会议微信推广
- ○ 月度销售产量分析

8月 Aug.

01
- ■ 发送酒店未来3个月到期合同清单
- ■ 次年台历设计初稿
- ■ 编制财务月度报表及资金计划报表

02
- ◆ 食品安全检查培训及会议
- ◎ 9月份员工劳动合同到期续签及试用期转正审批
- ◆ 厨房食品成本统计及调拨
- ■ IT数据库备份及维护

03
- ◆ 制订洗衣房促销推广计划
- ■ 财务滚动预算（上旬）
- ★ 酒店五金件检查及更换
- ◆ 电梯不锈钢清洁保养
- ◎ 人力资源月报，7月份离职率分析

04
- ★ 宴会厅音响系统维护保养
- ◆ 新员工入职培训
- ◆ 洗衣房清洁设备使用培训
- ◎ 员工宿舍合同续签

09
- ■ 检查酒店各类软件操作系统、服务器及网络设备
- ※ 避难层应急灯、出口指示检查
- ◆ 客房壁纸清洁（1次/月）
- ▲ 宾客服务案例培训

10
- ◎ 外部劳务合同续签
- ★ 排污系统排污及泵体管道阀门检查消缺
- ▶ 举办烹饪比赛
- ● 酒店夜间灭火救援演练、全员疏散逃生演练
- ■ 月度信贷会并跟进应收账款清欠

11
- ● 宴会厅布展安全管控培训
- ● 硬地面拖拭规范操作培训
- ◎ 年度薪酬市场调研并制订调查报告，核定酒店人员编制
- ◆ 新员工入职培训

12
- ▶ 推出茶歇外卖
- ■ 月度中旬成本（冷冻食品化冰率）检查
- ■ 汇报月度经营数据及重点工作
- ◆ 厨房及外围消杀
- ◎ 月度优秀员工、优秀宿舍评选

17
- ※ 消防水泵测试
- ★ 员工厨房低温冷库维护保养
- ■ 库房规范管理检查

18
- ★ 签订酒店防雷接地装置检测合同
- ■ 啤酒花园宣传
- ◆ 工作车卫生及使用情况检查
- ◆ 消毒间监控设备检查

19
- ◎ 员工宿舍安全检查、优秀宿舍评比
- ● 酒店外围水景清洁
- ■ 财务滚动预算（下旬）
- ※ 排烟风机测试

20
- ● 技能培训
- ■ 召开月度采购计划会

25
- ★ 宴会厅灯光系统维护保养
- ○ 开展酒店行业市场调研
- ◆ 11月份即将到期酒水、食品检查及更换
- ● 廉政警示教育

26
- ◆ 制订教师节活动实施方案
- ■ 酒店律师合同签订
- ◆ 举办8月份员工生日会（联合分工会）
- ◆ 部门消防员体能培训

27
- ○ 查阅竞争酒店网络点评
- ▶ 库房盘点
- ◆ 制订9月份公共培训、活动月历

28
- ※ 消控室操作员培训
- ● 完善员工奖励政策
- ○ 月度销售产量分析
- ■ 发送合同及证照到期清单

■ 业主办公室　● 酒店团队　▲ 前厅部　◆ 客房部　▶ 餐饮部
○ 销售部　■ 传媒部　● 财务部　◎ 人力资源部　★ 工程部　※ 保安部

05	06	07	08
■ 月度上旬成本（冷冻食品化冰率）检查 ※ 气溶胶系统维护保养 ★ 宴会厅后场设施设备检查	● 秋季巡展（北京、上海） ◆ 清洁客房马桶水箱 ◆ 检查维护保养洗涤剂上料系统	■ 更新生态环保应知应会手册 ■ 立秋节气宣传 ★ 检查弱电、强电井及配电箱 ▶ 推出创意新菜品	◆ 根据时令水果调整会员房间水果布置 ◎ 月度实习生座谈会 ※ 上半个月消防设施设备检查 ★ 水洗机和大烫机毛絮清洁

13	14	15	16
◆ 餐厅地面大理石及外围水景清洁 ● 酒店员工急救培训 ■ 蔬菜、水果、肉类市场调查、谈判并定价 ★ 洗碗机维护保养 ▲ 神秘访客流程培训及演练	★ 锅炉房水泵维护保养 ■ 餐饮菜品宣传 ■ 中秋节推广方案策划	■ 电视频道服务合同签订 ◆ 楼层吸尘器清理保养 ■ 月度新增供应商资质审核并存档 ★ 水泵房紫外线消毒灯检查 ▲ 长存行李及物品检查清理盘点	※ 消火栓检查 ● 酒店产品知识培训 ★ 洗衣房软化水系统设备维护保养

21	22	23	24
◎ 酒店产品知识培训 ▶ 食品安全培训 ▶ 核对餐厅营销损益报表	● 外卖推广 ※ 公共区域防火门检查 ◎ 月度总经理座谈会 ■ 处暑节气宣传 ◎ 员工宿舍安全检查	★ 第三季度污水管道疏通、化粪池、隔油池清理 ▶ 食材市场调研 ※ 客房逃生面罩检查	● 收益分析会 ■ 劳务公司合同谈判 ※ 下半个月消防设施设备检查 ◆ 与合作单位洽谈绿植租摆事宜

29	30	31	
■ 次年经营财务预算（初稿） ★ 西餐厅灯光检查 ◎ 继任者计划实施情况跟进	★ 咖啡机维护与维修 ● 对酒店长期资产维护保养进行全员培训 ※ 锅炉房一氧化碳检测系统、可燃气体报警系统检查	★ 程控交换机维护保养合同签订 ◎ 员工入职、离职网络调查问卷	

9月 Sep.

01
- ▶ 自助餐出品检查及月度每餐食品成本核算
- ● 国庆节物资备货沟通会
- ■ 编制财务月度报表及资金计划报表
- ※ 高位水箱间消防稳压泵检查

02
- ◎ 10月份员工劳动合同到期续签及试用期转正审批
- ▶ 更新西餐厅自助菜单
- ■ 财务滚动预算（上旬）
- ○ 秋季客户拜访

03
- ◆ 洗衣房促销方案实施
- ★ 燃气泄漏巡检（锅炉房、厨房）
- ◆ 工作车卫生及使用情况检查
- ■ 第三季度低值易耗品盘点
- ◎ 人力资源月报，8月份离职率分析

04
- ※ 质量安全检查
- ○ 沟通次年婚宴价格及菜单
- ■ 社交点评分数分享

09
- ▶ 食品安全检查培训及会议
- ★ 洗衣设备维护保养
- ▶ 月饼销售
- ▲ 宾客服务案例培训

10
- ★ 制冷机组维护保养
- ◎ 月度总经理座谈会
- ■ 教师节促销活动

11
- ● 召开信贷会及损益会
- ◆ 客房壁纸清洁（1次/月）
- ■ 次年台历设计定稿
- ◎ 新员工入职培训

12
- ◆ 客房玻璃刮洗（1次/季度）工作计划
- ■ 业主公司安全检查
- ◎ 月度优秀员工、优秀宿舍评选

17
- ※ 气溶胶系统维护保养
- ◆ 12月份即将到期酒水、食品检查及更换

18
- ○ 重要客户拜访
- ★ 洗衣房软化水设备维护保养
- ■ 财务滚动预算（下旬）
- ※ 准备消防系统大修合同资料

19
- ■ 库房规范管理检查
- ◆ 客梯间大理石地面大清

20
- ◆ 物品丢失及破损报告程序培训
- ■ 召开月度采购计划会
- ■ 菜品宣传

25
- ■ 库房月度盘点
- ※ 下半个月消防设施设备检查
- ◆ 会议室及西餐厅大理石镜面处理

26
- ● 第三季度灭火器实操演练
- ● 第三季度全员消防疏散逃生演练
- ◎ 月度实习生座谈会
- ■ 月度信贷会并跟进应收账款清欠

27
- ● "防风险、保平安、迎国庆"安全检查
- ◎ 制订10月份公共培训、活动月历
- ◆ 自救呼吸器培训

28
- ◎ 员工餐厅美食节
- ■ 第四季度海鲜冻品、中西餐调料及烘焙材料市场调研、谈判并定价
- ★ 第三季度军团菌水质采样及检测
- ★ 监控机房设备维护保养

第三章 业主办公室 365 天可视化工作管理实务

图例：■ 业主办公室　● 酒店团队　▲ 前厅部　◆ 客房部　▶ 餐饮部
○ 销售部　■ 传媒部　◆ 财务部　※ 人力资源部　★ 工程部　※ 保安部

05	06	07	08
■ 洗衣房促销宣传 ▶ 进行食品安全标准检查 ○ 第三季度招聘数据分析 ■ 国庆节活动宣传 ★ 弱电、强电井安全检查	◆ 大厅大理石地面清洁 ● 大型会议接待计划 ■ 汇报月度经营数据及重点工作 ◎ 开展慈善义卖活动	※ 配电室应急照明、灭火器检查 ◆ 第三季度员工餐厅满意度调查 ■ 白露节气宣传 ■ 雇主责任险及现金险申请计划	※ 消防水泵起动测试 ■ 第三季度客房部固定资产盘点 ■ 教师节活动宣传 ◎ 员工夏日慰问活动

13	14	15	16
■ 蔬菜、水果、肉类市场调查、谈判并定价 ▲ 神秘访客流程培训及演练	○ 客房未来 3 个月销售预测 ★ 更换洗衣房大烫机蜡布、烟罩清洗 ◆ 对客房及公共区域进行消杀	▶ 拟定早餐循环菜单 ★ 第三季度厨房排油烟罩及管道清洗 ※ 上半个月消防设施设备检查 ▲ 长存行李及物品检查清理盘点	■ 各部门提交次年固定资产零购计划 ● 年底婚礼展方案确定 ■ IT 数据库备份及维护 ▶ 推出本地美食

21	22	23	24
● 高空作业安全操作培训 ■ 月度新增供应商资质审核并存档 ※ 水泵房消防水池液位检查	※ 厨房防火毯使用演练 ■ 召开采购廉洁会议 ■ 检查酒店各类软件操作系统、服务器及网络设备 ■ 秋分节气宣传 ◎ 员工宿舍安全检查	◆ 月度下旬成本（冷冻食品化冰率）检查 ▶ 对食品供应商实地审核及食品卫生检查 ※ 上报业主公司安全检查整改情况	■ 物资市场调研 ※ 申报消防系统大修合同 ◎ 举办 9 月份员工生日会（联合分工会） ○ 月度销售产量分析

29	30		
■ 发送酒店未来 3 个月到期合同清单 ● 廉政警示教育 ■ 国庆节促销活动推广	● 季度经营分析会 ★ 换热机组设备维护保养 ■ 确定次年固定资产零购项目		

10月 Oct.

01
- ■ 国庆节、中秋节促销活动
- ★ 柴油发电机起动测试
- ■ 编制财务月度报表及资金计划报表

02
- ★ 水泵房二区浮动盘管换热器及管道阀门维护保养
- ● 大型会议接待保障
- ■ 月度新增供应商资质审核并存档
- ▶ 菜品优惠推广

03
- ◎ 11月份员工劳动合同到期续签及试用期转正审批
- ○ 次年婚宴预订及推广签约
- ■ 财务滚动预算（上旬）
- ▶ 食品安全检查培训及会议

04
- "夜游黄河"宣传
- 携程网产品售卖合同谈判
- ★ 公共区域正常照明检查消缺

09
- ● 确定年度客户答谢方案
- ■ 发送酒店未来3个月到期合同清单
- ■ 环保安全自查噪音、垃圾、废物等
- ■ 固定资产报废
- ▲ 宾客服务案例培训

10
- ※ 消防维护保养合同资料准备
- ■ 上报月度经营数据预测指标
- ■ 次年大型、中型设备技术改造及维修项目立项申报
- ※ 上半个月消防设施设备检查

11
- ■ 次年固定资产零购计划
- ◆ 客房羽绒类床品清洗（1次/季度）
- ■ 厨房后区食品浪费检查
- ◎ 新员工入职培训

12
- ■ 西餐厅下午茶、住店宣传推广
- ◆ 客房壁纸清洁（1次/月）
- ◎ 月度优秀员工、优秀宿舍评选

17
- ※ 员工更衣室防火检查
- ★ 厨房安素灭火系统使用培训及检测
- ● 第四季度员工大会
- ■ 特色饮品合同续签

18
- ● 酒店安全环保检查
- ○ 直客通第四季度培训及沟通

19
- ※ 消防检测合同提交签批
- ● 户外下午茶推广计划
- ※ 第四季度旋转门维护保养
- ■ 携程网产品售卖合同整理

20
- ● 酒店产品知识培训
- ▶ 确定新年礼篮采购及到货时间
- ■ 召开月度采购计划会
- ※ 制订119消防活动月活动计划

25
- ■ 携程网产品售卖合同签订
- ◎ 月度总经理座谈会
- ▶ 与餐厅跟进新年推广计划
- ○ 制订次年协议价格

26
- ● 次年大型、中型设备技术改造及维修立项方案评审
- ○ 开展酒店行业市场调研
- ※ 下半个月消防设施设备检查
- ◎ 举办10月份员工生日会（联合分工会）
- ● 廉政警示教育

27
- ■ 发送合同及证照到期清单
- ■ 主题装饰宣传
- ◎ 制订11月份公共培训、活动月历

28
- ◎ 更新关键岗位人才储备系统，准备年终绩效评估
- ■ 检查酒店各类软件操作系统、服务器及网络设备
- ◆ 大理石翻新时加强房间木饰面成品保护

■ 业主办公室	● 酒店团队	▲ 前厅部	◆ 客房部	▶ 餐饮部
○ 销售部	■ 传媒部	● 财务部	◎ 人力资源部	★ 工程部	※ 保安部

05
- ○ 次年会议询价
- ● 汇报月度经营数据及重点工作
- ● 酒店周年庆活动方案策划

06
- ※ 客房层消防设备巡检
- ◎ 员工活动——荧光夜跑策划
- ■ IT 数据库备份及维护
- ◆ 更衣室大清、地毯清洗

07
- ■ 准备业主公司第三季度经营分析会汇报材料
- ■ 重阳节海报宣传
- ★ 第四季度宴会厅门、大堂玻璃门维护保养
- ● 国庆节同期收入分析

08
- ★ 消防系统设备大修
- ● 装饰大厅
- ■ 寒露节气宣传
- ◆ 大理石翻新
- ◎ 人力资源月报、9月份离职率分析

13
- ▶ 蔬菜、水果、肉类市场调查、谈判并定价
- ★ 高空作业安全检查
- ★ 消火栓、灭火器外观检查
- ● 神秘访客流程培训及演练

14
- ● 各部门提交第四季度"滚动预算"行动计划；客房部、餐饮部、工程部提交节省费用行动计划
- ▶ 跟进新年礼篮

15
- ○ 重要客户拜访
- ● 月度信贷会并跟进应收账款清欠
- ▶ 双十一推广方案提报
- ▲ 长存行李及物品检查清理盘点

16
- ★ 客房预防性维护保养
- ◆ 次年1月份即将到期酒水、食品检查及更换
- ● 收益分析会

21
- ※ 电梯应急电话处置流程培训
- ■ 酒店外围和公共区域消杀
- ■ 工作车卫生及使用情况检查
- ■ 各部门调整技改及固定资产零购交财务部

22
- ▶ 报批新年礼篮设计
- ◎ 员工宿舍安全检查
- ※ 公共区域防火门检查

23
- ◎ 检查员工餐厅卫生填报检查表
- ◆ 下半年员工心语调查
- ● 次年信用销售协议续签
- ※ 防炸弹爆炸事故安全培训
- ■ 霜降节气宣传

24
- ◎ 月度实习生座谈会
- ■ 财务滚动预算（下旬）
- ◆ 检查客房床垫舒适度并进行床垫翻转调整（1次/季度）
- ■ 库房规范管理检查
- ★ 完成所有防冻封堵工作

29
- ● 酒店三季度员工大会
- ● 制订次年酒店虫控消杀计划
- ● 双十一促销活动宣传

30
- ◎ 继任者计划实施情况跟进
- ★ 中餐包厢五金件检查
- ■ 年度收入及利润情况分析

31
- ※ 制订报警处理流程培训内容
- ● 品牌安全标准审计

11月 Nov.

01	02	03	04
■ 次年1月份即将到期合同提醒 ▶ 西餐厅食品安全卫生检查 ■ 编制财务月度报表及资金计划报表 ● 次年情人节推广活动计划	■ 次年酒店台历设计初审 ● 学习食品安全标准 ◆ 客房拆洗窗帘和纱帘	◎ 12月份员工劳动合同到期续签及试用期转正审批 ■ 财务滚动预算（上旬） ◎ 人力资源月报，10月份离职率分析	※ 高位水箱间消防稳压泵检查 ■ 月度上旬成本（冷冻食品化冰率）检查 ★ 宴会厅配电箱维护保养

09	10	11	12
■ 发送酒店未来3个月到期合同清单 ※ 酒店自动喷淋系统、烟感检测 ● 观看消防重大安全事故展播	※ 检查楼层消防疏散指示灯 ◎ 员工宿舍安全检查、优秀宿舍评比 ▶ 食品安全检查培训及会议	■ 厨房后区食品浪费检查 ※ 电梯五方对讲通话系统检查 ◆ 客房壁纸清洁（1次/月） ◎ 新员工入职培训	※ 酒店后区安全卫生检查 ◆ 洗衣房清洁设备使用培训 ■ 汇报月度经营数据及重点工作 ◎ 月度优秀员工、优秀宿舍评选

17	18	19	20
★ 第四季度污水管道疏通、化粪池、隔油池清理 ※ 泳池溺水救援演练 ◆ 次年2月份即将到期酒水、食品检查及更换 ■ 采购特色菜品原料	■ 次年酒店台历印制 ● 启动年终绩效评估 ◎ 举办11月份员工生日会（联合分工会）	▶ 员工餐厅食品安全检查及培训 ■ 冬至节活动策划 ※ 消火栓压力出水测试 ■ 年度固定资产盘点	○ 策划次年婚宴推广 ※ 消防月安全培训 ■ 召开月度采购计划会 ■ 月度中旬成本（冷冻食品化冰率）检查

25	26	27	28
○ 查阅竞争酒店网络点评 ※ 下半个月消防设施设备检查 ● 启动新年礼盒计划	※ 消防检测合同谈判 ◆ 检查酒店区域鼠害防控 ○ 上个月协议客户分析 ■ 月度下旬成本（冷冻食品化冰率）检查	※ 消防维护保养检测合同签批 ◆ 客房地毯边缝吸尘 ※ 宴会厅布展安全检查	◎ 举办员工餐厅美食节 ◆ 洗衣房维护保养 ○ 月度销售产量分析 ※ 消防战斗服穿戴、跑水带技能培训

图例：■ 业主办公室　● 酒店团队　▲ 前厅部　◆ 客房部　▶ 餐饮部
○ 销售部　■ 传媒部　● 财务部　◎ 人力资源部　★ 工程部　※ 保安部

05	06	07	08
■ 固定资产盘点 ◆ 洗衣房大烫机维护保养 ■ 库房检查	※ 消防月消防安全教育培训 ◆ 工作车卫生及使用情况检查 ■ 酒店管理系统故障应急演练	★ 准备次年大型、中型设备技术改造及维修立项报告 ■ 立冬节气宣传 ◆ 酒店花园造型摆放	★ 宴会厨房设备维护保养 ■ IT 数据库备份及维护 ● 第三方客户维护

13	14	15	16
※ 客房逃生面罩、疏散指示图检查 ■ 管事部清洗下水道 ■ 蔬菜、水果、肉类市场调查、谈判并定价 ■ 酒店外围和公共区域消杀 ■ 神秘访客流程培训及演练	※ 灭火器充装合同谈判 ◆ 大理石地面镜面保养 ※ 上半个月消防设施设备检查 ▶ 酒店菜品微信推广	※ 签订灭火器年检合同 ◆ 客梯间大清、清洗中餐包厢地毯 ● 收益分析会 ● 财务滚动预算（下旬） ▲ 长存行李及物品检查清理盘点	■ 库房规范管理检查 ■ 酒店产品知识培训 ■ 检查酒店各类软件操作系统、服务器及网络设备

21	22	23	24
▶ 冬季下午茶推广 ※ 消防排烟风机检测 ● 月度信贷会并跟进应收账款清欠	■ 小雪节气宣传 ★ 洗衣房真空烫台维护保养 ■ 制订 12 月份公共培训、活动月历 ▶ 冬至饺子出品 ◎ 员工宿舍安全检查	■ IT 合同谈判、审核和提交 ◎ 月度实习生座谈会 ● 企业安全管理培训	★ 室外灯网增补调试 ■ 发送合同及证照到期清单 ◎ 月度总经理座谈会 ● 廉政警示教育

29	30		
★ 消防泵维护保养 ■ 年度供应商资质审核及入围甄选 ◆ 客房物品摆放标准培训	※ 锅炉房一氧化碳探测器竣工验收 ★ 洗衣房干洗机维护保养 ▶ 食品安全检查及培训		

12月 Dec.

01
- ◆ 客房大理石台面维护保养
- ■ 编制财务月度报表及资金计划报表
- ★ 锅炉管道结构检查

02
- ◎ 客房清洁培训
- ■ 第四季度低值易耗品盘点
- ■ IT 数据库备份及维护
- ◆ 跟进酒店消杀工作

03
- ◎ 次年1月份员工劳动合同到期续签及试用期转正审批
- ◆ 第四季度灭火器实操演练
- ■ 财务滚动预算（上旬）
- ◎ 人力资源月报，11月份离职率分析

04
- ◆ 客房部年底备货沟通会
- ■ 召开月度损益分析会
- ◎ 客房部、餐饮部劳务外包合同审批

09
- ▶ 食品安全检查培训及会议
- ★ 厨房配电箱维护保养
- ▲ 宾客服务案例培训

10
- ◎ 冬至员工活动策划
- ★ 餐厅中式热厨炉灶维护保养
- ○ 与直客通对接次年合作事宜

11
- ■ 月度上旬成本（冷冻食品化冰率）检查
- ◆ 洗衣房清洁设备使用培训
- ◎ 新员工入职培训

12
- ■ 汇报月度经营数据及重点工作
- ■ 第四季度军团菌水质采样及检测
- ● 廉政警示教育

17
- ■ 库房规范管理检查
- ★ 抽湿机排水清洁
- ◆ 次年3月份即将到期酒水、食品检查及更换
- ■ 月度信贷会并跟进应收账款清欠
- ※ 全楼消防系统检测

18
- ※ 全楼灭火器年检充装更换
- ★ 所有厨房烟罩清洗
- ◎ 第四季度员工餐厅满意度调查
- ■ 第四季度全员消防疏散逃生演练
- ■ 次年1月份部门物品采购计划会

19
- ■ 检查客房卫生清洁、食品安全
- ■ 财务滚动预算（下旬）
- ◎ 员工宿舍安全检查、优秀宿舍评比
- ◎ 检查员工餐厅浪费情况

20
- ■ 次年一季度节假日客房、餐饮推广方案提报
- ▶ 管事部清洗洗碗机
- ■ 召开月度采购计划会
- ■ 更换书吧全年图书
- ■ 第四季度固定资产盘点

25
- ● 反恐应急培训
- ※ 客房应急手电逃生面罩检查
- ◎ 新员工入职培训
- ◆ 检查酒店区域鼠害防控

26
- ■ 泳池救生员、救生装备安全检查
- ● 跨年活动策划
- ◎ 举办12月份员工生日会（联合分工会）
- ■ 发送酒店未来3个月到期合同清单

27
- ※ 反恐应急演练
- ◆ 洗衣房除渍剂的规范使用培训
- ◎ 月度总经理座谈会
- ■ 签订酒店污水管道服务合同

28
- ★ 餐饮部冰柜密封条更换
- ○ 月度销售产量分析
- ● 年度经营分析总结
- ◆ 客房落地玻璃刮洗（1次/季度）

| ■ 业主办公室 | ● 酒店团队 | ▲ 前厅部 | ♦ 客房部 | ▶ 餐饮部 |
| ○ 销售部 | ■ 传媒部 | ● 财务部 | ◎ 人力资源部 | ★ 工程部 | ※ 保安部 |

05	**06**	**07**	**08**
■ 续签年度合同 ♦ 清洁设备检修和保养 ■ 酒店IT信息安全调查	※ 灭火器年检合同谈判 ■ 雇主责任险及现金险合同签订计划 ■ 检查酒店各类软件操作系统、服务器及网络设备	▶ 与第三方销售机构签订产品销售协议 ■ 对食品供应商实地审核及食品卫生检查 ※ 火警接打电话程序培训 ■ 大雪节气宣传	■ 制订次年差旅计划 ♦ 客房壁纸清洁（1次/月）

13	**14**	**15**	**16**
★ 餐厅西式热厨炉灶维护保养 ■ 蔬菜、水果、肉类市场调查、谈判并定价	● 周年店庆沟通协调会 ■ 新年礼篮合同谈判 ★ 洗衣房顶棚管道毛絮清理	● 酒店产品知识培训 ※ 上半月消防设施设备检查 ★ 排污系统定期启动排污及泵体管道阀门检查消缺 ▲ 长存行李及物品检查清理盘点	※ 消防设施设备年度检测 ♦ 分楼层对客房进行全面清洁 ★ 春节前工程材料备货计划

21	**22**	**23**	**24**
◎ 举办冬至包饺子比赛 ■ 发布冬至海报 ● 收益分析会 ★ 监控机房设备维护保养	★ 门禁系统检测 ♦ 洗衣房库房整理 ◎ 月度实习生座谈会 ▶ 菜品促销活动 ◎ 员工宿舍安全检查	※ 消防大修防火卷帘竣工验收 ★ 弱电井设备维护保养 ◎ 制订次年1月份公共培训、活动月历 ※ 灭火器充装与检测	○ 次年年度协议公司续签 ▶ 餐厅库房盘点 ※ 下半个月消防设施设备检查 ★ 检查强弱电井桥架封堵

29	**30**	**31**	
○ 直客通全年产品分析 ▶ 次年第一季度海鲜冻品、中西餐调料及烘焙材料市场调研、谈判并定价计划 ★ 布草井检查及布草井排气口的清理	■ 个税年度专项附加扣除申报 ■ 酒店周年庆 ※ 元旦假期前酒店安全检查	■ 年度采购成本、费用报销结算 ● 各部门负责人年度述职 ※ 消防报警流程处理培训 ★ 全年工程维修统计 ※ 全年酒店安全事件统计	

第四章 前厅部 365 天可视化工作管理实务

一、职责概述

前厅部是酒店的首席对客销售和集控操作服务部门。它既是酒店业务活动的中心、酒店的"门面",也是信息集散的主要枢纽、对客服务的协调中心,而且还是酒店和宾客联络的纽带。

前厅部包含前厅部经理、前厅部副经理、大堂经理、礼宾部经理、宾客服务中心经理、行政酒廊经理、宾客关系经理、前台经理,是酒店最重要的公共区域,在酒店经营管理中发挥着极其重要的作用。主要工作职责是向宾客销售客房,为入住酒店的宾客提供接待、礼宾、咨询、话务、房务等多方面的服务;它对酒店的形象、服务质量和管理水平有着重要影响。前厅部需协调酒店各部门的对客服务,为酒店的经营决策提供信息。

二、主要工作职责

前厅部主要负责酒店客房销售及酒店产品推广,提升客房入住率、平均房价,优化酒店收益;联络和实施招募宾客会员计划,确保会员、常客和其他贵宾得到相应的礼遇;适时与宾客进行互动,获取反馈,提升宾客满意度;礼貌接待抵店客人,向客人提供预订、问询、入住、礼宾、行李寄存及运送、商务中心、机场接送等前厅服务;接受并处理客人投诉。

三、组织架构

前厅部常见组织架构见图 4-1。

图 4-1 前厅部常见组织架构

四、工作细则

（1）**前厅部经理** 制订前厅部各项规章制度与经营计划，督促各分部门按照经营计划完成经营目标；定期审阅各类工作报表，及时掌握住房率、平均房价、客房房态、VIP 客人信息等；协调前厅部与其他部门之间的业务关系，确保前厅部工作顺利进行；严格控制各分部门各项费用成本；做好上下级之间业务上传下达的工作。

（2）**前厅部副经理** 协助前厅部经理，确保前厅部工作的顺利进行；督导各分部门工作；制订部门物资采购计划；参加各分部门例会并将需要解决的问题及时与前厅部经理沟通解决。

（3）**大堂经理** 协调处理宾客关系，代表总经理接受客人投诉并妥善处理；维持大堂区域秩序；巡查酒店内外部运行情况，发现问题及时通知相关部门处理；了解当天及后期房间状态走势，及时调整人员排班；处理受伤、急病等突发事件；检查各岗位服务质量，及时纠正违规与不规范行为；做好贵宾（VIP）接待工作；了解长住客及常客信息，融洽对客关系。

（4）**礼宾部经理** 监督和指导行李服务的各方面工作；满足和协调客人的需求和特殊要求，确保为客人提供卓越和超值的服务；对行李服务台的活动和行李服务人员实施监督和指导；为客人提供酒店的信息、当地观光、餐饮、名胜等信息；根据酒店入住情况及大规模团组活动提前准备行李服务计划；

（5）宾客服务中心经理　监督和指导宾客服务中心为宾客提供酒店信息问询服务；掌握电话转接及信息传达，做好留言、叫醒等服务工作；定时更新酒店通讯录；部分酒店宾客服务中心分担订房、客房订餐、客房中心的信息服务等。

（6）行政酒廊经理　督导行政酒廊员工为酒店贵宾（VIP）、享受行政酒廊待遇的客人提供免费下午茶、欢乐时光（晚间简餐及鸡尾酒）服务；为行政楼层住客办理入住、退房业务；维系行政楼层宾客关系，询问宾客入住体验；留存贵宾（VIP）喜好信息，建立信息档案；必要时为享受行政酒廊待遇的商务旅客提供会议接待服务。

（7）宾客关系经理　督导会员中心员工做好酒店贵宾（VIP）迎送；提前检查VIP房间及其他事项的准备情况；迎接并带领贵宾（VIP）到房间并介绍房间设施，征集客人意见；做好贵宾（VIP）档案记录并及时告知各部门配合调整；负责宾客满意度的监管和计划制订。

（8）前台经理　督导前台员工熟悉并遵守酒店政策、条例；掌握前台各项工作流程，礼貌迎接、送别宾客；按照宾客要求安排适当的房间，在宾客满意的基础上最大限度保证客房入住率及营业收入；做好贵宾（VIP）到店前的准备工作；熟悉酒店推广项目及周边信息，提供高效服务；做好备用金清点与入账投账工作，保证每日营业报表准确无误。

五、专业术语

（1）行政酒廊　行政酒廊一般位于酒店楼层较高的行政楼层，高档星级酒店行政酒廊为行政楼层贵宾提供快速登记、结账以及全面服务，例如可以提供房内登记，免费提供西式自助早餐，以及咖啡、茶、果汁、茶歇、酒品及各款精美小食等，被誉为"酒店中的酒店"。

（2）宾客会员计划　企业80%的利润来源于20%的忠诚客户。留住一个现有客户所付出的时间、精力和费用都要远远小于吸引一个新客户，故酒店致力于最大限度地将散客转化为常客，降低因为销售人员流动导致的客户流失，并且可以积累客源，持续提高酒店竞争力。

（3）**宾客满意度调查**　宾客满意度是指顾客对其明示的、隐含的或必须履行的需求或期望被满足的程度的感受。宾客满意度常用的调查方法主要有问卷调查、电话回访、网络点评以及神秘访客等，通过以上方法综合获取宾客对产品、服务最直接的评价，为进一步改进和完善各项工作提供较科学的依据。

（4）**叫醒服务**　酒店叫醒服务是指酒店在客人预定时间内通过电话叫醒或人工敲门叫醒的方式，为客人提供叫醒服务，避免客人错过重大事项。如因酒店失误未按客人要求按时叫醒，则由酒店按照规定承担责任。

（5）**夜审**　夜审即夜间审核工作，夜间审核是各收银点的收银员审核各营业部门交来的单据、报表等资料，其目的是要有效地审核由于客人消费而产生的费用，保证当天酒店收益的真实、正确、合理和合法。执行夜审有四个功能：可推进酒店的营业日期，产生营业收入和相应报表；提醒房务是否要做卫生；过完夜审，在住房会变为预离房；将所有在住房计入一天的房费。

六、关键指标

（1）**宾客满意度**　宾客在各网站平台对酒店的评分及宾客愿意成为"回头客"并向亲友推荐酒店的概率。

（2）**客房增销**　实现酒店经营预算中设定的增销目标，通过向宾客推荐更高级别的房间获得额外收入从而增加酒店收入。

（3）**问题处理指数**　宾客入住酒店遇到的问题及前厅部团队有效解决的令客人满意的问题占总问题的比率，是酒店获得宾客信任与忠诚度的重要指标。

（4）**个性化服务**　前厅部需做到在常规服务的前提下，通过了解客人信息，掌握客人心理需求，给客人带来额外的、个性化的服务，使宾客感受到区别于其他酒店的服务，并留下深刻印象，从而成为酒店的忠实客户。

（5）**季节性产品销售**　前厅部作为酒店的"门面"，是直接面客的部门，前厅部除向宾客售卖酒店的客房外，还售卖酒店的季节性产品，如粽子、月饼、新年礼盒等，以此来增加酒店的收入。

七、365天可视化工作管理日历

1月 Jan.

01	02	03	04
■ 会员客人入住体验、网评更新 ■ 部门所有电话接听祝宾客新年快乐	● 账单及各办公室物资整理	■ 部门召开每月宾客心语㊀会议并形成整改计划 ● 评选上个月月度优秀员工、优秀经理人	◎ 递交快递费付款申请 ■ 整理宾客服务案例

09	10	11	12
● 英文培训及电话标准礼仪培训（2次/月） ■ 车辆卫生检查 ◎ 团队接待工作培训	■ 提高宾客心语培训会 ■ 提交次月创新服务计划	● 检查线上课程学习情况 ● 安排新员工参加入职培训	★ 分析上个月部门各项成本支出并参加损益会

17	18	19	20
■ 大型政务会议前服务培训 ■ 大型政务会议接待人员安排	● 英文培训及电话标准礼仪培训（2次/月）	● 值班经理问题处理培训	■ 行政酒廊通知客房部做木质地板打蜡维护 ■ 大型政务接待流程培训

25	26	27	28
■ 部门"金点子"落实 ★ 行政酒廊食品安全检查	● 会员认知培训	■ 整理保险柜内客人遗留物品 ■ 落实宾客心语整改计划完成情况	■ 整理宾客意见 ■ 行政酒廊员工到前台参加交叉培训（为期2天）

㊀ 宾客心语：指宾客满意度。

第四章 前厅部365天可视化工作管理实务

★ 企业责任　■ 宾客体验　■ 安全资产　● 员工团队　◎ 财务回报

05	06	07	08
● 行李服务培训 ■ 整理外宾外事资料	■ 部门"金点子"提交 ■ 总机接听电话操作培训	● 检查并更新酒店内部分机表 ■ 前台递热毛巾服务培训	● 行政酒廊员工到前台参加交叉培训（为期2天） ◎ 清点并检查伴手礼

13	14	15	16
■ 长存行李及物品检查清理 ■ 客房预订理论与实操培训	● 神秘访客流程培训及演练	★ 行政酒廊食品安全培训 ■ 盘点大型政务接待物资并及时采购	■ 检查更新酒店公共信息及产品知识并进行培训

21	22	23	24
● 确定下个月引入会员目标	● 新春客房促销活动培训	■ 大型政务接待工作总结	■ 前台接待标准流程培训 ■ 提交次月采购计划

29	30	31	
★ 总机电话测试	● 部门召开沟通会，汇总员工工作中遇到的问题及部门内部存在的问题 ■ 提交下个月培训计划	◎ 统计散客及客房升级销售收入	

2月 Feb.

01	02	03	04
■ 会员客人入住体验、网评更新	● 账单及各办公室物资整理	■ 部门召开每月宾客心语会议 ● 评选上个月月度优秀员工、优秀经理人	■ 整理宾客服务案例 ◎ 递交快递费付款申请

09	10	11	12
● 英文培训及电话标准礼仪培训（2次/月） ■ 车辆卫生检查	● 提高宾客心语培训会 ● 提交次月创新服务计划	■ 团队接待流程培训 ● 安排新员工参加入职培训	★ 分析上个月部门各项成本支出并参加损益会

17	18	19	20
◎ 酒店背景维护保养合同续签	● 英文培训及电话标准礼仪培训（2次/月）	■ 值班经理问题处理培训 ■ 神秘访客流程培训及演练	■ 前台员工递热毛巾服务培训

25	26	27	28
■ 整理宾客意见 ■ 部门"金点子"提交	● 行政酒廊员工到前台参加交叉培训（为期2天） ■ 落实宾客心语整改计划完成情况	■ 提交下个月培训计划 ● 会员认知培训 ● 部门召开沟通会，汇总员工工作中遇到的问题及部门内部存在的问题	◎ 统计散客及客房升级销售收入

★ 企业责任　■ 宾客体验　■ 安全资产　● 员工团队　◎ 财务回报

05	06	07	08
◎ 酒店机器人维保合同续签 ★ 整理外宾外事资料	■ 部门"金点子"提交 ● 情人节促销活动培训	● 检查并更新酒店内部分机表	◎ 清点并检查伴手礼 ● 行政酒廊员工到前台参加交叉培训（为期2天）
13	14	15	16
■ 长存行李及物品检查清理 ● 客房预订理论与实操培训	■ 情人节客房活动促销	★ 行政酒廊食品安全培训	● 检查更新酒店公共信息及产品知识并进行培训考核
21	22	23	24
◎ 确定下个月引入会员目标 ■ 整理保险柜内客人遗留物品	★ 行政酒廊食品安全检查	■ 前厅库存物资盘点 ● 重要接待培训	● 召开部门会议 ■ 前台员工递热毛巾服务检查 ■ 提交次月采购计划

第四章　前厅部365天可视化工作管理实务

3月 Mar.

01	02	03	04
■ 会员客人入住体验、网评更新 ■ 妇女节前台个性化服务方案	● 账单及各办公室物资整理	■ 部门召开每月宾客心语会议并形成整改计划 ● 评选上个月度优秀员工、优秀经理人	◎ 递交快递费付款申请 ■ 整理宾客服务案例

09	10	11	12
● 英文培训与电话礼仪标准培训（2次/月） ■ 车辆卫生检查	■ 前台递热毛巾服务培训 ● 客房预订理论与实操培训 ■ 提交次月创新服务计划	■ 安排新员工参加入职培训	◎ 分析上个月部门各项成支出并参加损益会

17	18	19	20
● 值班经理问题处理培训	■ 英文培训与电话礼仪标准培训（2次/月）	■ 宾客服务案例培训 ◎ 到期合同整理及跟进	■ 行政酒廊通知客房做木地板打蜡维护

25	26	27	28
■ 前台电话测试 ■ 部门"金点子"落实	● 行政酒廊员工到前台参加交叉培训（为期2天）	■ 整理保险柜内客人遗留物品 ■ 落实宾客心语整改计划完成情况	● 会员认知培训 ★ 行政酒廊食品安全检查

★ 企业责任　● 宾客体验　■ 安全资产　◆ 员工团队　◎ 财务回报

05
- ● 妇女节促销活动培训
- ★ 整理外宾外事资料

06
- ■ 部门"金点子"提交
- ● 妇女节促销活动培训

07
- ● 总机电话接听标准培训
- ● 检查并更新酒店内部分机表

08
- ◎ 清点并检查伴手礼
- ● 妇女节前台为女性宾客赠送小礼品
- ● 行政酒廊员工到前台参加交叉培训（为期2天）

13
- ■ 长存行李及物品检查清理

14
- ● 神秘访客流程培训及演练

15
- ★ 行政酒廊食品安全培训

16
- ● 检查更新酒店公共信息及产品知识并进行培训考核

21
- ◎ 确定下个月引入会员目标

22
- ◎ 团队接待流程培训

23
- ● 礼宾部 Opera 系统培训

24
- ◎ 提交次月采购计划

29
- ● 整理宾客意见
- ● 提高宾客心语培训会
- ■ 一季度易耗品及固定资产盘点

30
- ● 提交下个月培训计划
- ● 部门召开沟通会，汇总员工工作中遇到的问题及部门内部存在的问题

31
- ◎ 统计散客及客房升级销售收入

4月 Apr.

01	02	03	04
■ 会员客人入住体验、网评更新	■ 账单及各办公室物资整理	■ 部门召开每月宾客心语会议并形成整改计划 ● 评选上个月度优秀员工、优秀经理人	◎ 递交快递费付款申请 ■ 整理宾客服务案例

09	10	11	12
● 英文培训与电话礼仪标准培训（2次/月）	■ 车辆卫生检查 ● 提交次月创新服务计划	■ 提高宾客心语培训会 ● 安排新员工参加入职培训	◎ 分析上个月部门各项成本支出并参加损益会

17	18	19	20
● 值班经理问题处理培训	● 英文培训与电话礼仪标准培训（2次/月）	■ 行政酒廊通知客房做地面打蜡维护	■ 神秘访客流程培训及演练

25	26	27	28
■ 总机电话测试 ■ 部门"金点子"落实	■ 宾客服务案例培训 ● 行政酒廊员工到前台参加交叉培训（为期2天）	● 整理保险柜内客人遗留物品 ■ 落实宾客心语整改计划完成情况	★ 行政酒廊食品安全检查 ■ 整理宾客意见

★ 企业责任　■ 宾客体验　■ 安全资产　● 员工团队　◎ 财务回报

05
- ★ 整理外宾外事资料
- 团队接待流程培训

06
- ■ 部门"金点子"提交

07
- ● 检查并更新酒店内部分机表

08
- ◎ 清点并检查伴手礼
- ● 行政酒廊员工到前台参加交叉培训（为期2天）

13
- ■ 长存行李及物品检查清理

14
- ● 总机接听电话操作培训
- ● 客房预订理论与实操培训

15
- ★ 行政酒廊食品安全培训

16
- ● 检查更新酒店公共信息及产品知识并进行培训考核

21
- 确定下个月引入会员目标

22
- ● 礼宾部 Opera 系统培训

23
- ■ 提交次月采购计划
- ■ 前台递热毛巾服务培训

24
- ◎ 重要接待流程培训

29
- 部门召开沟通会，汇总员工工作中遇到的问题及部门内部存在的问题

30
- ● 提交下个月培训计划
- ■ 会员认知培训
- ◎ 统计散客及客房升级销售收入

5月 May.

01
- 会员客人入住体验、网评更新
- 母亲节促销活动培训

02
- 账单及各办公室物资整理

03
- 部门召开每月宾客心语会议并形成整改计划
- 评选上个月度优秀员工、优秀经理人

04
- ◎ 递交快递费付款申请
- 整理宾客服务案例

09
- 英文培训与电话礼仪标准培训（2次/月）

10
- 车辆卫生检查
- 客房预订理论与实操培训
- 提交次月创新服务计划

11
- 安排新员工参加入职培训

12
- ★ 分析上个月部门各项成本支出并参加损益会

17
- ★ 参加安全隐患培训

18
- 英文培训与电话礼仪标准培训（2次/月）

19
- ◎ 团队接待流程培训

20
- 前台接听电话操作培训
- 行政酒廊通知客房做木质地板打蜡维护

25
- 员工服务意识培训
- 部门"金点子"落实

26
- 宾客服务案例培训
- 行政酒廊员工到前台参加交叉培训（为期2天）

27
- 整理保险柜内客人遗留物品
- 落实宾客心语整改计划完成情况

28
- 父亲节促销活动培训
- 整理宾客意见

★ 企业责任　● 宾客体验　■ 安全资产　● 员工团队　◎ 财务回报

05
- ★ 整理外宾外事资料
- 培训"早餐同步退房"品牌标准

06
- ■ 部门"金点子"提交

07
- ■ 检查并更新酒店内部分机表
- ■ 母亲节促销活动执行

08
- ◎ 清点并检查伴手礼
- ● 行政酒廊员工到前台参加交叉培训（为期2天）

13
- ■ 长存行李及物品检查清理

14
- ■ 神秘访客流程培训及演练

15
- ★ 行政酒廊食品安全培训

16
- ● 检查更新酒店公共信息及产品知识并进行培训考核
- ◎ 重要接待培训

21
- ● 确定下个月引入会员目标

22
- ● 值班经理问题处理培训

23
- ● 礼宾部 Opera 系统培训

24
- ■ 提交次月采购计划

29
- ● 提交下个月培训计划
- ★ 行政酒廊食品安全检查
- ● 部门召开沟通会，汇总员工工作中遇到的问题及部门内部存在的问题

30
- ● 提高宾客心语培训会

31
- ● 会员认知培训
- ◎ 统计散客及客房升级销售收入

6月 Jun.

01
- 会员客人入住体验、网评更新
- 儿童节为携带儿童的宾客赠送小礼品

02
- 账单及各办公室物资整理
- 马拉松活动接待员工安排

03
- 部门召开每月宾客心语会议并形成整改计划
- 评选上个月度优秀员工、优秀经理人

04
◎ 递交快递费付款申请
- 整理宾客服务案例

09
● 英文培训与电话礼仪标准培训（2次/月）
◎ 分析上个月部门各项成本支出并参加损益会

10
■ 车辆卫生检查
- 提交次月创新服务计划

11
- 整理宾客服务案例
- 安排新员工参加入职培训

12
■ 马拉松活动接待

17
★ 长存行李及物品检查清理

18
■ 英文培训与电话礼仪标准培训（2次/月）
- 整改重要接待流程及标准

19
- 年中员工绩效谈话

20
◎ 到期合同整理及跟进

25
★ 全员消防安全培训
■ 部门"金点子"落实

26
■ 宾客服务案例培训
- 行政酒廊员工到前台参加交叉培训（为期2天）

27
- 整理保险柜内客人遗留物品
■ 二季度易耗品及固定资产盘点
- 落实宾客心语整改计划完成情况

28
- 整理宾客意见
★ 行政酒廊食品安全检查
● 部门召开沟通会，汇总员工工作中遇到的问题及部门内部存在的问题

第四章　前厅部 365 天可视化工作管理实务

★ 企业责任　　▫ 宾客体验　　▪ 安全资产　　● 员工团队　　◎ 财务回报

05	06	07	08
★ 整理外宾外事资料	▪ 部门"金点子"提交 ● 金点子汇总	● 检查并更新酒店内部分机表	◎ 清点并检查伴手礼 ● 行政酒廊员工到前台参加交叉培训（为期 2 天）

13	14	15	16
马拉松活动接待	● 值班经理问题处理培训 ● 客房预订理论与实操培训	★ 行政酒廊食品安全培训 ◎ 推销 6 月份活动套房	● 检查更新酒店公共信息及产品知识并进行培训考核 ★ 参加消防学习

21	22	23	24
● 确定下个月引入会员目标	▫ 父亲节促销活动执行 ● 培训"五步十步"	▪ 神秘访客流程培训及演练	▪ 提交次月采购计划

29	30		
● 提交下个月培训计划 ▫ 提高宾客心语培训会	● 会员认知培训 ◎ 统计散客及客房升级销售收入		

7月 Jul.

01	02	03	04
■ 会员客人入住体验、网评更新 ■ 车险续签合同资料准备	● 账单及各办公室物资整理 ● 确定兰洽会接待员工名单	● 部门召开每月宾客心语会议 ● 评选上月度优秀员工，优秀经理人	◎ 递交快递费付款申请 ■ 整理宾客服务案例

09	10	11	12
■ 兰洽会接待	■ 兰洽会接待 ■ 提交次月创新服务计划	■ 兰洽会接待	◎ 分析上个月部门各项成本支出并参加损益会 ■ 车辆卫生检查

17	18	19	20
● 检查更新酒店公共信息及产品知识并进行培训考核	● 礼宾部 Opera 系统培训 ● 客房预订理论与实操培训	● 礼宾部接听电话操作培训	● 学习 Merlin 课程 ■ 行政酒廊通知客房做木质地板打蜡维护

25	26	27	28
■ 部门"金点子"落实	● 行政酒廊员工到前台参加交叉培训（为期2天）	● 整理保险柜内客人遗留物品 ■ 落实宾客心语整改计划完成情况	■ 整理宾客意见 ● 礼宾部电话测试

★ 企业责任　■ 宾客体验　■ 安全资产　■ 员工团队　◎ 财务回报

05	06	07	08
★ 整理外宾外事资料 ◎ 重要接待流程培训 ● 全员培训"五步十步"	★ 行政酒廊食品安全培训 ■ 部门"金点子"提交	■ 检查并更新酒店内部分机表 ■ 兰洽会接待	◎ 清点并检查伴手礼 ■ 兰洽会接待
13	**14**	**15**	**16**
■ 长存行李及物品检查清理 ● 英文培训与电话礼仪标准培训（2次/月）	● 行政酒廊员工到前台参加交叉培训（为期2天）	★ 行政酒廊食品安全培训	■ 兰洽会接待工作总结
21	**22**	**23**	**24**
● 确定下个月引入会员目标 ● 英文培训与电话礼仪标准培训（2次/月）	■ 值班经理问题处理培训	■ 神秘访客流程培训及演练	■ 提交次月采购计划
29	**30**	**31**	
● 会员认知培训 ★ 行政酒廊食品安全检查 ■ 部门召开沟通会，汇总员工工作中遇到的问题及部门内部存在的问题	■ 提高宾客心语培训会	■ 提交下个月培训计划 ◎ 统计散客及客房升级销售收入	

8 月 Aug.

01	02	03	04
■ 会员客人入住体验、网评更新	■ 账单及各办公室物资整理	■ 部门召开每月宾客心语会议并形成整改计划 ● 评选上月度优秀员工、优秀经理人	◎ 递交快递费付款申请 ■ 整理宾客服务案例

09	10	11	12
■ 英文培训与电话礼仪标准培训（2次/月） ■ 员工服务意识培训	■ 车辆卫生检查 ■ 提交次月创新服务计划	■ 整理宾客服务案例 ● 安排新员工参加入职培训	◎ 分析上个月部门各项成本支出并参加损益会

17	18	19	20
■ 避免重复办理同一间房技巧培训	■ 英文培训与电话礼仪标准培训（2次/月）	■ 礼宾部接听电话操作培训	■ 月饼礼盒售卖任务分配

25	26	27	28
■ 部门"金点子"落实	■ 宾客服务案例培训 ● 教师节促销活动培训	■ 整理保险柜内客人遗留物品 ● 行政酒廊员工到前台参加交叉培训（为期2天） ■ 落实宾客心语整改计划完成情况	■ 礼宾部电话测试 ★ 行政酒廊食品安全检查 ■ 整理宾客意见

第四章 前厅部365天可视化工作管理实务

★ 企业责任　■ 宾客体验　■ 安全资产　● 员工团队　◎ 财务回报

05	06	07	08
■ 七夕情人节促销活动培训	■ 部门"金点子"提交	● 检查并更新酒店内部分机表 ■ 七夕情人节促销活动执行	◎ 清点并检查伴手礼 ● 行政酒廊员工到前台参加交叉培训（为期2天）

13	14	15	16
■ 长存行李及物品检查清理 ● 客房预订理论与实操培训	● 神秘访客流程培训及演练	★ 行政酒廊食品安全培训	● 检查更新酒店公共信息及产品知识并进行培训考核 ◎ 大型团队接待

21	22	23	24
● 确定下个月引入会员目标	■ 总机电话测试	● 规范前台员工礼貌用语	■ 提交次月采购计划 ■ 更新重要接待流程

29	30	31	
● 会员认知培训 ● 部门召开沟通会，汇总员工工作中遇到的问题及部门内部存在的问题	■ 提高宾客心语培训会	● 提交下月培训计划 ◎ 统计散客及客房升级销售收入	

9月 Sep.

01	02	03	04
■ 会员客人入住体验、网评更新	● 账单及各办公室物资整理	■ 部门召开每月宾客心语会议并形成整改计划 ● 评选上月度优秀员工、优秀经理人	◎ 递交快递费付款申请 ■ 整理宾客服务案例

09	10	11	12
● 英文培训与电话礼仪标准培训（2次/月） ★ 全员参加酒店安全培训	■ 车辆卫生检查 ● 教师节促销活动执行 ■ 提交次月创新服务计划	■ 安排新员工参加入职培训	◎ 分析上个月部门各项成本支出并参加损益会

17	18	19	20
● 避免重复办理同一间房技巧培训	● 英文培训与电话礼仪标准培训（2次/月） ◎ 团队接待流程培训	■ 房卡、会员饮料券盘点，为国庆节接待备货	★ 行政酒廊通知客房做木质地板打蜡维护

25	26	27	28
■ 部门"金点子"落实	● 整理保险柜内客人遗留物品 ■ 三季度易耗品及固定资产盘点	■ 宾客服务案例培训 ● 行政酒廊员工到前台参加交叉培训（为期2天） ● 落实宾客心语整改计划完成情况	★ 行政酒廊食品安全检查 ■ 整理宾客意见

★ 企业责任　■ 宾客体验　■ 安全资产　● 员工团队　◎ 财务回报

05
★ 整理外宾外事资料

06
■ 前台递热毛巾服务培训
★ 全员参加消防培训
■ 部门"金点子"提交

07
● 检查并更新酒店内部分机表

08
◎ 清点并检查伴手礼
● 行政酒廊员工到前台参加交叉培训（为期2天）

13
■ 长存行李及物品检查清理

14
● 总机接听电话操作培训
● 客房预订理论与实操培训

15
■ 行政酒廊食品安全培训

16
● 检查更新酒店公共信息及产品知识并进行培训考核
■ 加强对第三方平台客人的电话回访，提高网评分数

21
● 确定下个月引入会员目标

22
● 总机电话测试
◎ 到期合同整理及跟进

23
■ 神秘访客流程培训及演练

24
■ 提交次月采购计划

29
■ 提高宾客心语培训会
■ 国庆节促销活动培训
● 部门召开沟通会，汇总员工工作中遇到的问题及部门内部存在的问题

30
■ 提交下个月培训计划
● 会员认知培训
◎ 统计散客及客房升级销售收入

10月 Oct.

01	02	03	04
■ 会员客人入住体验、网评更新 ● 国庆节促销活动执行	■ 账单及各办公室物资整理 ■ 国庆节促销活动执行	■ 部门召开每月宾客心语会议并形成整改计划 ■ 评选上月度优秀员工、优秀经理人 ■ 国庆节促销活动执行	◎ 递交快递费付款申请 ■ 整理宾客服务案例 ■ 国庆节促销活动执行

09	10	11	12
● 英文培训与电话礼仪标准培训（2次/月）	■ 车辆卫生检查 ■ 提交次月创新服务计划	■ 安排新员工参加入职培训	◎ 分析上月部门各项成本支出并参加损益会

17	18	19	20
■ 双十一活动内容培训	■ 英文培训与电话礼仪标准培训（2次/月） ◎ 行政酒廊下午茶推广	◎ 双十一活动直客通平台推广培训	■ 确定下个月引入会员目标

25	26	27	28
◎ 礼宾部电话测试 ■ 部门"金点子"落实	■ 宾客服务案例培训	■ 整理保险柜内客人遗留物品 ■ 落实宾客心语整改计划完成情况	■ 行政酒廊员工到前台参加交叉培训（为期2天） ★ 行政酒廊食品安全检查 ■ 整理宾客意见

★ 企业责任　■ 宾客体验　■ 安全资产　● 员工团队　◎ 财务回报

05	06	07	08
● 国庆节促销活动执行 ★ 整理外宾外事资料	■ 部门"金点子"提交 ● 国庆节促销活动执行	● 检查并更新酒店内部分机表 ● 国庆节促销活动执行	◎ 清点并检查伴手礼 ● 行政酒廊员工到前台参加交叉培训（为期2天）

13	14	15	16
■ 长存行李及物品检查清理	● 神秘访客流程培训及演练	★ 行政酒廊食品安全培训	● 检查更新酒店公共信息及产品知识并进行培训考核 ◎ 团队接待流程培训

21	22	23	24
◎ 到期合同整理及跟进	◎ 重要接待流程培训	◎ 更新行政酒廊书吧 ● 客房预订理论与实操培训	■ 提交次月采购计划

29	30	31	
■ 双十一促销活动培训 ★ 旅馆业系统维护续费	■ 提高宾客心语培训会 ● 部门召开沟通会，汇总员工工作中遇到的问题及部门内部存在的问题	■ 提交下个月培训计划 ● 会员认知培训 ◎ 统计散客及客房升级销售收入	

11月 Nov.

01	02	03	04
■ 会员客人入住体验、网评更新	● 账单及各办公室物资整理	■ 部门召开每月宾客心语会议并形成整改计划 ● 评选上月度优秀员工、优秀经理人	◎ 递交快递费付款申请 ■ 整理宾客服务案例

09	10	11	12
● 英文培训与电话礼仪标准培训（2次/月）	■ 车辆卫生检查 ■ 提交次月创新服务计划	■ 双十一促销活动执行 ● 安排新员工参加入职培训	◎ 分析上个月部门各项成本支出并参加损益会

17	18	19	20
◎ 双十一客房促销活动收入统计	■ 英文培训与电话礼仪标准培训（2次/月） ◎ 团队接待流程培训	■ 房务周踢毽子比赛	● 酒店技能大赛（客房铺床、前厅接待流程等竞赛活动） ■ 行政酒廊通知客房做木质地板打蜡维护

25	26	27	28
■ 部门"金点子"落实	■ 宾客服务案例培训 ◎ 圣诞节活动门票及新年礼盒售卖	● 整理保险柜内客人遗留物品 ● 落实宾客心语整改计划完成情况	● 圣诞节促销活动培训 ● 行政酒廊员工到前台参加交叉培训（为期2天） ■ 整理宾客意见

★ 企业责任　■ 宾客体验　■ 安全资产　● 员工团队　◎ 财务回报

05	06	07	08
避免重复办理同一间房技巧培训	部门"金点子"提交	● 检查并更新酒店内部分机表	◎ 清点并检查伴手礼 ● 行政酒廊员工到前台参加交叉培训（为期2天）

13	14	15	16
■ 长存行李及物品检查清理 客房预订理论与实操培训 前台递热毛巾服务培训	■ 神秘访客流程培训及演练	★ 行政酒廊食品安全培训	● 检查更新酒店公共信息及产品知识并进行培训考核 ● 房务周活动开幕式

21	22	23	24
◎ 确定下个月引入会员目标 房务周有奖问答	● 行政酒廊员工到前台参加交叉培训（为期2天） ◎ 团队接待培训 ● 房务周闭幕式及颁奖典礼	★ 参加企业安全管理培训	■ 提交次月采购计划

29	30		
提高宾客心语培训会 ★ 行政酒廊食品安全检查 部门召开沟通会，汇总员工工作中遇到的问题及部门内部存在的问题	● 提交下个月培训计划 ● 会员认知培训 ◎ 统计散客及客房升级销售收入		

12月 Dec.

01	02	03	04
■ 会员客人入住体验、网评更新 ● 下一年度部门365天工作安排	■ 账单及各办公室物资整理	■ 部门召开每月宾客心语会议并形成整改计划 ■ 评选上月度优秀员工、优秀经理人	◎ 递交快递费付款申请 ■ 整理宾客服务案例

09	10	11	12
● 英文培训与电话礼仪标准培训（2次/月）	■ 车辆卫生检查 ■ 提交次月创新服务计划	■ 整理宾客服务案例 安排新员工参加入职培训	◎ 分析上个月部门各项成本支出并参加损益会

17	18	19	20
● 圣诞节促销活动内容培训	■ 统计部门网上课件学习情况 ■ 英文培训与电话礼仪标准培训（2次/月）	◎ 到期合同整理及跟进	■ 年终员工绩效谈话

25	26	27	28
■ 宾客服务案例培训 ■ 部门"金点子"落实	■ 四季度易耗品及固定资产盘点	■ 整理保险柜内客人遗留物品 ■ 前台员工递热毛巾服务检查 ■ 落实宾客心语整改计划完成情况	■ 行政酒廊员工到前台参加交叉培训（为期2天） ★ 行政酒廊食品安全检查 ■ 整理宾客意见

第四章 前厅部365天可视化工作管理实务

★ 企业责任　■ 宾客体验　■ 安全资产　● 员工团队　◎ 财务回报

05	06	07	08
● 避免重复办理同一间房技巧培训	● 前台递热毛巾服务培训 ■ 部门"金点子"提交 ◎ 圣诞节活动门票及新年礼盒售卖	● 检查并更新酒店内部分机表	◎ 清点并检查伴手礼 ● 行政酒廊员工到前台参加交叉培训（为期2天）

13	14	15	16
■ 长存行李及物品检查清理	● 神秘访客流程培训及演练	★ 行政酒廊食品安全培训	● 检查更新酒店公共信息及产品知识并进行培训考核

21	22	23	24
● 确定次年引入会员目标	● 行政酒廊员工到前台参加交叉培训（为期2天）	● 客房预订理论与实操培训 ● 总机电话测试	● 圣诞节活动执行 ■ 提交次月采购计划

29	30	31	
● 重点接待流程培训 ● 提高宾客心语培训会	● 部门召开沟通会，汇总员工工作中遇到的问题及部门内部存在的问题	■ 提交下个月培训计划 ● 会员认知培训 ◎ 统计散客及客房升级销售收入	

第五章 客房部 365 天可视化工作管理实务

一、职责概述

客房部是接待入住宾客的主要部门。其主要工作职责是为宾客提供安全、舒适、整洁和便利的居住环境、配套设施以及相关服务，是具有策划、组织、指挥和协调功能的服务中心。

客房部是满足宾客住宿需求最基本、最重要的功能性部门，包含行政管家、客房部经理、楼层经理、公共区域经理、洗衣房经理，主要负责提供客房服务并管理酒店有关客房的事务。客房服务是酒店对客服务的重点，包括客房清洁、物品借用、贵宾接待服务、客房小酒吧服务、洗衣服务等。

二、主要工作职责

根据酒店经营目标和计划，制订客房的运营计划并组织实施；制订酒店客房服务、管理的工作制度、工作流程及标准；负责客房设施的定期维护保养、家具翻新、大清洁和除"四害"等工作；为客人提供高标准的个性化客房服务，持续开发、改善宾客体验的各类活动；根据客人需求和本酒店特点定期进行客房产品的创新；负责酒店客衣、布草的收发、洗涤、库存盘点等工作。

三、组织架构

客房部常见组织架构见图 5-1。

四、工作细则

（1）**行政管家**　制订本部门各项规章、流程、制度；做好预算管理与成

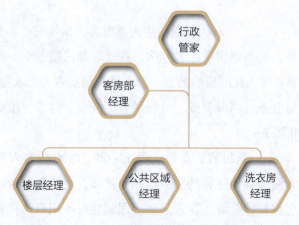

图 5-1 客房部常见组织架构

本控制，定期检查库房管理情况；督促各分部门做好日常维护保养与清洁工作；根据住房率合理安排工作人员；负责本部门日常服务质量管理，坚持巡视客房部所辖管区域，重点检查贵宾（VIP）客房接待质量。

（2）客房部经理　协助行政管家开展客房部各项工作，可代行行政管家职责，掌握每天的住客情况和房态，检查贵宾（VIP）房间；分管客房部一部分分部门，协助行政管家做好公共区域卫生检查及洗衣房设备保养。

（3）楼层经理　做好客房日常清洁，关注客人喜好并提供个性化服务，随时关注异常情况并及时向上级汇报；做好客衣洗衣收取、递送服务，做好贵宾（VIP）夜床服务等；收集"免打扰"房间信息或外宿信息，及时向上级汇报；负责客人遗留物品登记、上缴工作；负责客人加借物配送工作；按照计划进行所负责区域的卫生清洁等工作。

（4）公共区域经理　负责公共区域卫生及所属区域绿植的清洁保障工作，保证公共区域整洁；负责公共区域资产维护保养，及时对设备故障进行保修；对公共区域客人遗留物做好保管、上缴等工作。

（5）洗衣房经理　负责布草间工服、布草清点存放工作；按照入住情况向楼层配送及回收布草；负责客人送洗衣物的清洁、熨烫、折叠、配送工作；负责洗衣房工服、布草定期盘点、报损等工作。

五、专业术语

（1）**贴身管家服务**　高档星级酒店为重要客人提供的更加专业化、私人化的一站式服务，是集酒店前厅、客房、餐饮等部门服务于一人的服务。贴身管家充当重要宾客入住酒店后的服务总调度，根据客人需求提供拆装行李、入住退房、客房服务、叫醒服务、订餐送餐、洗衣、订票、旅游、秘书服务等一系列个性化服务。

（2）**夜床服务**　是指酒店在每天的17:00~21:00为客人整理休息的床铺，以便客人方便顺利地就寝的服务项目。比如，更换各类日用品、去掉床罩、拉开被角、放好拖鞋等，客人只要一回到客房不用自己再整理，就可以直接入寝。夜床服务是高档星级酒店程序化、规范化和个性化的一项重要服务项目，可以使客人的入住体验更加满意，夜床服务是星级酒店的一大服务亮点。

（3）**个性化服务**　随着酒店业的迅速发展，有针对性和灵活性的个性化服务已成为酒店服务发展的趋势。个性化服务是指以顾客需求为中心，在满足顾客共性需求的基础上，针对顾客的个性特点和特殊需求，主动积极地为顾客提供差异性的服务，让顾客有一种自豪感、满足感，留下深刻的印象，而成为回头客。因宾客需求不同，故个性化服务并无特定标准，其关键在于差异性以及超出宾客预期。

（4）**客衣服务**　酒店洗衣房除布草洗涤、制服洗涤外，还需对客人衣物进行洗涤。酒店洗衣房下设客衣服务组，主要负责客衣收发、清点、打码、检查、洗涤、核对、叠放、包装、送回等工作，一般根据客人填写客房内洗衣单中的要求对客衣进行处理。

六、关键指标

（1）**客房清洁度**　客房清洁度包括客人对房间卫生的满意度、更换和补充客耗品的及时程度及客房设施设备的良好使用程度。

（2）**客房成本节约率**　客房成本节约率指客房经营成本节省额占酒店经营预算中客房部成本预算额的比重。客房经营成本包括客耗品费用、布草洗涤费、布草损耗费、客房部固定资产折旧费、服务人员薪资等费用。

（3）对客服务主要设施设备完好率　对客服务主要设施设备完好率即对客设施设备完好设备数占总设备数的比重，设施设备完好率直接影响宾客入住体验及设备使用寿命。

（4）绿色客房　绿色客房是绿色饭店的重要标准之一。根据《绿色旅游饭店》标准，绿色客房是指无建筑、装修和噪声污染，室内环境符合人体健康要求的客房；客房内所有物品、用具及对它们的使用都符合环保要求。

（5）成品保护　保护酒店客房中物品及装修成品的完整性，降低成本预算外开支，强化操作规范，促进安全生产，防止人为破坏和损坏，降低基础管理成本。

七、365 天可视化工作管理日历

1月 Jan.

01	02	03	04
■ 当值部门负责人节前检查所有客房区域安全 ■ 对客公共区域卫生大清洁 ■ 烘干机毛絮清洁	■ 与物业公司沟通酒店外围花园种植工作 ■ 客房消杀（1次/月） ■ 客房窗帘拆洗 ● 部门"金点子"提交	■ 春节布置物品选样及采购 ■ 抹布规范使用培训 ■ 水洗机、大烫机上蜡保养 ■ 1月份工作沟通会	■ 客房部员工"五步十步"培训 ■ 客房沙发和抱枕布套交由洗衣房洗涤（1次/年）

09	10	11	12
★ 员工健康证整理、检查（1次/月） ■ 酒店外围和公共区域消杀 ■ 干洗机蒸馏箱清洁	■ 迷你吧3月份到期酒水盘点 ■ 收货平台地面边角污渍刷洗	■ 洗衣房洗眼机的使用检查	■ 套房木质打蜡保养（1次/年） ■ 酒店水景大清洁 ● PA员工硬质地面拖地规范操作培训

17	18	19	20
■ 客房部办公室大清洁 ■ 烘干机隔网清洁	■ 迷你吧3月份即将过期酒水更换 ■ 酒店大堂水幕墙水垢清除 ■ 抽湿机排水清洁	■ 洗衣房员工客衣洗涤流程培训 ■ 情人节活动客房布置所需物资统计	■ 客房部2月份采购计划提交 ■ 洗衣房卫生大清洁 ■ 收货平台地面边角污渍刷洗 ■ 1月份员工工作鞋袜发放 ■ 楼层吸尘器清理保养（1次/周）

25	26	27	28
■ 客房部库房卫生自查 ● 男女更衣室墙面清洁及浴帘交由洗衣房洗涤	◎ 部门1月份月结 ■ 进行木质墙面除尘	■ 地方"两会"期间宾客住房意见统计 ■ 空调通风口除尘 ■ 楼层吸尘器清理保养（1次/周）	◎ 客房部文档资料整理 ■ 电梯地面污渍清洗 ■ 洗衣房软化水系统设备加盐 ■ 可视化培训教室卫生大清洁

第五章 客房部 365 天可视化工作管理实务

★ 企业责任　■ 宾客体验　■ 安全资产　● 员工团队　◎ 财务回报

05	06	07	08
● 重要政务会议前准备工作沟通会 ■ 员工电梯门不锈钢保养 ■ 重要政务会议接待前物资盘点及采购	● 重要政务会议个性化接待服务技能培训 ■ 空调通风口清洁 ■ 干洗机蒸馏箱清洁 ■ 楼层吸尘器清理保养（1次/周）	■ 客房木质面除尘 ■ 可视化培训教室卫生大清洁 ■ 水洗机、大烫机加黄油⊖ ● 重要政务会议接待员工安排	■ 客房楼层地方"两会"期间所需物料配发 ■ 水洗机、大烫机变频器毛絮清洁

13	14	15	16
● 楼层员工服务案例分析培训 ■ 空调通风口清洁 ■ 酒店外围硬质地面刷洗 ■ 楼层吸尘器清理保养（1次/周）	■ 客房部1月份采购物资汇总 ■ 可视化培训教室卫生大清洁	■ 对客公共区域卫生大清洁 ■ 客梯间、员工电梯间卫生大清洁（为期2天） ■ 员工电梯门不锈钢保养	■ 酒店长期资产维护保养培训

21	22	23	24
◎ 迷你吧3月份到期酒水调拨 ● 洗衣房员工客衣洗涤流程培训 ■ 可视化培训教室卫生大清洁	■ 特殊枕头整理并检查 ■ 对客公共区域木质墙面除尘	● 开夜床培训 ■ 准备重要会议使用的红地毯 ◎ 1月份酒店员工洗衣费用统计 ■ 对客公共区域木质墙面打蜡	■ 准备重要会议会务组所需打包箱 ■ 大厅大理石地面边角污渍清洁

29	30	31	
■ 卫生间墙面清洁 ■ 抽湿机排水清洁 ◎ 1月份洗涤费用结算	● 重要会议客人离店收尾工作 ■ 餐厅、西餐厅、员工餐厅后厨消杀 ◎ 1月份外洗衣物费用统计	■ 扶梯侧面玻璃清洁 ■ 烘干机隔离网清洁 ■ 客梯间、员工电梯间卫生大清洁（为期2天）	

⊖ 黄油：钙基润滑剂，俗称黄油。

2月 Feb.

01
- 对客公共区域卫生大清洁
- 完成洗衣房库房整理

02
- 对全员进行酒店产品知识培训
- 部门"金点子"提交

03
- 楼层所有工作间卫生大清洁
- 酒店地角线清洁
- 洗衣房促销推广工作计划方案
- 2月份工作沟通会

04
- 楼层安全操作大检查
- 收取客衣流程培训

09
- 1~2月份工作表整理并存档
- 公区大理石墙面除尘
- 干洗机蒸馏箱清洁
- 洗衣房员工服务案例培训
- ★员工健康证整理、检查（1次/月）

10
- 迷你吧4月份到期酒水盘点
- 行政酒廊落地玻璃刮洗
- 布草采购计划提交
- PA员工硬质地面拖地规范操作培训

11
- 走廊地毯边缝吸尘
- 前厅水晶吊灯清洁

12
- 清洁马桶操作培训
- 外围硬质地面刷洗
- 行政酒廊落地玻璃刮洗
- 洗衣房洗眼机的使用检查

17
- 清洗浴缸操作培训
- 抽湿机排水清洁
- 客房卫生间门面清洁（1次/月）

18
- 客房配备吹风机使用状况检查
- ★大烫机变频器清灰

19
- 客房部2月份采购物资汇总
- 拖拭地面操作培训
- 洗衣房员工服务案例培训

20
- 客房部3月份采购计划提交
- 楼层吸尘器清理保养（1次/周）
- 2月份员工工作鞋袜发放

25
- 楼层员工重要接待流程培训
- 酒店水幕墙水垢清除
- 洗衣房软化水系统设备加盐

26
- 部门2月份月结
- 可视化培训教室卫生大清洁
- 男女更衣室墙面清洁及浴帘交由洗衣房洗涤
- 2月份洗涤费用结算
- 楼层吸尘器清理保养（1次/周）

27
- 铺床操作培训
- ★消杀公司检查酒店区域鼠害防控
- 2月份外洗衣物费用结算
- 客梯间、员工电梯间卫生大清洁（为期2天）

28
- 客房地毯抽洗（1次/半年）
- 巾类毛边线头修剪
- 可视化培训教室卫生大清洁

★ 企业责任　■ 宾客体验　■ 安全资产　● 员工团队　◎ 财务回报

05
- 地毯边缝吸尘（1次/季度）
- 干洗机蒸馏箱清洁
- 烘干机隔离网清洁

06
- ■ 客房消杀（1次/月）
- 公共区域地毯边缝吸尘
- ■ 厂家检查维保洗涤剂上料系统
- ■ 楼层吸尘器清理保养（1次/周）

07
- 客房台面翻新工作计划方案提交
- 客房木质面除尘
- 可视化培训教室卫生大清洁

08
- 公共区域高位通风口、安全指示牌及灯具清洁擦拭
- ■ 水洗机和大烫机变频器毛絮清洁

13
- 酒店外围和公共区域消杀
- 大烫机变频器清灰
- 楼层吸尘器清理保养（1次/周）

14
- ● 刮玻璃操作培训
- 情人节活动客房布置
- ■ 可视化培训教室卫生大清洁

15
- 对客公共区域卫生大清洁
- 迷你吧4月份到期酒水盘点
- 布草采购计划跟进
- ■ 客梯间、员工电梯间卫生大清洁（为期2天）

16
- 走廊地毯边缝吸尘
- 前厅水晶吊灯清洁

21
- 客房马桶水箱清洗（1次/季度）
- 对客公共区域木质墙面除尘
- ■ 可视化培训教室卫生大清洁
- 迷你吧4月份到期酒水调拨

22
- ● 对全员进行酒店产品知识培训
- ■ 烘干机隔离网清洁
- 对客公共区域木质墙面打蜡

23
- ■ 所有工作车卫生和使用情况检查
- 木质墙面除尘
- 抽湿机排水清洁
- ◎ 2月份酒店员工洗衣费用统计

24
- 客梯门面污渍卫生清洁
- 酒店水景清洁
- ■ 洗衣房卫生大清洁

3月 Mar.

01
- 对客公共区域卫生大清洁
- 外墙清洗计划提交
- 洗衣房布草盘点（1次/季度）

02
- 客房部一季度固定资产盘点
- 公共区域地毯边缝吸尘
- 干洗机蒸馏箱清洁

03
- 楼层员工礼貌礼节培训
- 大厅家具除尘
- 水洗机、大烫机上蜡保养
- 部门"金点子"提交
- 3月份部门沟通会

04
- 清洁剂操作培训
- PA员工地毯除渍培训
- 洗衣房3月份布草库存盘点

09
- ★ 员工健康证整理、检查（1次/月）
- 客厕灯具清洁
- PA员工硬质地面拖地规范操作培训

10
- 迷你吧5月份酒水盘点
- 大厅大理石地面边角清洁
- 洗衣房洗眼机的使用检查

11
- 走廊木饰面除尘
- 收货平台和员工通道塑料门帘清洁

12
- 酒店东面水景清洁
- 外围硬质地面刷洗

17
- 擦鞋服务培训
- 大厅家具除尘清洁
- 烘干机隔离网清洁

18
- 迷你吧5月份到期酒水更换
- 水幕墙水垢清除
- 洗衣房软化水系统设备加盐

19
- 洗衣房员工客衣洗涤流程培训

20
- 客房部4月份采购计划提交
- 酒店水景清洁
- 洗衣房检查并整理安全数据表资料
- 楼层吸尘器清理保养（1次/周）
- 3月份员工工作鞋袜发放

25
- 客房部库房卫生大检查
- 对客公共区域木质墙面除尘
- ◎ 3月份外洗衣物费用统计

26
- ◎ 部门3月份月结
- 对客公共区域木质墙面打蜡
- 卫生间墙面清洁

27
- 客房地毯边缝除尘（1次/月）
- 男女更衣室墙面清洁及浴帘交由洗衣房洗涤
- 楼层吸尘器清理保养（1次/周）

28
- 电梯地面污渍刷洗
- 洗衣房盘点鞋袜库存数量
- 可视化培训教室卫生大清洁

★ 企业责任　■ 宾客体验　■ 安全资产　● 员工团队　◎ 财务回报

05	06	07	08
■ 厂家对吸尘器进行检修和保养（1次/季度） ● 员工电梯门不锈钢保养 ● 熨烫衣物操作培训	■ 上一年度食品安全审计内容回顾培训 ■ 烘干机隔离网清洁 ■ 楼层吸尘器清理保养（1次/周）	■ 客房木质面除尘 ■ 水洗机、大烫机加黄油 ■ 可视化培训教室卫生大清洁	■ 客房消杀（1次/月） ■ 水洗机、大烫机变频器毛絮清洁

13	14	15	16
■ 大烫机变频器清灰 ■ 酒店外围和公共区域消杀 ■ 楼层吸尘器清理保养（1次/周）	■ 客房部3月份采购物资汇总 ● 洗衣房员工服务案例培训 ■ 可视化培训教室卫生大清洁	● 员工电梯门不锈钢保养 ■ 抽湿机排水清洁 ■ 客梯间、员工电梯间卫生大清洁（为期2天）	● 客房部员工"五步十步"培训 ■ 所有工作车卫生使用情况检查 ■ 客房卫生间门面清洁（1次/月）

21	22	23	24
◎ 迷你吧5月份到期酒水调拨 ● 洗衣房员工客衣洗涤流程培训 ■ 可视化培训教室卫生大清洁	■ 客房落地玻璃刮洗（1次/季度） ■ 大厅大理石镜面保养 ■ 洗衣房卫生大清洁	● 员工放房操作培训 ● 员工通道铺设红地毯 ◎ 3月份酒店员工洗衣费用统计	● 楼层员工马桶清洁培训 ■ 大厅大理石地面边角清洁 ■ 烘干机毛絮清洁

29	30	31	
■ 走廊地毯边缝吸尘 ◎ 3月份洗涤费用结算 ■ 抽湿机排水清洁 ◎ 一季度固定资产及易耗品盘点	■ 酒店长期资产维护保养培训 ◎ 利用报废布草改制枕套（整年） ■ 客梯间、员工电梯间卫生大清洁（为期2天）	■ 客厕灯具清洁 ◎ 业主公司一季度员工洗衣费用统计	

4月 Apr.

01
- 对客公共区域卫生大清洁
- 客房小家电操作使用培训
- 洗衣房软化水系统设备加盐

02
- 客房部库房卫生大检查
- 部门"金点子"提交

03
- 客房消杀（1次/月）
- 大厅家具除尘
- 4月份工作沟通会

04
- 楼层员工酒水抛帐程序培训
- PA员工地毯除渍方法培训
- 干洗机蒸馏箱清洁

09
- 3~4月份工作表整理并存档
- 客厕灯具清洁
- 干洗机蒸馏箱清洁
- ★ 员工健康证整理、检查（1次/月）

10
- 迷你吧6月份到期酒水盘点
- 大厅大理石地面边角清洁
- 洗衣房洗眼机的使用检查

11
- PA员工硬质地面拖地规范操作培训
- 烘干机隔离网清洁

12
- 酒店水景清洁
- 楼层吸尘器清理保养（1次/周）

17
- 楼层员工重要接待流程培训
- 大厅家具除尘
- 客房卫生间门面清洁（1次/月）

18
- 迷你吧6月份到期酒水更换
- 酒店水幕墙水垢清除
- 清洗设备的安全操作培训

19
- 洗衣房员工洗涤客衣操作培训
- 楼层吸尘器清理保养（1次/周）

20
- 客房部5月份采购计划提交
- 酒店水景池清洁
- 4月份员工工作鞋袜发放

25
- 对客公共区域木质墙面除尘
- ◎ 4月份外洗衣物费用统计

26
- ◎ 部门4月份月结
- 巾类毛边线头修剪
- 烘干机隔离网清洁
- 对客公共区域木质墙面打蜡

27
- 处理客人遗留物品操作培训
- 男女更衣室墙面清洁及浴帘交由洗衣房洗涤
- 楼层吸尘器清理保养（1次/周）

28
- 客房部文档资料整理
- 电梯地面污渍刷洗
- ◎ 4月份洗涤费用结算
- 可视化培训教室卫生大清洁

★ 企业责任　■ 宾客体验　■ 安全资产　● 员工团队　◎ 财务回报

05	06	07	08
■ 酒店长期资产维护保养培训	■ 客房木质面除尘 ■ 酒店水景清洁 ■ 配合厂家维保洗涤剂上料系统 ■ 楼层吸尘器清理保养（1次/周）	● 收取客人洗衣流程培训 ■ 水洗机、大烫机加黄油 ■ 可视化培训教室卫生大清洁	■ 走廊壁纸除胶 ■ 水洗机、大烫机变频器毛絮清洁

13	14	15	16
■ 大烫机变频器清灰 ■ 外围硬质地面刷洗 ■ 酒店外围和公共区域消杀	■ 客房部4月份采购物资汇总 ■ 西餐厅大理石地面保养 ● 洗衣房员工服务案例培训 ■ 可视化培训教室卫生大清洁	■ 对客公共区域卫生大清洁 ■ 所有工作车卫生和使用情况检查 ■ 员工电梯门不锈钢保养 ■ 客梯间、员工电梯间卫生大清洁（为期2天）	● 对全员进行酒店产品知识培训 ■ 抽湿机排水清洁

21	22	23	24
◎ 迷你吧6月份到期酒水调拨 ● 员工衣物祛污渍操作培训 ■ 可视化培训教室卫生大清洁	■ 客房花洒水垢清除（1次/月） ■ 大厅大理石镜面保养 ■ 洗衣房卫生大清洁	■ 客房床垫翻转（1次/两月） ■ 西餐厅大理石镜面保养 ■ 4月份酒店员工洗衣费用统计	■ 客房上下水检查（1次/月） ★ 配合消杀公司检查酒店区域鼠害防控

29	30		
■ 抽湿机排水清洁 ■ 客梯间、员工电梯间卫生大清洁（为期2天）	■ 走廊地毯边缝吸尘		

5月 May.

01
- 对客公共区域卫生大清洁
- 大厅大理石镜面保养
- 洗衣房软化水系统设备加盐

02
- 消防通道卫生清洁
- 地毯边角吸尘
- 部门"金点子"提交

03
- 清洁房间玻璃操作培训
- 大厅家具除尘
- 水洗机、大烫机上蜡保养
- 5月份工作沟通会

04
- 对全员进行酒店产品知识培训
- 通道门棉质门帘交由洗衣房洗涤并整理入库

09
- 木质地面打蜡保养

10
- 迷你吧7月份到期酒水盘点
- 大厅大理石地面边角清洁
- 洗衣房洗眼机的使用检查

11
- 酒店外墙清洗开始施工
- PA员工硬质地面拖地规范操作培训

12
- 酒店东面水景清洁
- 扶梯脚踏板内污渍清洁
- 烘干机隔离网清洁

17
- 客房马桶水箱清洗（1次/季度）
- 大厅家具除尘

18
- 迷你吧7月份到期酒水更换
- 酒店水幕墙水垢清除
- 熨烫客衣操作培训

19
- 洗衣房员工洗涤客衣操作培训

20
- 客房部6月份采购计划提交
- 酒店水景清洁
- 5月份员工工作鞋袜发放
- 楼层吸尘器清理保养（1次/周）

25
- 客房部库房卫生大检查
- 对客公共区域木质墙面除尘
- ◎ 5月份外洗衣物费用统计

26
- ◎ 部门5月份月结
- 酒店区域消杀
- 洗衣房智能布草芯片项目实施
- 对客公共区域木质墙面打蜡

27
- 客房地毯边缝除尘（1次/月）
- 男女更衣室墙面清洁及浴帘交由洗衣房洗涤
- 楼层吸尘器清理保养（1次/周）

28
- 整理客房部文档资料
- 地毯污渍处理培训
- ◎ 5月份洗涤费用结算
- 可视化培训教室卫生大清洁

★ 企业责任　■ 宾客体验　■ 安全资产　● 员工团队　◎ 财务回报

05	06	07	08
■ 客房消杀（1次/月） ■ PA员工地毯除渍方法培训 ■ 干洗机规范操作培训	■ 客房木质面除尘 ■ 酒店北面水景清洁 ■ 干洗机蒸馏箱清洁 ■ 楼层吸尘器清理保养（1次/周）	★ 员工健康证整理、检查（1次/月） ■ 水洗机、大烫机加黄油 ■ 可视化培训教室卫生大清洁	■ 走廊木质除尘 ■ 水洗机和大烫机变频器毛絮清洁

13	14	15	16
■ 大烫机变频器清灰 ■ 外围硬质地面刷洗 ■ 抽湿机排水清洁 ■ 酒店外围和公共区域消杀	■ 客房部5月份采购物资汇总 ■ 西餐厅大理石地面镜面保养 ● 洗衣房员工服务案例培训 ■ 可视化培训教室卫生大清洁	■ 对客公共区域卫生大清洁 ■ 所有工作车卫生和使用情况检查 ■ 员工电梯门不锈钢保养 ■ 客梯间、员工电梯间卫生大清洁（为期2天）	● 客房部员工"五步十步"培训 ■ 楼层吸尘器清理保养（1次/周）

21	22	23	24
◎ 迷你吧7月份到期酒水调拨 ■ 专人检查外墙清洗 ● 培训洗衣房员工客衣洗涤流程 ■ 可视化培训教室卫生大清洁	■ 客房迷你吧玻璃清洁（1次/季度） ■ 大厅大理石镜面保养 ■ 洗衣房卫生大清洁	■ 客房卫生间门面清洁（1次/月） ■ 西餐厅大理石镜面保养 ■ 洗衣房库房整理 ◎ 5月份酒店员工洗衣费用统计	● 清洗三缸操作培训 ■ 大厅大理石地面边角清洁 ■ 烘干机隔离网清洁

29	30	31	
■ 走廊地毯边缝除尘 ■ 卫生间墙面清洁 ■ 洗衣房软化水系统设备加盐	■ 拖拭消防通道 ■ 抽湿机排水清洁 ■ 客梯间、员工电梯间卫生大清洁（为期2天）	■ 酒店长期资产维护保养培训	

6月 Jun.

01
- 对客公共区域卫生大清洁
- 重大赛事前客房部沟通协调会

02
- 次年鲜花合同签订
- 地毯边角吸尘
- 洗衣房6月份布草库存盘点

03
- 供应商资质和证书收集并整理存档
- 部门"金点子"提交

04
- 楼层员工铺床操作培训
- PA员工清洁剂规范使用培训
- 洗衣房库房物资整理

09
- 5~6月份工作表整理并存档
- 员工更衣室浴帘送洗
- 干洗机蒸馏箱清洁
- ★ 员工健康证整理、检查（1次/月）

10
- 迷你吧8月份到期酒水盘点
- 大厅大理石地面边角清洁
- 洗衣房软化水系统设备加盐

11
- 全员仪容仪表、礼貌礼节培训
- PA员工硬质地面拖地规范操作培训
- 洗衣房洗眼机的使用检查

12
- 二季度客房部固定资产盘点
- 酒店外围和餐饮区域消杀
- 检查客衣操作培训

17
- 客房落地玻璃刮洗（1次/月）
- 大厅家具除尘清洁
- 烘干机隔离网清洁

18
- 迷你吧8月份到期酒水更换
- 酒店水幕墙清除水垢
- 客房卫生间门面清洁（1次/月）

19
- 衣物品牌和LOGO识别培训

20
- "与你一起成长"生日会
- 酒店水景清洁
- 洗衣房检查并整理安全数据表资料
- 楼层吸尘器清理保养（1次/周）
- 客房部7月份采购计划提交
- 6月份员工工作鞋袜发放

25
- 客房部库房卫生大检查
- 对客公共区域木质墙面除尘
- ◎ 6月份外洗衣物费用统计

26
- ◎ 部门6月份月结
- 楼层吸尘器清理保养（1次/周）
- 巾类毛边线头修剪
- 对客公共区域木质墙面打蜡

27
- 客房地毯边缝吸尘（1次/月）
- 男女更衣室墙面清洁及浴帘交由洗衣房洗涤
- 洗衣房清洁设备使用安全培训
- 可视化培训教室卫生大清洁
- ◎ 二季度固定资产及易耗品盘点

28
- 客房部文档资料整理
- PA清洗地毯操作培训
- ◎ 6月份洗涤费用统计
- 可视化培训教室卫生大清洁
- 二季度固定资产及易耗品盘点

★ 企业责任　■ 宾客体验　■ 安全资产　● 员工团队　◎ 财务回报

05	06	07	08
● 6月份工作沟通会 ■ 客房木质面除尘 ■ 烘干机隔离网清理	■ 楼层吸尘器清理保养（1次/周） ■ 酒店水景清洁 ■ 楼层吸尘器清理保养（1次/周）	■ 客房消杀（1次/月） ■ 洗衣房布草车清洁 ■ 可视化培训教室卫生大清洁	■ 走廊壁纸除胶 ■ 水洗机、大烫机变频器毛絮清洁

13	14	15	16
■ 员工电梯间卫生大清洁 ■ 大烫机变频器清灰 ■ 外围硬质地面刷洗 ■ 酒店外围和公共区域消杀 ■ 楼层吸尘器清理保养（1次/周）	■ 客房部6月份采购物资汇总 ■ 西餐厅大理石地面镜面保养 ● 洗衣房员工服务案例培训 ■ 可视化培训教室卫生大清洁	■ 对客公共区域卫生大清洁 ■ 员工电梯门不锈钢保养 ■ 客梯间、员工电梯间卫生大清洁（为期2天）	● 对全员进行酒店产品知识培训 ■ 抽湿机排水清洁 ■ 所有工作车卫生和使用情况检查

21	22	23	24
◎ 迷你吧8月份到期酒水调拨 ■ 酒店外围高位门头玻璃清洁 ● 洗衣房员工衣物祛除污渍操作培训 ■ 可视化培训教室卫生大清洁	■ 客房床垫翻转（1次/2月） ■ 大厅大理石镜面保养 ■ 洗衣房卫生大清洁	● 员工收取客人衣物操作培训 ■ 西餐厅大理石镜面保养 ■ 洗衣房库房卫生大清洁 ◎ 6月份酒店员工洗衣费用统计	● 客房部全员规范操作培训 ■ 水洗机、大烫机加黄油 ■ 抽湿机排水清洁

29	30		
● 房间物品摆放培训 ◎ 6月份洗涤费用结算 ◎ 利用报废布草改制枕套 ■ 客梯间、员工电梯间卫生大清洁（为期2天）	■ 走廊地毯边缝除尘 ■ 行政酒廊卫生大清洁 ◎ 外部单位上半年洗涤费用结算 ◎ 业主公司二季度员工价洗衣费用统计		

7月 Jul.

01
- 对客公共区域卫生大清洁
- 客房部重要赛事前工作沟通会

02
- 客房小家电操作使用培训
- 地毯边角吸尘
- 楼层走廊纱帘清洗（1次/半年）

03
- 客房消杀（1次/月）
- 大厅家具除尘清洁
- 水洗机、大烫机上蜡保养
- 部门"金点子"提交
- 7月份工作沟通会

04
- 员工铺床操作培训
- PA员工清洁剂规范使用培训
- 洗衣房清洁设备使用安全培训

09
- ★员工健康证整理、检查（1次/月）
- 木质黑印清洁
- 干洗机蒸馏箱清洁
- 酒店后区消杀

10
- 迷你吧9月份到期酒水盘点
- 洗衣房洗眼机的使用检查
- 烘干机隔网清洁
- 楼层吸尘器清理保养（1次/周）

11
- 收货平台和员工通道塑料门帘清洁

12
- 酒店水景清洁
- 洗衣房清洁设备使用培训
- PA员工硬质地面拖地规范操作培训

17
- 楼层吸尘器清理保养
- 大厅家具除尘
- 烘干机隔离网清洁

18
- 迷你吧9月份到期酒水更换
- 酒店水幕墙水垢清除

19
- 洗衣房设备安全操作培训

20
- 客房部8月份采购计划提交
- 酒店水景清洁
- 7月份员工工作鞋袜发放
- 楼层吸尘器清理保养（1次/周）

25
- 客房部库房卫生大检查
- 对客公共区域木质墙面除尘
- ◎7月份外洗衣物费用统计

26
- ◎部门7月份月结
- 对客公共区域木质墙面打蜡
- 洗衣房布草车清洁

27
- 客房地毯边缝吸尘（1次/月）
- 男女更衣室墙面清洁及浴帘交由洗衣房洗涤
- 洗衣房清洁设备使用安全培训

28
- 客房部各项文档资料整理
- 可视化培训教室卫生大清洁
- 抽湿机排水清洁

★ 企业责任　■ 宾客体验　■ 安全资产　■ 员工团队　◎ 财务回报

05
- 客房部员工"五步十步"培训
- 客房木质面除尘
- ■ 楼层吸尘器清理保养（1次/周）

06
- ■ 酒店水景清洁
- ■ 干洗机蒸馏箱清洁

07
- ■ 客房落地玻璃刮洗（1次/月）
- ■ 水洗机、大烫机加黄油
- ■ 可视化培训教室卫生大清洁

08
- ■ 走廊木质除尘
- ■ 洗衣房软化水系统设备加盐

13
- ■ 大烫机变频器清灰
- ■ 外围硬质地面刷洗
- 洗衣房员工服务案例培训
- 酒店外围和公共区域消杀

14
- ■ 客房部7月份采购物资汇总
- ■ 西餐厅大理石地面镜面保养
- ■ 可视化培训教室卫生大清洁

15
- 对客公共区域卫生大清洁
- ■ 员工电梯门不锈钢保养
- ■ 客梯间、员工电梯间卫生大清洁（为期2天）

16
- ■ 所有工作车卫生使用情况检查
- ■ 抽湿机排水清洁
- 客房卫生间门面清洁（1次/月）

21
- ◎ 迷你吧9月份到期酒水调拨
- ■ PA高空作业安全操作培训
- 洗衣房员工客衣洗涤流程培训
- 可视化培训教室卫生大清洁

22
- 为客人开房门流程培训
- ■ 大厅大理石镜面保养
- ■ 洗衣房卫生大清洁

23
- ■ 消防通道卫生清洁
- ■ 西餐厅大理石地面镜面保养
- ■ 洗衣房库房整理
- ◎ 7月份酒店员工洗衣费用统计

24
- ● 为宾客提供擦鞋服务操作培训
- ■ 后厨消杀

29
- 客房物品摆放标准培训
- 卫生间墙面清洁
- 洗衣房软化水系统设备加盐
- ■ 楼层吸尘器清理保养（1次/周）

30
- 走廊地毯边缝吸尘
- 行政酒廊卫生大清洁
- ◎ 7月份洗涤费用结算
- ■ 客梯间、员工电梯间卫生大清洁（为期2天）

31
- ■ 走廊空调排风口清洁
- ★ 消杀公司检查酒店区域鼠害防控

8月 Aug.

01
- 对客公共区域卫生大清洁
- 8月份工作沟通会

02
- 客房部库房卫生大检查
- 地毯边角吸尘
- 走廊纱帘清洗（1次/半年）
- 部门"金点子"提交

03
- 外部劳务人员规范操作培训
- 大厅家具除尘清洁
- 洗衣房促销推广计划进行中

04
- 消防通道卫生清洁
- PA员工清洁剂规范使用培训
- 洗衣房清洁设备使用培训
- 楼层吸尘器清理保养（1次/周）

09
- 7~8月份工作表整理并存档
- 木质黑印清洁
- 干洗机蒸馏箱清洁
- 员工健康证整理、检查（1次/月）

10
- 迷你吧10月份到期酒水盘点
- 大厅大理石地面边角清洁
- 洗衣房洗眼机的使用检查

11
- 走廊木饰面除尘
- PA员工硬质地面拖地规范操作培训

12
- 客房沙发垫边缝吸尘（1次/月）
- 酒店东面水景清洁
- 洗衣房软化水系统设备加盐
- 楼层吸尘器清理保养（1次/周）

17
- 鲜花装饰等费用提交
- 大厅家具除尘
- 烘干机隔离网清洁

18
- 迷你吧10月份到期酒水更换
- 酒店水幕墙水垢清除

19
- 员工衣物品牌和LOGO识别培训
- 楼层吸尘器清理保养（1次/周）

20
- 客房部9月份采购计划提交
- 酒店南面水景清洁
- 8月份员工工作鞋袜发放

25
- 客房翻转床垫（1次/2月）
- 对客公共区域木质墙面除尘
- 8月份外洗衣物费用统计

26
- 部门8月份月结
- 洗衣房软化水系统设备加盐
- 对客公共区域木质墙面打蜡
- 巾类毛边线头修剪

27
- 楼层员工重要接待流程培训
- 男女更衣室墙面清洁及浴帘交由洗衣房洗涤
- 8月份洗涤费用结算

28
- 客房部各项文档资料整理
- 可视化培训教室卫生大清洁
- 楼层吸尘器清理保养（1次/周）

第五章 客房部 365 天可视化工作管理实务

★ 企业责任　● 宾客体验　■ 安全资产　● 员工团队　◎ 财务回报

05
- 对全员进行酒店产品知识培训
- 客房木质面除尘
- ■ 干洗机蒸馏箱清洁

06
- 客房清洗马桶水箱（1次/季度）
- 酒店水景清洁
- ■ 厂家检查维保洗涤剂上料系统

07
- ■ 客房消杀（1次/月）
- ■ 水洗机和大烫机加黄油保养
- 可视化培训教室卫生大清洁

08
- 走廊木质除胶
- ■ 水洗机和大烫机变频器毛絮清洁

13
- 大烫机变频器清灰
- 外围硬质地面刷洗
- 洗衣房员工服务案例培训
- ■ 酒店外围和公共区域消杀

14
- ■ 客房部8月份采购物资汇总
- ■ 西餐厅大理石地面镜面保养

15
- 对客公共区域卫生大清洁
- ■ 楼层吸尘器清理保养（1次/周）
- ■ 员工电梯门不锈钢保养
- ■ 客梯间、员工电梯间卫生大清洁（为期2天）

16
- 客房部全员规范操作培训
- ■ 抽湿机排水清洁

21
- ◎ 迷你吧10月份到期酒水调拨
- PA高空作业安全操作培训
- 员工祛除衣物污渍操作培训

22
- 清洁客房迷你吧玻璃（1次/季度）
- 大厅大理石镜面保养
- 洗衣房卫生大清洁

23
- ■ 西餐厅大理石地面镜面保养
- ■ 洗衣房库房整理
- ◎ 8月份酒店员工洗衣费用统计

24
- 收取宾客洗衣操作培训
- ■ 大厅大理石地面边角清洁
- ■ 烘干机隔离网清洁

29
- 客房物品摆放标准培训
- ■ 抽湿机排水清洁

30
- 走廊地毯边缝除尘
- 行政酒廊卫生大清洁
- ■ 客梯间、员工电梯间卫生大清洁（为期2天）

31
- ■ 全员培训酒店长期资产维护保养

9月 Sep.

01
- 对客公共区域卫生大清洁
- 国庆节前部门物资备货沟通会

02
- 酒店圣诞节装饰布置准备方案
- 地毯边角吸尘
- 洗衣房促销方案实施
- 部门"金点子"提交

03
- 空调操作培训
- 大厅家具除尘
- 水洗机、大烫机上蜡保养
- 9月份工作沟通会

04
- 续签鲜花配送协议
- PA员工清洁剂规范使用培训
- 洗衣房清洁设备使用安全培训

09
- ★ 员工健康证整理、检查（1次/月）
- 酒店高位门头玻璃清洁
- 洗衣房软化水系统设备加盐

10
- 迷你吧11月份到期酒水盘点
- 大厅大理石地面边角清洁
- 烘干机隔离网清洁
- 洗衣房洗眼机的使用检查

11
- 客房消杀（1次/月）
- PA员工硬质地面拖地规范操作培训

12
- 楼层吸尘器清理保养
- 酒店水景清洁
- 洗衣房清洁设备使用培训（1次/周）
- 楼层吸尘器清理保养（1次/周）

17
- 物品丢失及破损报告程序培训
- 大厅家具除尘

18
- 迷你吧11月份到期酒水更换
- 酒店水幕墙清除水垢

19
- 洗衣房清洁设备使用安全培训
- 干洗机蒸馏箱清洁

20
- 客房部10月份采购计划提交
- 酒店水景清洁
- 洗衣房检查并整理安全数据表资料
- 楼层吸尘器清理保养（1次/周）
- 9月份员工工作鞋袜发放

25
- 客房部库房卫生大检查
- ◎ 9月份外洗衣物费用统计
- 卫生间墙面清洁
- 抽湿机排水清洁

26
- ◎ 部门9月份月结
- 洗衣房除渍剂的规范使用培训
- 楼层吸尘器清理保养（1次/周）

27
- 续签酒店绿植租摆合同
- 男女更衣室墙面清洁及浴帘交由洗衣房洗涤
- ◎ 9月份洗涤费用结算

28
- 整理客房部各项文档资料
- ◎ 三季度固定资产及易耗品盘点
- 可视化培训教室卫生大清洁

★ 企业责任　■ 宾客体验　■ 安全资产　● 员工团队　◎ 财务回报

05
- ■ 厂家对客房部清洁设备进行检修和保养
- ■ 客房木质面除尘

06
- ■ 酒店水景清洁
- ■ 干洗机蒸馏箱清洁
- ■ 楼层吸尘器清理保养（1次/周）

07
- ■ 走廊空调排风口除尘
- ■ 水洗机、大烫机加黄油
- ■ 可视化培训教室卫生大清洁

08
- ■ 三季度客房部固定资产盘点
- ■ 酒店办公区域卫生大清洁
- ■ 水洗机和大烫机变频器毛絮清洁

13
- ■ 客房沙发布艺更换实施
- ■ 7楼卫生大清洁
- ■ 大烫机变频器变灰
- ■ 外围硬质地面刷洗
- ■ 酒店外围和公共区域消杀

14
- ■ 客房部9月份采购物资汇总
- ■ 西餐厅大理石地面镜面保养
- ● 洗衣房员工服务案例培训
- ■ 可视化培训教室卫生大清洁

15
- ■ 对客公共区域卫生大清洁
- ■ 所有工作车卫生和使用情况检查
- ■ 员工电梯门不锈钢保养
- ■ 客梯间、员工电梯间卫生大清洁（为期2天）

16
- ● 客房部员工"五步十步"培训
- ■ 抽湿机排水清洁

21
- ◎ 迷你吧11月份到期酒水调拨
- ■ PA员工高空作业安全操作培训
- ● 洗衣房员工客衣洗涤流程培训
- ■ 可视化培训教室卫生大清洁

22
- ● 楼层员工查退房流程培训
- ■ 大厅大理石地面镜面保养
- ■ 对客公共区域木质墙面除尘
- ■ 洗衣房卫生大清洁

23
- ■ 客房卫生间门面刷洗（1次/月）
- ■ 西餐厅大理石地面镜面保养
- ■ 洗衣房库房整理
- ■ 对客公共区域木质墙面打蜡

24
- ● 刮洗客房玻璃操作培训
- ■ 大厅大理石地面边角清洁
- ■ 烘干机隔离网清洁
- ◎ 9月份酒店员工洗衣费用统计

29
- ● 客房物品摆放标准培训
- ■ 抽湿机排水清洁
- ◎ 利用报废布草改制枕套（整年）
- ■ 客梯间、员工电梯间卫生大清洁（为期2天）

30
- ■ 走廊地毯边缝吸尘
- ■ 行政酒廊卫生大清洁
- ■ 洗衣房软化水系统设备加盐
- ◎ 业主公司三季度员工价洗衣费用统计

10月 Oct.

01
- 对客公共区域卫生大清洁
- 当值部门负责人检查所用区域安全和卫生

02
- 客房消杀（1次/月）
- 地毯边角吸尘
- 为宾客缝制纽扣操作培训

03
- 重要宾客节日个性化服务
- 大厅家具除尘
- 收集银杏树叶并装饰大厅
- 10月份工作沟通会

04
- PA员工清洁剂规范使用培训
- 洗衣房清洁设备使用安全培训

09
- 走廊木饰面除尘
- PA员工硬质地面拖地规范操作培训

10
- 迷你吧12月份到期酒水盘点
- 酒店水景清洁
- 洗衣房清洁设备使用培训
- 洗衣房洗眼机的使用检查

11
- 加床和婴儿床操作培训
- 大烫机变频器清灰
- 楼层吸尘器清理保养（1次/周）

12
- 客房部10月份采购物资汇总
- 西餐厅大理石地面镜面保养
- 洗衣房员工服务案例培训

17
- 楼层吸尘器清理保养（1次/周）
- 衣物品牌和LOGO识别培训
- 干洗机蒸馏箱清洁

18
- 迷你吧12月份到期酒水更换
- 酒店水景清洁
- 10月份员工工作鞋袜发放

19
- 客房大理石台面翻新工作继续
- 员工衣物祛除污渍操作培训

20
- 客房部11月份采购计划提交
- 大厅大理石地面镜面保养
- 洗衣房卫生大清洁
- 楼层吸尘器清理保养（1次/周）

25
- 续签鲜花配送协议
- 男女更衣室墙面清洁及浴帘交由洗衣房洗涤
- 洗衣房清洁设备使用安全培训

26
- ◎ 部门10月份月结
- 抽湿机排水清洁

27
- 客房花洒水垢清除（1次/月）
- 大厅大理石镜面保养
- 巾类毛边线头修剪

28
- 客房部全员规范操作培训
- 可视化培训教室卫生大清洁

★ 企业责任　■ 宾客体验　■ 安全资产　● 员工团队　◎ 财务回报

05	06	07	08
■ 客房部年底客房卫生大清洁沟通协调会 ■ 客房木质面除尘 ■ 楼层吸尘器清理保养（1次/周）	■ 走廊木质除胶 ■ 酒店办公区域卫生大清洁 ■ 水洗机、大烫机变频器毛絮清洁	■ 9~10月份工作表整理并存档 ■ 酒店高位门头玻璃清洁 ■ 干洗机蒸馏箱清洁 ■ 可视化培训教室卫生大清洁	■ 客房大理石翻新实施 ■ 烘干机隔离网清洁 ■ 水洗机、大烫机加黄油 ● 部门"金点子"提交

13	14	15	16
■ 所有工作车卫生和使用情况检查 ■ 员工电梯门做不锈钢保养 ■ 外围硬质地面刷洗 ■ 酒店外围和公共区域消杀	■ 对全员进行酒店产品知识培训 ■ 客房羽绒类床品清洗（1次/季度） ■ 可视化培训教室卫生大清洁	■ 对客公共区域卫生大清洁 ■ 客梯间、员工电梯间卫生大清洁（为期2天） ★ 员工健康证整理、检查（1次/月）	■ 走廊空调排风口除尘 ■ 水幕墙水垢清除 ■ 抽湿机排水清洁

21	22	23	24
◎ 迷你吧12月份到期酒水调拨 ■ 可视化培训教室卫生大清洁 ■ 客房卫生间门面清洁（1次/月）	■ 客房翻转床垫（1次/2月） ■ 西餐厅大理石地面镜面保养 ■ 烘干机隔离网清洁	■ 对客公共区域木质墙面除尘 ◎ 10月份外洗衣物费用统计	■ 次年信用销售协议续签 ● 洗衣房除渍剂的规范使用培训 ■ 对客公共区域木质墙面打蜡 ◎ 10月份酒店员工洗衣费用统计

29	30	31	
★ 制订次年酒店虫控消杀计划 ■ 楼层吸尘器清理保养（1次/周）	■ 客房部文档资料整理 ◎ 10月份洗涤费用结算 ■ 客梯间、员工电梯间卫生大清洁（为期2天）	■ 处理客人遗留物品操作培训	

11月 Nov.

01
- 对客公共区域卫生大清洁
- 11月份工作沟通会
- 开启本年度客房卫生大清洁（持续2月）

02
- 重要会议前工作准备
- 地毯边角吸尘
- 客房拆洗窗帘和纱帘（1次/年）

03
- 供应商资质和证书收集并存档
- 水洗机、大烫机上蜡保养

04
- PA员工清洁剂规范使用培训
- 洗衣房清洁设备使用培训
- 部门"金点子"提交

09
- ★员工健康证整理、检查（1次/月）
- 酒店高位门头玻璃清洁
- 干洗机蒸馏箱清洁

10
- 迷你吧次年1月份到期酒水盘点
- 大厅大理石地面边角清洁
- 洗衣房洗眼机的使用检查

11
- 为宾客提供擦鞋服务操作培训
- PA员工硬质地面拖地规范操作培训

12
- 酒店水景清洁
- 洗衣房清洁设备使用培训
- 楼层吸尘器清理保养（1次/周）

17
- 客房枕头整理并检查
- 大厅家具除尘
- 烘干机隔离网清洁

18
- 酒店水景地面水垢铲除
- 酒店水幕墙水垢清除
- 洗衣房软化水系统设备加盐

19
- 迷你吧次年1月份到期酒水更换
- 洗衣房清洁设备使用培训
- 干洗机蒸馏箱清洁

20
- 客房部12月份采购计划提交
- 酒店水景清洁
- 11月份员工工作鞋袜发放
- 楼层吸尘器清理保养（1次/周）

25
- 客房部库房卫生大检查
- 对客公共区域木质墙面除尘
- ◎11月份外洗衣物费用统计

26
- ◎部门11月份月结
- 扶梯脚踏板内污渍清洁
- 对客公共区域木质墙面打蜡
- 楼层吸尘器清理保养（1次/周）

27
- 客房地毯边缝吸尘（1次/季度）
- ★配合消杀公司检查酒店区域鼠害防控
- 洗衣房清洁设备使用安全培训

28
- 男女更衣室墙面清洁及浴帘交由洗衣房洗涤
- 可视化培训教室卫生大清洁
- 洗衣房除渍剂的规范使用培训

★ 企业责任　■ 宾客体验　■ 安全资产　● 员工团队　◎ 财务回报

05	06	07	08
■ 客房部全员规范操作培训 ■ 客房木质面除尘 ■ 楼层吸尘器清理保养（1次/周）	■ 客房消杀（1次/月） ■ 水景造型摆放 ■ 洗衣房智能布草芯片项目设备安装并培训员工	■ 水洗机、大烫机加黄油 ■ 可视化培训教室卫生大清洁	■ 走廊木质除尘 ■ 水洗机、大烫机变频器毛絮清洁

13	14	15	16
■ 酒店外围和公共区域消杀 ■ 大烫机变频器清灰 ■ 外围硬质地面刷洗 ■ 客房卫生间门面清洁（1次/月）	■ 客房部11月份采购物资汇总 ■ 西餐厅大理石地面镜面保养 ● 洗衣房员工服务案例培训 ■ 可视化培训教室卫生大清洁	■ 对客公共区域卫生大清洁 ■ 工作车卫生和使用情况检查 ■ 客梯间、员工电梯间卫生大清洁（为期2天）	● 客房部员工"五步十步"培训 ■ 酒店花园黄河石造型摆放 ■ 抽湿机排水清洁

21	22	23	24
◎ 迷你吧次年1月份到期酒水调拨 ■ 客房大理石台面翻新进行中 ● 洗衣房员工客衣洗涤流程培训 ■ 可视化培训教室卫生大清洁	■ 客房迷你吧玻璃清洁（1次/季度） ■ 大厅大理石地面镜面保养 ■ 洗衣房卫生大清洁	● 员工进客人房间流程培训 ■ 西餐厅大理石地面镜面保养 ■ 洗衣房库房卫生清洁 ◎ 11月份酒店员工洗衣费用统计	● 客人遗留物品处理流程培训 ■ 大厅大理石地面边角清洁 ■ 烘干机隔离网清洁

29	30		
● 客房物品摆放标准培训 ■ 卫生间墙面清洁 ◎ 11月份洗涤费用结算 ■ 客梯间、员工电梯间卫生大清洁（为期2天）	■ 客房部全员规范操作培训		

12月 Dec.

01
- 对客公共区域卫生大清洁
- ● 12月份工作沟通会
- ■ 清洁机器设备维保协议计划

02
- ■ 制订大厅春节布置方案
- 地毯边角吸尘
- 客房拆洗窗帘和纱帘（1次/年）

03
- 客房部年底备货沟通会
- ● 部门"金点子"提交

04
- ■ 员工和主管放房操作培训
- 客房地毯抽洗（1次/半年）
- 洗衣房清洁设备使用安全培训

09
- ■ 11~12月份工作表整理并存档
- 酒店高位门头玻璃清洁
- ■ 干洗机蒸馏箱清洁
- ★ 员工健康证整理、检查（1次/月）

10
- 客房大理石翻新结束
- 大厅大理石地面边角清洁
- 烘干机隔离网清洁
- 洗衣房洗眼机的使用检查
- ■ 迷你吧次年2月份到期酒水盘点

11
- ■ 客房消杀（1次/月）
- ■ 扶梯脚踏板内污渍清洁
- PA员工硬质地面拖地规范操作培训

12
- 酒店水景清洁
- 洗衣房清洁设备使用培训
- ■ 楼层吸尘器清理保养（1次/周）

17
- ■ 大厅家具除尘
- ■ 烘干机隔离网清洁
- 客房卫生间门面清洁（1次/月）

18
- 迷你吧次年2月份到期酒水更换
- 酒店水幕墙水垢清除
- 抽湿机排水清洁

19
- ● 衣物品牌和LOGO识别培训
- 干洗机蒸馏箱清洁

20
- ■ 客房部次年1月份采购计划提交
- 酒店水景清洁
- ■ 洗衣房检查并整理安全数据表资料
- ■ 楼层吸尘器清理保养（1次/周）
- ■ 12月份员工工作鞋袜发放

25
- ■ 客房部库房卫生大检查
- ★ 消杀公司检查酒店区域鼠害防控
- ■ 巾类毛边线头修剪
- ◎ 12月份外洗衣物费用统计

26
- ◎ 部门12月份月结
- ● 洗衣房除渍剂的规范使用培训
- ■ 楼层吸尘器清理保养（1次/周）

27
- ■ 整理客房部各项文档资料
- 电梯地面污渍刷洗

28
- ■ 供应商资质和证书收集并存档
- ● 男女更衣室墙面清洁及浴帘交由洗衣房洗涤
- ■ 可视化培训教室卫生大清洁
- ◎ 四季度固定资产及易耗品盘点

★ 企业责任　■ 宾客体验　■ 安全资产　● 员工团队　◎ 财务回报

05
- ■ 厂家对客房部清洁设备进行检修和保养
- ■ 客房木质面除尘
- ■ 楼层吸尘器清理保养（1次/周）

06
- ■ 酒店圣诞节装饰布置
- ■ 酒店水景清洁
- ■ 配合厂家检查维保洗涤剂上料系统

07
- ■ 元旦节前部门安全自查
- ■ 可视化培训教室卫生大清洁
- ■ 抽湿机排水清洁

08
- ■ 走廊木质除胶
- ■ 酒店水景地面水垢铲除
- ■ 洗衣房软化水系统设备加盐

13
- ■ 大烫机变频器清灰
- ■ 外围硬质地面刷洗
- ■ 酒店外围和公共区域消杀

14
- ■ 客房部12月份采购物资汇总
- ■ 西餐厅大理石地面做镜面保养
- ● 洗衣房员工服务案例培训
- ■ 可视化培训教室卫生大清洁

15
- ■ 对客公共区域卫生大清洁
- ■ 工作车卫生和使用情况检查
- ■ 员工电梯门做不锈钢保养

16
- ● 全员进行酒店产品知识培训
- ■ 客梯间、员工电梯间卫生大清洁（为期2天）

21
- ◎ 迷你吧次年2月份到期酒水调拨
- ■ 客房大理石台面翻新
- ● 员工衣物祛除污渍操作培训
- ■ 可视化培训教室卫生大清洁

22
- ■ 房间灯罩刷洗工作
- ■ 大厅大理石地面做镜面保养
- ■ 对客公共区域木质墙面除尘
- ■ 洗衣房卫生大清洁

23
- ■ 楼层所有工作车清洁
- ■ 西餐厅大理石地面镜面保养
- ■ 洗衣房库房整理
- ◎ 12月份酒店员工洗衣费用统计

24
- ■ 客房翻转床垫（1次/2月）
- ■ 圣诞节促销后西餐厅卫生大清洁
- ■ 对客公共区域木质墙面打蜡

29
- ● 客房物品摆放标准培训
- ◎ 12月份洗涤费用结算
- ◎ 利用报废布草改制枕套（整年）

30
- ■ 走廊空调排风口除尘
- ■ 水洗机和大烫机加黄油保养
- ■ 客梯间、员工电梯间卫生大清洁（为期2天）

31
- ● 部门全年工作总结会
- ■ 本年度客房卫生大清洁情况检查
- ◎ 业主公司四季度员工洗衣费用统计
- ◎ 外部单位下半年洗涤费用结算

第六章 餐饮部 365 天可视化工作管理实务

一、职责概述

餐饮部是酒店为宾客提供餐饮服务的部门,包括为宾客提供中餐、西餐、宴会、酒会、送餐等服务,同时为宾客提供会议、展览、展销等服务,是具有综合性、协调性和服务性的部门,是酒店重要的窗口。餐饮部包含餐饮部总监、行政总厨、餐厅经理、厨房团队、宴会厅经理、食品安全专员。

餐饮部所辖主要部门为中西餐厅、大堂吧、多功能宴会厅、厨房、客房送餐及管事部,组织功能健全。

二、主要工作职责

根据酒店经营目标和计划,制订餐饮的运营计划并组织实施;制订酒店餐饮服务、管理的工作制度、工作流程及标准;定期调研同行业及本地市场,分析、定制餐饮促销推广项目,开发新产品、新服务并制订和调整价格;负责酒店食品卫生安全工作;负责酒店食品采购、验收和储存的管理与控制、检查盘点工作,严格控制经营成本;根据宾客需求,举办各种类型宴会、酒会等;与宾客互动,获取反馈,提升宾客满意度。

三、组织架构

餐饮部常见组织架构见图 6-1。

四、工作细则

(1)**餐饮部总监** 制订餐饮部各项规章制度与经营计划,督促各分部

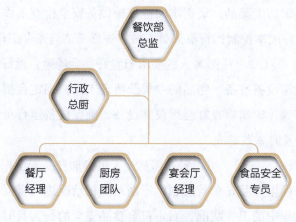

图6-1 餐饮部常见组织架构

门按照经营计划完成经营目标;定期审阅各类工作报表,做好成本控制;研究餐饮市场动态与顾客需求,不定期调整餐饮营销策略,推出新品,保证餐饮上座率;督导各分部门做好餐饮服务工作与环境卫生管理;定期检查食品卫生安全达标落实情况;与其他部门做好业务协调,确保餐饮部业务顺利开展。

(2)行政总厨　组织和指挥厨房工作,监督食品制作流程是否符合规范;监督各厨房食品卫生安全;根据餐厅经营预算目标,合理制订食品成本计划;负责菜单制作,监督各厨房菜品的筹划和更换,参与原材料价格调查与制订;根据各岗位生产特点和餐厅经营情况编制厨房工作时间表,根据厨师业务能力与特长,决定各岗位人员安排与调动工作;制订各厨房培训计划、岗位工作程序并进行考核;负责菜品出品质量的检查与控制;为高规格及重要宾客亲自烹饪菜肴。

(3)餐厅经理　负责厅面管理工作,确保厅面人员服务质量;负责厅面员工培训工作,根据实际情况做好人员安排;收集宾客意见并及时提交上级、厨师进行整改;全面掌握当天订餐情况,制订相应的接待流程与环境布置;处理厅面突发事件。

(4)厨房团队　服从行政总厨或厨师长安排,完成各岗位出餐工作;负责本岗位所需食材领取并掌握库存情况;验收各种食品原料质量;按照菜单与标准菜谱要求切配菜品；负责本岗位设施设备安全检查工作；协助行政总厨或厨师长做好成本控制；管事部员工做好餐具清洁与库存工作。

（5）**宴会厅经理** 按照客人的要求布置好宴会场地，做好宴会前的物品准备、会场设施设备准备、物品的收集及清理工作；确定台型，通知工程部安装话筒、灯等；定期检查宴会厅设施设备，确保设备运行良好；定期清点宴会厅物资并及时采购补充。

（6）**食品安全专员** 组织餐饮部从业人员参加食品安全相关法律法规的学习与培训；根据食品安全管理制度定期对执行情况进行督促检查；检查食品生产经营过程中的卫生状况，对不符合食品安全的行为及时制止，提出处理意见；加强食品材料采购、收货、存储工作的操作规范；对从业人员的健康状况进行登记与管理；发现食品中毒与食品污染问题及时报告有关部门并协助调查处理；配合监督机构对本单位的食品安全进行监督检查，如实提供相关情况。

五、专业术语

（1）**食品安全** 酒店食品安全是指酒店食品加工、存储、销售等过程中确保食品卫生及食用安全，降低疾病隐患，防范食物中毒的安全防范工作，酒店从事餐饮作业人员务必遵守《中华人民共和国食品安全法》《餐饮业食品卫生管理办法》等法律法规，保证餐饮环境、设备卫生安全且定期消毒；加工操作严格符合规定；原材料采购须严格检查供应商资质证明并索票索证，入库前做好验收，出库做好登记；食品应分类存放，定期检查；出餐前做好样品留存。

（2）**盘存使用量**

$$盘存使用量 = 期初 + 进货 - 退货 - 半成品损耗 - 期末$$

（3）**餐饮上座率** 餐饮上座率是反映酒店餐饮部接待能力与每餐利用程度的指标。

$$餐饮上座率 = 来店人数 / 餐位总数 \times 100\%$$

$$月平均上座率 = 月来店人数 \div (餐位总数 \times 2餐 \times 30日) \times 100\%$$

（4）餐饮翻台率　　翻台是指餐厅每张餐桌在客人用餐完毕后重新收拾并放置新餐具的过程。

$$餐饮翻台率 =（餐桌使用次数 - 餐位总数）\div 餐位总数 \times 100\%$$

（5）客房送餐　　是指根据客人要求在客房中为客人提供的餐饮服务。它是四五星级饭店为方便客人、增加收入、减轻餐厅压力、体现饭店等级而提供的服务项目。

六、关键指标

（1）食品成本率　　食品成本率是指食品成本在餐饮收入中的占比，餐饮食品成本包括食品原材料、人事费用、物料消耗费用、宴请费用等。

（2）食品安全　　酒店食品从采购到销售全过程务必符合《中华人民共和国食品安全法》的要求，酒店餐饮部人员健康状况符合餐饮从业人员资格标准。

（3）新品率　　餐饮部须保证每月都有新的、不同口味的菜品推出，以适应整个市场的需求，菜品须新颖、有竞争力和当地特色。

（4）宾客满意度　　是客户满意程度的常量感知性评价指标。宾客满意度是一种感觉水平，来源于宾客对产品或服务的绩效与其期望所进行的比较。随着宾客需求的增加，期望更高，购买力量集中化，购买行为更复杂，给营销带来的挑战主要是找到接近宾客需求的方法和提高宾客感知的服务满意度。

七、365天可视化工作管理日历

1月 Jan.

01
- 制订1月份餐饮经营推动计划并上报管理公司
- 元旦促销活动
- 餐饮部整体沟通会
- 评选上月度优秀员工、优秀经理人

02
- 春节活动策划及实施
- 部门"金点子"提交
- 重要政务接待准备工作沟通会

03
- 销售报表汇总
- 制订第一季度推广活动计划
- 餐饮推广会议

04
- 汇总上月促销活动
- 食品安全自查（1次/周）
- 元旦促销活动收益汇总
- 重要政务接待物资盘点及采购

09
- 学习线上课程《会员招募技能》
- 管事部清洗洗碗机
- 管事部清洗下水道

10
- 西餐厅确认新版菜单
- 制订次月餐饮活动推广计划
- 重要政务接待员工安排

11
- 消防安全培训
- 食品安全自查（1次/周）

12
- 部门沟通会（宴会厅）
- 餐厨废弃物合同准备工作

17
- 餐饮推广会议

18
- 食品安全自查（1次/周）

19
- 西餐厅确认新版菜单
- 部门沟通会（西厨房）

20
- 部门沟通会（管事部）
- 3月份到期员工健康证检查

25
- 各部门酒水盘点
- 重要政务接待工作总结会议

26
- 网络销售平台客评数据更新
- 部门沟通会（饼房）
- 春节七天乐活动推广

27
- 针对客人喜好对其进行一对一服务培训
- 餐厨废弃物合同续签

28
- 学习线上课程《IHG官方渠道》
- 汇总本月培训报告
- 食品安全自查（1次/周）

第六章 餐饮部 365 天可视化工作管理实务

★ 企业责任　■ 宾客体验　■ 安全资产　● 员工团队　◎ 财务回报

05	06	07	08
■ 部门沟通会（大堂吧） ■ 重大会议服务准备工作 ■ 管事部清洗洗碗机 ■ 管事部清洗下水道	★ 跟进食药局㊀检查结果并整改 ◎ 外卖餐品售卖情况与排名统计（1次/周）	■ 检查春节活动采购、装饰项目并跟进到货情况 ■ 西餐厅进行新年门头及新年小车的装饰	■ 各部门库房自盘 ★ 西餐厅咖啡机除垢保养 ★ 检查布菲炉盒盖的定位

13	14	15	16
■ 第三方宾客满意度调查报告并更新数据 ■ 厨房用火安全检查与培训	● 汇总次月采购计划 ◎ 外卖餐品售卖情况与排名统计（1次/周）	■ 情人节活动策划及方案实施 ★ 食品安全检查 ★ 食品安全会议	■ 元宵节活动策划及方案实施 ★ NOVA 自审系统上传食品安全数据 ● 食品安全培训

21	22	23	24
● 餐厨废弃物合同谈判及整理 ● 汇总次月培训计划	● 重大会议服务标准培训 ◎ 外卖餐品售卖情况与排名统计（1次/周）	■ 西餐厅线上营销增设确定项目 ◎ 春节七天乐活动确定	■ 管事部清洗洗碗机 ■ 管事部清洗下水道

29	30	31	
■ 管事部清洗洗碗机 ■ 管事部清洗下水道 ◎ 外卖餐品售卖情况与排名统计（1次/周）	■ 重大会议保障服务活动总结 ■ 核对 1 月份节假日活动营销损益报表 ★ 食品安全检查	● 汇总次月培训计划 ■ 向管理公司汇报本月经营数据 ● 食品安全培训	

㊀ 食药局指国家食品药品监督管理总局，简称食药局。

2月 Feb.

01
- 制订2月份餐饮经营推动计划并上报管理公司
- 评选上月度优秀员工、优秀经理人
- 餐饮部整体沟通会

02
- 部门"金点子"提交
- ◎ 春节七天乐活动推广

03
- 部门沟通会（西厨房）
- ◎ 餐饮推广会议
- 情人节活动策划及实施方案制订

04
- ★ 食品安全自查（1次/周）
- 汇总上月促销活动

09
- 部门沟通会（西餐厅）
- 厨房推出新菜品

10
- 部门沟通会（饼房）
- 各部门库房自盘
- ◎ 制订次月餐饮活动推广计划

11
- ★ 食品安全自查（1次/周）
- ◎ 春节七天乐活动收益汇总

12
- 第三方宾客满意度调查报告并更新数据
- 管事部清洗洗碗机
- 管事部清洗下水道

17
- 部门沟通会（宴会厅）
- 对市场现有的面包店进行产品调研
- ◎ 餐饮推广会议

18
- 检查妇女节活动策划及实施
- ★ 食品安全自查（1次/周）

19
- 网络销售平台客评数据更新
- 元宵节促销活动

20
- 管事部清洗洗碗机
- 管事部清洗下水道
- 4月份到期员工健康证检查

25
- 大堂吧面包新品更新
- 各部门酒水盘点
- ★ 食品安全自查（1次/周）

26
- 汇总本月培训报告
- 管事部清洗洗碗机
- 管事部清洗下水道

27
- 员工培训
- ◎ 销售报表汇总
- 食品安全检查
- ★ 食品安全会议

28
- 汇总次月培训计划
- 向管理公司汇报本月经营数据
- 食品安全培训
- ◎ 外卖餐品售卖情况与排名统计（1次/周）

第六章　餐饮部 365 天可视化工作管理实务

★ 企业责任　■ 宾客体验　■ 安全资产　● 员工团队　◎ 财务回报

05	06	07	08
● 情人节活动菜单确定 ● 春节七天乐活动推广	◎ 垃圾房管理人员合同的准备、谈判、整理 ◎ 外卖餐品售卖情况与排名统计（1次/周）	■ 管事部清洗洗碗机 ■ 管事部清洗下水道	■ 完成情人节微信推文

13	14	15	16
■ 厨房用火安全检查与培训	◎ 外卖餐品售卖情况与排名统计（1次/周）	★ 西厨房制订所有库房冰箱故障应急方案 ★ 食品安全检查 ★ 食品安全会议	● 部门沟通会（大堂吧） ● 食品安全培训

21	22	23	24
★ 消防安全培训 ★ NOVA 自审系统上传食品安全数据	■ 跟进拟定西餐厅晚餐推广计划 ● 汇总次月培训计划 ◎ 外卖餐品售卖情况与排名统计（1次/周）	■ 收集客人用餐意见 ● 部门沟通会（管事部）	● 线上学习《欢迎了解 IHG》课程 ◎ 垃圾房管理人员合同续签

3月 Mar.

01
- 制订3月份餐饮经营推动计划并上报管理公司
- 餐饮部整体沟通会

02
- 部门沟通会（西餐厅）
- 礼粽售卖启动
- 垃圾清运合同准备工作、合同谈判及续签
- 部门"金点子"提交

03
- 准备户外婚礼相关工作
- 与水疗合作商确认泳池合作事宜
- 餐饮推广会议

04
- 食品安全自查（1次/周）
- 汇总上月促销活动

09
- 厨房安全操作培训
- 餐券售卖推广活动计划

10
- 部门沟通会（西厨房）
- 制订次月餐饮活动推广计划

11
- 食品安全自查（1次/周）
- 食品安全自查

12
- 端午节活动策划

17
- 部门沟通会（宴会厅）
- 大堂吧甜品新品更新
- 上一年度礼粽售卖数据汇总
- 餐饮推广会议

18
- 即将到期合同跟进
- 网络销售平台客评数据更新

19
- NOVA自审系统上传食品安全数据
- 食品安全自查（1次/周）

20
- 礼粽包装选样
- 西餐厅咖啡机除垢保养
- 网络销售平台客评数据更新
- 5月份到期员工健康证检查

25
- 各部门酒水盘点
- 食品安全自查（1次/周）

26
- 一季度低值易耗品及固定资产盘点
- 布草、餐具破损申报

27
- 常客用餐喜好培训

28
- 汇总本月培训报告
- 食材市场调查

★ 企业责任　■ 宾客体验　■ 安全资产　● 员工团队　◎ 财务回报

05
- ■ 跟进妇女节活动策划及实施
- ● 评选上月度优秀员工、优秀经理人

06
- ■ 各部门库房自盘
- ■ 劳动节活动策划及实施
- ◎ 外卖餐品售卖情况与排名统计（1次/周）

07
- ■ 管事部清洗洗碗机
- ■ 管事部清洗下水道
- ● 西餐厅员工服务培训
- ■ 青年节活动策划及实施

08
- ■ 妇女节促销活动

13
- ■ 管事部清洗洗碗机
- ■ 管事部清洗下水道
- ■ 厨房用火安全检查与培训

14
- ★ 消防安全培训
- ◎ 外卖餐品售卖情况与排名统计（1次/周）

15
- ★ 食品安全检查
- ■ 食品安全会议
- ■ 母亲节活动策划

16
- ● 部门沟通会（大堂吧）
- ■ 大堂吧面包新品更新
- ● 食品安全培训

21
- ● 汇总次月培训计划
- ★ 红酒知识培训
- ■ 管事部清洗洗碗机
- ■ 管事部清洗下水道

22
- ■ 第三方宾客满意度调查报告并更新数据
- ★ 食品安全自查
- ◎ 外卖餐品售卖情况与排名统计（1次/周）

23
- ● 部门沟通会（管事部）
- ● 宴会厅员工摆台培训

24
- ● 部门沟通会（饼房）
- ■ 餐券售卖推广活动启动
- ◎ 销售报表汇总

29
- ■ 管事部清洗洗碗机
- ■ 管事部清洗下水道
- ◎ 外卖餐品售卖情况与排名统计（1次/周）

30
- ■ 完成礼粽采购相关事宜
- ■ 制订第二季度推广活动
- ★ 食品安全检查
- ★ 食品安全会议

31
- ● 大堂吧员工培训
- ■ 向管理公司汇报本月经营数据
- ● 食品安全培训

4月 Apr.

01
- 餐饮部整体沟通会
- 制订4月份餐饮经营推动计划并上报管理公司

02
- 评选上月度优秀员工、优秀经理人
- 泳池合作协议准备工作及合作协议谈判
- 西餐厅户外婚礼相关准备工作

03
- 汇总上月促销活动
- 部门"金点子"提交
- 餐饮推广会议

04
- ★ 宴会咖啡机除垢保养
- ★ 食品安全自查（1次/周）

09
- ◎ 经销合同准备及谈判
- 大堂吧酒水服务培训

10
- 西餐厅菜单调整
- 制订次月餐饮活动推广计划

11
- ★ 垃圾房绿色环保整改
- 酒店礼粽售卖沟通会
- ★ 红酒知识培训

12
- ★ NOVA自审系统上传食品安全数据
- 完成成套菜单制定工作
- ★ 食品安全自查（1次/周）

17
- 父亲节活动策划
- ◎ 餐饮推广会议

18
- 西餐厅员工服务培训
- ◎ 劳动节餐饮促销活动推广

19
- 第三方宾客满意度调查报告并更新数据
- ★ 食品安全自查（1次/周）

20
- 部门沟通会（管事部）
- 厨房推出新菜品
- 6月份到期员工健康证检查

25
- 各部门酒水盘点
- 儿童节活动策划
- ◎ 劳动节餐饮促销活动推广

26
- 完成礼粽售卖展示台
- ★ 食材市场调查
- ★ 食品安全自查（1次/周）

27
- 部门沟通会（饼房）
- 管事部清洗洗碗机
- 管事部清洗下水道

28
- ◎ 土特产经销合同续签
- ★ 食品安全自查（1次/周）
- ◎ 劳动节餐饮促销活动推广

★ 企业责任　■ 宾客体验　■ 安全资产　● 员工团队　◎ 财务回报

05
- ■ 管事部清洗洗碗机
- ■ 管事部清洗下水道

06
- ■ 根据上年度经营情况跟进本年度茶歇采购事项
- ● 部门沟通会（大堂吧）

07
- ● 部门沟通会（西餐厅）
- ◎ 外卖餐品售卖情况与排名统计（1次/周）

08
- ■ 各部门库房自盘

13
- ● 部门沟通会（宴会厅）
- ■ 厨房用火安全检查与培训

14
- ● 部门沟通会（西厨房）
- ■ 管事部清洗洗碗机
- ■ 管事部清洗下水道
- ◎ 外卖餐品售卖情况与排名统计（1次/周）

15
- ★ 食品安全检查
- ★ 食品安全会议
- ● 学习线上课程《公关危机》

16
- ■ 跟进零售摆放售卖
- ● 食品安全培训
- ◎ 劳动节餐饮促销活动确定

21
- ◎ 外卖餐品售卖情况与排名统计（1次/周）
- ■ 管事部清洗洗碗机
- ■ 管事部清洗下水道

22
- ■ 网络销售平台客评数据更新
- ● 汇总次月培训计划
- ◎ 劳动节餐饮促销活动推广

23
- ■ 西餐厅刀叉样品确认
- ■ 礼粽试吃

24
- ★ 消防安全培训

29
- ● 宴会厅、西餐厅技能培训
- ★ 食品安全检查
- ★ 食品安全会
- ◎ 外卖餐品售卖情况与排名统计（1次/周）

30
- ● 汇总本月培训报告
- ◎ 销售报表汇总
- ◎ 向管理公司汇报本月经营数据
- ● 食品安全培训

5月 May.

01	02	03	04
● 餐饮部整体沟通会 ■ 劳动节促销活动 ■ 制订5月份餐饮经营推动计划并上报管理公司	● 评选上月度优秀员工、优秀经理人 ● 部门"金点子"提交	■ 汇总上月促销活动	■ 青年节促销活动 ● 部门沟通会（管事部）

09	10	11	12
◎ 启动大堂吧茶艺合同签订工作 ■ 管事部清洗洗碗机	■ 母亲节主题活动 ◎ 制订次月餐饮活动推广计划 ★ 食品安全自查（1次/周）	● 部门沟通会（宴会厅） ★ 西餐厅咖啡机除垢保养 ■ 管事部清洗下水道	● 部门沟通会（西餐厅）

17	18	19	20
■ 各部门酒水盘点 ★ 食品安全自查（1次/周） ◎ 餐饮推广会议	● 部门沟通会 ★ 红酒知识培训 ■ 网络销售平台客评数据更新	● 部门沟通会（西厨房） ■ 管事部清洗下水道 ◎ 销售报表汇总	★ 消防安全培训 ■ 7月份到期员工健康证检查

25	26	27	28
★ 食品安全年度检查资料收集 ● 部门沟通会（管事部）	★ 会议服务培训 ● 部门沟通会（饼房） ◎ 高考餐饮活动宣传	★ NOVA自审系统上传食品安全数据 ★ 早餐刷卡系统培训 ★ 食品安全自查（1次/周）	◎ 大堂吧茶艺合同续签 ■ 管事部清洗洗碗机 ■ 管事部清洗下水道 ★ 食材市场调查

★ 企业责任　■ 宾客体验　■ 安全资产　● 员工团队　◎ 财务回报

05	06	07	08
● 部门沟通会（大堂吧） ★ 食品安全自查（1次/周）	★ 启动食品安全年度检查准备工作 ■ 管事部清洗洗碗机 ■ 管事部清洗下水道 ◎ 外卖餐品售卖情况与排名统计（1次/周）	■ 酒店礼粽售卖第三次沟通会 ◎ 餐饮推广会议 ◎ 劳动节与青年节促销活动收益汇总	■ 各部门库房自盘 ■ 礼粽售卖宣传

13	14	15	16
■ 厨房用火安全检查与培训	◎ 外卖餐品售卖情况与排名统计（1次/周） ■ 管事部清洗洗碗机 ■ 管事部清洗下水道	● 团队会议预备工作开始 ■ 启动礼粽售卖 ★ 食品安全检查 ★ 食品安全会	● 食品安全培训

21	22	23	24
◎ 大堂吧茶艺合同谈判 ■ 七夕节活动策划及实施	● 汇总次月培训计划 ◎ 外卖餐品售卖情况与排名统计（1次/周）	★ 过期食品检查 ■ 管事部清洗洗碗机 ■ 管事部清洗下水道	■ 第三方宾客满意度调查报告并更新数据

29	30	31	
● 汇总本月培训报告 ◎ 外卖餐品售卖情况与排名统计（1次/周）	● 学习线上课程《信息安全简介》 ★ 食品安全检查 ★ 食品安全会议	■ 儿童节活动推广 ◎ 销售报表汇总 ◎ 向管理公司汇报本月经营数据 ● 食品安全培训	

6月 Jun.

01	02	03	04
■ 制订6月份餐饮经营推动计划并上报管理公司 ■ 儿童节促销活动 ● 餐饮部整体沟通会	■ 厨房新菜品试吃 ■ 部门"金点子"提交	★ 消防安全培训 ◎ 餐饮推广会议 ■ 马拉松活动餐饮原材料备货	● 评选上月度优秀员工、优秀经理人 ★ 垃圾房绿色环保一次整改 ● 部门沟通会（饼房） ◎ 儿童节促销活动收益汇总

09	10	11	12
● 大堂吧酒水服务培训 ★ 宴会咖啡机除垢保养	◎ 制订次月餐饮活动推广计划 ◎ 积分系统续费合同谈判及续签工作	★ NOVA自审系统上传食品安全数据 ■ 西厨房安全操作培训 ◎ 马拉松活动餐饮接待	★ 食品安全培训 ■ 第三方宾客满意度调查报告并更新数据 ◎ 马拉松活动餐饮接待

17	18	19	20
■ 各部门库房自盘 ◎ 餐饮推广会议	■ 6·18抢购节 ■ 布草、餐具破损申报	■ 月饼包装看样 ■ 大堂吧甜品新品更新	★ 会员折扣培训 ■ 管事部清洗洗碗机 ■ 管事部清洗下水道 ■ 8月份到期员工健康证检查

25	26	27	28
■ 各部门酒水盘点 ■ 端午节主题活动 ■ 制订第三季度推广活动计划	★ 食材市场调查	● 收集客人用餐意见 ■ 管事部清洗洗碗机 ■ 管事部清洗下水道	● 汇总本月培训报告 ★ 食品安全自查（1次/周） ■ 二季度低值易耗品及固定资产盘点

★ 企业责任　　■ 宾客体验　　● 安全资产　　◆ 员工团队　　◎ 财务回报

05
- 汇总上月促销活动
- 宴会厅员工摆台培训
- ★ 食品安全自查（1次/周）

06
- ★ 食品安全会议
- ■ 管事部清洗洗碗机
- ■ 管事部清洗下水道
- ◎ 外卖餐品售卖情况与排名统计（1次/周）

07
- ■ 端午节促销活动
- ★ 垃圾房绿色环保二次整改

08
- ● 部门沟通会（宴会厅）

13
- 中秋节活动策划
- ★ 食品安全自查（1次/周）
- ■ 厨房用火安全检查与培训

14
- ● 部门沟通会（西餐厅）
- ◎ 外卖餐品售卖情况与排名统计（1次/周）
- ■ 管事部清洗洗碗机
- ■ 管事部清洗下水道

15
- 网络销售平台客评数据更新
- ★ 食品安全检查
- ★ 食品安全会议
- ■ 酒店月饼售卖第一次沟通会

16
- ■ 父亲节促销活动
- ★ 食品安全年度检查资料收集
- ★ 红酒知识培训
- ● 食品安全培训

21
- 汇总次月培训计划
- 父亲节主题活动
- ★ 食品安全自查（1次/周）

22
- ● 部门沟通会（管事部）
- ★ 酒店礼粽收入统计
- ■ 啤酒花园拟订活动计划
- ◎ 外卖餐品售卖情况与排名统计（1次/周）

23
- ● 部门沟通会（大堂吧）
- ◎ 即将到期合同跟进

24
- ■ 制订西餐厅啤酒花园菜单

29
- ● 部门沟通会（西厨房）
- ★ 食品安全检查
- ★ 食品安全会议
- ◎ 外卖餐品售卖情况与排名统计（1次/周）

30
- ■ 向管理公司团汇报本月经营数据
- ◎ 销售报表汇总
- ■ 啤酒花园宣传
- ● 食品安全培训

7月 Jul.

01	02	03	04
■ 制订7月份餐饮经营推动计划并上报管理公司 ● 餐饮部整体沟通会 ◎ 兰洽会活动餐饮原材料备货	■ 评选上月度优秀员工、优秀经理人 ★ 垃圾分类垃圾桶设计 ● 部门"金点子"提交	■ 汇总上月促销活动 ◎ 餐饮推广会议	★ 检查并补购干、湿垃圾桶 ■ 管事部清洗洗碗机 ■ 管事部清洗下水道

09	10	11	12
● 大堂吧酒水服务培训	◎ 制订次月餐饮活动推广计划 ■ 月饼试吃	★ 西餐厅咖啡机除垢保养 ★ 清洁库房 ■ 管事部清洗洗碗机 ■ 管事部清洗下水道	■ NOVA自审系统上传食品安全数据 ■ 酒店月饼售卖第二次沟通会 ★ 食品安全自查（1次/周）

17	18	19	20
■ 教师节活动策划及实施方案 ◎ 餐饮推广会议	■ 管事部清洗洗碗机 ■ 管事部清洗下水道 ● 啤酒花园物料选定工作	★ 消防安全培训 ★ 食品安全自查（1次/周）	● 部门沟通会（管事部） ■ 9月份到期员工健康证检查

25	26	27	28
■ 各部门酒水盘点 ★ 清洁库房 ■ 确认月饼宣传设计稿	★ 过期食品检查 ◎ 销售报表汇总 ★ 食品安全自查（1次/周）	● 部门沟通会（饼房） ★ 红酒知识培训 ■ 厨房推出新菜品	● 汇总宴会客人意见 ★ 食材市场调查

★ 企业责任　● 宾客体验　■ 安全资产　● 员工团队　◎ 财务回报

05
★ 食品安全自查（1次/周）
■ 新品蛋糕、甜点试吃

06
● 部门沟通会（西餐厅）
● 宴会厅员工摆台培训
◎ 外卖餐品售卖情况与排名统计（1次/周）

07
● 部门沟通会（大堂吧）
◎ 兰洽会活动接待

08
■ 各部门库房自盘

13
● 部门沟通会（宴会厅）
■ 厨房用火安全检查与培训

14
跟进啤酒花园采购工作
◎ 外卖餐品售卖情况与排名统计（1次/周）

15
★ 食品安全检查
★ 食品安全会议

16
■ 啤酒花园布置工作
● 食品安全培训

21
● 部门沟通会（西厨房）
■ 团队用餐摆台
◎ 外卖餐品售卖情况与排名统计（1次/周）

22
● 汇总次月培训计划
★ 食品安全检查

23
■ 第三方宾客满意度调查报告并更新数据

24
● 月饼售卖宣传
● 送餐部送餐服务培训

29
■ 汇总本月培训报告
■ 网络销售平台客评数据更新
◎ 外卖餐品售卖情况与排名统计（1次/周）

30
■ 管事部清洗洗碗机
■ 管事部清洗下水道
★ 食品安全检查
★ 食品安全会议

31
■ 向管理公司汇报本月经营数据
◎ 销售报表汇总
● 食品安全培训

8月 Aug.

01
- 制订8月份餐饮经营推动计划并上报管理公司
- 评选上月度优秀员工、优秀经理人
- 餐饮部整体沟通会

02
- 汇总上月促销活动
- 厨房完成食品成本统计及调拨工作
- 部门"金点子"提交

03
- 部门沟通会（管事部）
- 餐饮推广会议

04
- 保障服务总结
- 大堂吧酒水服务培训

09
- ★ 检查西厨房、大堂吧、西餐厅食品是否过期
- ★ 工作区域卫生自查

10
- 做好优惠活动准备工作
- 部门沟通会（大堂吧）
- 制订次月餐饮活动推广计划

11
- ★ 汇总垃圾房宣传资料
- 部门沟通会（西餐厅）

12
- 外卖茶歇保障服务总结
- ★ 食品安全自查（1次/周）

17
- 部门沟通会（宴会厅）
- 学习线上课程《食品安全卫生》
- 餐饮推广会议

18
- 宴会厅员工摆台培训
- 宴会咖啡机除垢保养
- 月饼售卖跟进

19
- ★ 食品安全自查（1次/周）

20
- 管事部清洗洗碗机
- 管事部清洗下水道
- 厨房推出新菜品
- 10月份到期员工健康证检查

25
- 部门沟通会（西厨房）
- 网络销售平台客评数据更新
- 七夕主题活动实施
- 外卖推广活动准备工作

26
- 各部门酒水盘点
- ★ 食品安全自查（1次/周）

27
- 外卖推广活动跟进
- 厨房安全操作培训

28
- ★ 食材市场调查
- 管事部清洗洗碗机
- 管事部清洗下水道

★ 企业责任 ● 宾客体验 ■ 安全资产 ● 员工团队 ◎ 财务回报

05	06	07	08
■ 更改客房送餐菜单 ★ 食品安全自查（1次/周） ◎ 外卖餐品售卖情况与排名统计（1次/周）	★ NOVA 自审系统上传食品安全数据 ■ 管事部清洗洗碗机 ■ 管事部清洗下水道	● 厨房跟进新品的出品方式（甜品、菜品按位派送） ● 七夕促销活动	■ 跟进会员客户水果布置 ■ 各部门库房自盘

13	14	15	16
■ 厨房用火安全检查与培训 ◎ 外卖餐品售卖情况与排名统计（1次/周）	■ 管事部清洗洗碗机 ■ 管事部清洗下水道	● 酒店月饼售卖第三次沟通会 ★ 食品安全检查 ★ 食品安全会议	● 食品安全培训

21	22	23	24
■ 核对上半年节假日活动营销损益报表 ◎ 外卖餐品售卖情况与排名统计（1次/周）	★ 消防安全培训 ● 汇总次月培训计划	● 推出大堂吧面包、甜品新品 ● 送餐部送餐服务培训	■ 第三方宾客满意度调查报告并更新数据 ● 部门沟通会（饼房）

29	30	31	
■ 外卖推广活动 ■ 国庆节活动策划 ◎ 外卖餐品售卖情况与排名统计（1次/周）	● 汇总本月培训报告 ★ 食品安全检查 ★ 食品安全会议	■ 向管理公司汇报本月经营数据 ◎ 销售报表汇总 ● 食品安全培训	

9月 Sep.

01	02	03	04
● 餐饮部整体沟通会 ■ 制订9月份餐饮经营推动计划并上报管理公司 ■ 外卖推广活动	■ 评选上月度优秀员工、优秀经理人 ● 部门"金点子"提交	■ 汇总上月促销活动 ■ 外卖推广活动 ◎ 餐饮推广会议	● 部门沟通会（大堂吧）

09	10	11	12
● 宴会厅员工摆台培训 ◎ 国庆节活动计划提交	■ 教师节促销活动 ★ 西餐厅咖啡机除垢保养 ★ 清洁库房 ◎ 制订次月餐饮活动推广计划	★ 西厨房完成餐台更改工作	★ 食品安全自查（1次/周） ■ 大堂吧面包新品更新

17	18	19	20
■ 各部门库房自盘 ◎ 餐饮推广会议	● 红酒知识培训 ■ 第三方宾客满意度调查报告并更新数据	★ 食品安全自查（1次/周） ■ 跟进制作客房送餐菜单	◎ 即将到期合同跟进 ■ 11月份到期员工健康证检查

25	26	27	28
■ 制订第四季度推广活动计划 ■ 各部门酒水盘点	★ 食品安全自查（1次/周） ● 餐饮知识和服务技巧培训	■ 三季度低值易耗品及固定资产盘点 ★ 食材市场调查 ● 汇总本月培训报告	■ 布草、餐具破损申报 ◎ 外卖餐品售卖情况与排名统计（1次/周）

★ 企业责任　■ 宾客体验　■ 安全资产　● 员工团队　◎ 财务回报

05	06	07	08
★ 食品安全自查（1次/周） ◎ 外卖餐品售卖情况与排名统计（1次/周）	● NOVA自审系统上传食品安全数据 ■ 宴会厅检查并更换破损的咖啡机	● 部门沟通会（宴会厅） ■ 管事部清洗洗碗机 ■ 管事部清洗下水道	● 送餐部送餐服务培训

13	14	15	16
● 中秋节促销活动 ■ 厨房用火安全检查与培训 ◎ 外卖餐品售卖情况与排名统计（1次/周）	● 部门沟通会（西厨房） ■ 管事部清洗洗碗机 ■ 管事部清洗下水道	● 部门沟通会（西餐厅） ■ 循环菜单确认 ★ 食品安全检查 ★ 食品安全会议	● 食品安全培训 ◎ 国庆节活动推广 ◎ 月饼售卖收益统计

21	22	23	24
● 部门沟通会（管事部） ■ 管事部清洗洗碗机 ■ 管事部清洗下水道 ◎ 外卖餐品售卖情况与排名统计（1次/周）	● 部门沟通会（饼房） ★ 管事部清洁库房卫生 ★ 消防安全培训	■ 第三方宾客满意度调查报告并更新数据	● 汇总次月培训计划

29	30		
■ 管事部清洗洗碗机 ■ 网络销售平台客评数据更新 ★ 食品安全检查 ★ 食品安全会议	◎ 销售报表汇总 ■ 向管理公司汇报本月经营数据 ● 食品安全培训		

10月 Oct.

01	02	03	04
● 餐饮部整体沟通会 ■ 国庆节促销活动执行 ■ 制订10月份餐饮经营推动计划并上报管理公司	◎ 携程网产品售卖合同准备工作 ◎ 国庆节促销活动执行 ● 部门"金点子"提交 ● 评选上月度优秀员工、优秀经理人	● 食品安全员完成团队用餐的留样及加餐工作 ■ 汇总上月促销活动 ◎ 国庆节促销活动执行	■ 完成直客通新上线餐饮促销活动微信推广 ◎ 国庆节促销活动执行

09	10	11	12
★ NOVA自审系统上传食品安全数据 ■ 与学校商议合作事宜 ● 送餐部送餐服务培训	◎ 制订次月餐饮活动推广计划 ★ 宴会咖啡机除垢保养 ★ 清洁库房	● 第三方宾客满意度调查报告并更新数据 ● 宴会厅员工摆台培训	● 部门沟通会（西餐厅） ■ 管事部清洗洗碗机 ■ 管事部清洗下水道 ■ 特色小火锅试菜 ★ 食品安全自查（1次/周）

17	18	19	20
■ 管事部清洗洗碗机 ■ 管事部清洗下水道 ★ 跨年活动策划及实施	◎ 携程网产品售卖合同整理 ◎ 新年礼篮项目询价招标	● 部门沟通会（西厨房） ■ 户外下午茶推广计划 ★ 食品安全自查（1次/周）	● 部门沟通会（管事部） ■ 12月份到期员工健康证检查

25	26	27	28
★ 食品安全自查（1次/周） ◎ 携程网产品售卖合同签订 ◎ 餐饮推广会议	● 部门沟通会（饼房） ■ 新年礼篮售卖准备工作	■ 管事部清洗洗碗机 ■ 管事部清洗下水道 ★ 清洁库房	■ 西餐厅检查并更换损坏的咖啡机 ■ 大堂吧酒水服务培训

★ 企业责任　　■ 宾客体验　　■ 安全资产　　● 员工团队　　◎ 财务回报

05
- ◎ 携程网产品售卖合同谈判
- ● 部门沟通会
- ★ 食品安全自查（1次/周）
- ◎ 国庆节促销活动执行

06
- ● 部门沟通会（宴会厅）
- ◎ 外卖餐品售卖情况与排名统计（1次/周）
- ◎ 国庆节促销活动执行

07
- ◎ 国庆节促销活动执行
- ■ 管事部清洗洗碗机
- ■ 管事部清洗下水道

08
- ◎ 新年礼篮项目启动
- ◎ 国庆节促销活动收入及成本统计

13
- ● 部门沟通会（大堂吧）
- ■ 厨房用火安全检查与培训
- ◎ 餐饮推广会议

14
- ■ 餐饮部次年固定资产零购项目统计
- ◎ 外卖餐品售卖情况与排名统计（1次/周）

15
- ● 红酒知识培训
- ■ 跟进携程网产品售卖
- ★ 食品安全检查
- ★ 食品安全会议

16
- ■ 各部门库房自盘
- ■ 圣诞节活动策划
- ● 食品安全培训

21
- ★ 消防安全培训
- ◎ 外卖餐品售卖情况与排名统计（1次/周）

22
- ● 汇总次月培训计划
- ■ 大堂吧面包推广

23
- ■ 餐饮部次年固定资产零购项目申请
- ■ 厨房推出新菜品

24
- ■ 各部门酒水盘点
- ■ 厨房推出新菜品

29
- ◎ 食材市场调查
- ■ 管事部清洗下水道
- ◎ 外卖餐品售卖情况与排名统计（1次/周）

30
- ■ 收集宴会客人反馈意见
- ■ 网络销售平台客评数据更新
- ★ 食品安全检查
- ★ 食品安全会议

31
- ● 汇总本月培训报告
- ◎ 销售报表汇总
- ■ 向管理公司汇报本月经营数据
- ● 食品安全培训

11月 Nov.

01
- 制订11月份餐饮经营推动计划并上报管理公司
- 餐饮部整体沟通会

02
- 部门沟通会（饼房）
- 次年情人节推广计划
- 部门"金点子"提交

03
- 送餐部送餐服务培训
- 餐饮推广会议

04
- 拟次年第一季度推广计划
- 管事部清洗洗碗机
- 管事部清洗下水道

09
- 部门沟通会（西厨房）
- 清洁库房

10
- 部门沟通会（管事部）
- 制订次月餐饮活动推广计划

11
- 餐饮部次年固定资产零购项目规格确定

12
- 食品安全自查（1次/周）
- 西餐厅咖啡机除垢保养

17
- 部门沟通会（宴会厅）
- 餐饮推广会议

18
- 餐饮部次年固定资产零购项目资料准备

19
- 管事部清洗洗碗机
- 管事部清洗下水道
- 冬至活动策划
- 食品安全自查（1次/周）

20
- 沟通酒会细节
- 次年1月份到期员工健康证检查

25
- 第三方宾客满意度调查报告并更新数据
- 平安夜、圣诞节促销活动计划提交

26
- 消防安全培训
- 管事部清洗洗碗机
- 管事部清洗下水道
- 食品安全自查（1次/周）

27
- 感恩节促销活动
- 红酒知识培训

28
- 汇总本月培训报告
- 清洁库房
- 外卖餐品售卖情况与排名统计（1次/周）

★ 企业责任　■ 宾客体验　■ 安全资产　● 员工团队　◎ 财务回报

05
- ● 评选上月度优秀员工、优秀经理人
- ★ 西厨房员工培训
- ★ 食品安全自查（1次/周）

06
- ■ 汇总上月促销活动
- ■ 推销感恩节活动
- ◎ 外卖餐品售卖情况与排名统计（1次/周）

07
- ★ NOVA自审系统上传食品安全数据

08
- ● 宴会厅员工摆台培训

13
- ■ 各部门库房自盘
- ■ 管事部清洗洗碗机
- ■ 管事部清洗下水道
- ■ 厨房用火安全检查与培训

14
- ■ 奶茶试喝
- ◎ 外卖餐品售卖情况与排名统计（1次/周）

15
- ★ 食品安全检查
- ★ 食品安全会议
- ■ 西厨房跟进感恩节特色菜品原料到货情况

16
- ● 部门沟通会（大堂吧）
- ● 完成《安全操作信用卡》课程学习
- ● 食品安全培训

21
- ● 汇总次月培训计划
- ★ 食材市场调查
- ● 前往竞争酒店调研餐饮情况

22
- ■ 跟进冬至饺子出品
- ◎ 外卖餐品售卖情况与排名统计（1次/周）

23
- ● 部门沟通会（西餐厅）
- ■ 推出感恩节特色菜品

24
- ■ 消毒培训
- ◎ 元旦促销活动计划提交

29
- ★ 食品安全检查
- ★ 食品安全会议
- ■ 网络销售平台客评数据更新

30
- ■ 各部门酒水盘点
- ◎ 销售报表汇总
- ■ 向管理公司汇报本月经营数据
- ● 食品安全培训

12月 Dec.

01
- 餐饮部整体沟通会
- 制订12月份餐饮经营推动计划并上报管理公司

02
◎ 新年礼篮合同准备
● 部门"金点子"提交
● 宴会厅员工摆台培训

03
● 评选上月度优秀员工、优秀经理人
★ 管事部清洗下水道
★ 消防安全培训
◎ 餐饮推广会议

04
● 汇总上月促销活动
■ 西厨房计划推出"低热量健康餐"

09
★ 过期食品检查
● 送餐部员工送餐服务培训

10
★ NOVA自审系统上传食品安全数据
★ 宴会咖啡机除垢保养
★ 清洁库房
◎ 制订次月餐饮活动推广计划

11
● 厨房推出新菜品
◎ 平安夜、圣诞节促销活动推广

12
★ 食品安全自查（1次/周）

17
◎ 餐饮推广会议
◎ 平安夜、圣诞节促销活动推广

18
■ 第三方宾客满意度调查报告并更新数据
◎ 元旦促销活动推广

19
★ 食品安全自查（1次/周）

20
● 部门沟通会（饼房）
◎ 即将到期合同跟进
■ 次年2月份到期员工健康证检查

25
★ 食品安全自查（1次/周）
◎ 圣诞节促销活动执行

26
■ 各部门酒水盘点
■ 网络销售平台客评数据更新
◎ 平安夜、圣诞节活动收益汇总

27
● 技能培训
■ 核对下半年节假日活动营销损益报表
◎ 元旦促销活动推广

28
★ 清洁库房
■ 四季度低值易耗品及固定资产盘点
■ 布草、餐具破损申报

★ 企业责任　▢ 宾客体验　■ 安全资产　● 员工团队　◎ 财务回报

05	**06**	**07**	**08**
▢ 跟进跨年方案报价 ★ 食品安全自查（1次/周） ● 部门沟通会（大堂吧）	■ 各部门库房自盘 ◎ 外卖餐品售卖情况与排名统计（1次/周）	▢ 制作行政酒廊菜单 ★ 清洁库房 ◎ 平安夜、圣诞节促销活动推广	● 部门沟通会（宴会厅） ■ 管事部清洗洗碗机 ■ 管事部清洗下水道

13	**14**	**15**	**16**
■ 厨房用火安全检查与培训 ◎ 元旦促销活动推广	▢ 跟进与美团网合作事宜 ◎ 新年礼篮合同谈判 ◎ 外卖餐品售卖情况与排名统计（1次/周） ◎ 平安夜、圣诞节促销活动推广	● 部门沟通会（西餐厅） ■ 管事部清洗洗碗机 ■ 管事部清洗下水道 ★ 食品安全检查 ★ 食品安全会议	● 食品安全培训 ● 大堂吧酒水服务培训

21	**22**	**23**	**24**
★ 部门沟通会（管事部） ● 红酒知识培训 ◎ 平安夜、圣诞节促销活动推广	▢ 冬至促销活动 ★ 管事部清洗下水道 ◎ 签订新年礼篮合同 ◎ 外卖餐品售卖情况与排名统计（1次/周）	● 汇总次月培训计划 ■ 管事部清洗洗碗机 ■ 管事部清洗下水道	◎ 新年礼篮售卖 ◎ 元旦促销活动推广 ◎ 平安夜促销活动执行

29	**30**	**31**	
● 部门沟通会（西厨房） ■ 管事部清洗洗碗机 ■ 管事部清洗下水道 ◎ 外卖餐品售卖情况与排名统计（1次/周）	● 汇总本月培训报告 ★ 食品安全检查 ★ 食品安全会议 ◎ 元旦促销活动推广	▢ 跨年夜促销活动 ◎ 销售报表汇总 ■ 向管理公司汇报本月经营数据 ● 食品安全培训	

第七章 销售部 365 天可视化工作管理实务

一、职责概述

销售部是酒店获取市场信息，统计客源资料，研究市场趋势，并在此基础上制订酒店目标市场、价格策略和促销手段，形成产品销售网络的重要部门。包括销售部总监、收益经理、会议、宴会销售。销售部承担着为酒店招揽客源、建立营销网络、销售产品、对外联络、提升品牌形象、获取良好经济效益和社会效益、树立在公众心中良好形象的重要责任，是酒店和外部客源联系的重要枢纽。

二、主要工作职责

负责制订年度收益计划、市场预算及预测；定期进行本行业与本地市场调研，收集并分析信息，协助酒店确定、调整和完善市场营销策略和计划；制订合理的价格政策，研究、预测和拓展客源市场；销售酒店客房、宴会和会议等产品，并与客户保持良好的业务关系；制订长期和短期的宣传推广计划并跟进落实，树立酒店良好的市场形象，提高市场占有率；与社会各界保持良好的沟通，发展新客户及维护老客户；更新媒体平台上的酒店产品信息，收集宾客意见、及时反馈并进行分析改进，提升酒店的好评率。

三、组织架构

销售部常见组织架构见图 7-1。

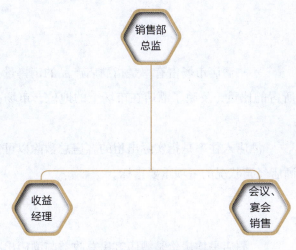

图 7-1　销售部常见组织架构

四、工作细则

（1）**销售部总监**　制订销售部各项规章制度，协助上级制订符合酒店实际情况的营销决策，带领部门实现酒店产品的最佳出租率，实现最大销售利润目标；负责酒店市场销售网络的构建、维护与发展，组织开展销售活动并在实施过程中进行督导；维护外部合作关系；负责贵宾（VIP）的联络、沟通、促销及服务；督导传媒部做好宣传工作，确定酒店产品定位与形象。

（2）**收益经理**　负责酒店预订工作，把握预订信息，控制客房销售情况，掌握预订规律，最大限度地提高客房出租率；做好住房率预测，关注市场动态，提前做好控房工作，并对实时房态进行监控；做好房间销售量的统计及价格控制；跟进各渠道的销售预订并与分销商保持良好关系。

（3）**会议、宴会销售**　根据授权，负责主管市场的客户走访工作，维护客房关系，做好销售工作；做好分管业务的市场调研及客户追踪工作，并及时向上级汇报，决定是否调整销售策略；做好团队、会议活动的接待、跟踪工作。

五、专业术语

（1）市场占有率　酒店市场占有率是指酒店产品的销售量在当地酒店市场同类产品中所占的比重，反映了酒店在市场上的地位，市场占有率越高，竞争力越强。

（2）入住率　酒店入住率是指实际出租的客房总数除以可售房总数的百分比，是衡量酒店经营状况的一项重要指标。

$$入住率 =（实际出租房数 / 可售房总数）× 100\%$$

（3）平均房价　酒店平均房价是酒店客房总收益与酒店出租客房总数的比值。平均房价是酒店经营活动分析中仅次于入住率的第二个重要指标。平均房价的高低直接影响酒店的经济收益。影响平均房价变动的主要因素有出租房价、客房出租率和销售客房类型结构。

$$平均房价 = 客房总收益 / 出租客房总数$$

（4）可售房每房收益　衡量酒店客房经营水平和投资回报的一项重要指标。

$$可售房每房收益 = 客房总收益 / 可售房总数$$
$$或可售房每房收益 = 客房出租率 × 平均房价$$

（5）客房协议价　酒店协议价是指公司与酒店签协议，商定该公司客人或员工入住该酒店时所享受的优惠价。它一般比酒店的挂牌价要低，但这通常是要求协议公司在特定时间段内订房量达到一定数量。

六、关键指标

（1）客房收益及宴会收益　根据酒店财务损益报表，以客房收益、宴会收益年累计为测评依据，测评是否达到酒店经营预算目标中的客房与宴会收益。

（2）市场份额　市场份额也称市场占有率，若酒店销售量/市场总销售量×100%的绝对值大于1，则表示酒店争取到较多的市场份额。

（3）社交媒体评论回复率　酒店对订房网站客评100%回复，并做到零复制粘贴。

（4）客户获得率　客户获得率亦称新客户获得率，是指企业在争取新客户时获得成功部分的比例，它反映了企业挖掘潜在市场、扩大市场占有率的能力，同时也从侧面反映了企业在公众心目中的声誉。

（5）销售计划达成率　是指实际销售额与计划销售额之间的比率，即计划销售额的完成情况。

七、365天可视化工作管理日历

1月 Jan.

01
- 制订当月拜访计划与工作安排
- 确定会议场地

02
- 沟通会议细节
- 开展当月部门培训
- 提交部门"金点子"

03
◎ 召开沟通协调会议
■ 举办维护重要客户活动

04
◎ 召开会议、宴会沟通会
◎ 提交市场分析数据

09
■ 为协议价客户注册会议活动会员

10
- 完成上月协议客户分析
- 与重要线上客户沟通
■ 提交次月推广活动计划

11
◎ 召开会议、宴会沟通会
■ 会议占房最终确定

12
◎ 监测价格
◎ 提交春节七天乐活动计划及推广方案

17
■ 跟进商会活动
● 跟进晚宴活动

18
◎ 召开会议、宴会沟通会
■ 拜访重要协议客户

19
◎ 监测价格
● 更新会议信息表
◎ 调整春节期间客房预订价格

20
◎ 核查第三方网站后台数据
■ 提交次月采购计划

25
◎ 召开会议、宴会沟通会
■ 拜访旅行社等协议公司

26
◎ 监测价格
◎ 会员产量分析

27
◎ 核查第三方网站后台数据
● 更新会议信息表

28
◎ 调整预测
◎ 调整价格
◎ 提交情人节客房促销活动方案

★ 企业责任　■ 宾客体验　■ 安全资产　● 员工团队　◎ 财务回报

05	06	07	08
■ 监测价格 ■ 更新会议信息	◎ 核查第三方网站后台数据 ◎ 确定未来3个月团队占房	◎ 调整预测 ◎ 调整价格 ■ 跟进会议合同	◎ 收益会 ● 统计销售人员上月各项指标完成情况

13	14	15	16
■ 核查第三方网站后台数据 ■ 更新会议预订信息统计表	◎ 调整预测 ◎ 调整价格 ◎ 确定未来3个月团队占房	◎ 收益会 ■ 跟进会议重要客户	◎ 提交次月预测数据 ■ 维护会议重要客户

21	22	23	24
◎ 调整预测 ◎ 调整价格 ◎ 确定未来3个月团队占房	◎ 收益会 ● 整理重要协议公司客户信息	◎ 跨国公司报价检查 ■ 完善旅行社拜访计划	■ 与重要线上客户沟通

29	30	31	
◎ 收益会 ■ 常住客维护	● 制订销售人员下月任务目标 ● 完成月度客户分析	◎ 确定未来3个月团队占房 ◎ 提交月结报表 ◎ 更新会议预订信息统计表	

2月 Feb.

01
- 制订当月拜访计划与工作安排
- 开展当月部门培训

02
- 查看竞争酒店会议活动
- 提交部门"金点子"

03
- 开展竞争酒店市场调研
- 召开会议、宴会沟通会
- 情人节促销活动推广

04
- 调整预测
- 调整价格
- 提交市场分析数据

09
- 监测价格
- 春节七天乐活动执行

10
- 检查第三方网站后台数据
- 提交次月推广活动计划
- 情人节促销活动推广

11
- 调整预测
- 调整价格
- 拜访重要商会客户

12
- 收益会
- 完成上月协议客户分析
- 重要线上客户维护
- 情人节促销活动推广

17
- 查看竞争酒店会议

18
- 调整预测
- 调整价格

19
- 收益会
- 制订春季地毯式扫楼拜访计划

20
- 与重要线上客户沟通
- 会员产量分析
- 提交次月采购计划

25
- 调整预测
- 调整价格
- 常住客维护
- 春季地毯式扫楼

26
- 收益会
- 制订会议客户拜访计划
- 春季地毯式扫楼

27
- 制订销售人员下月任务目标
- 完成月度协议客户分析

28
- 确定未来3个月团队占房
- 反馈会议客人意见
- 提交月结报表
- 更新会议预订信息统计表

★ 企业责任　■ 宾客体验　■ 安全资产　● 员工团队　◎ 财务回报

05
- ◎ 收益会
- ◎ 统计销售人员上月各项指标完成情况
- ● 制订商会拜访计划

06
- ● 制订婚礼推广方案
- ◎ 情人节促销活动推广

07
- ■ 拜访婚庆合作公司

08
- ◎ 召开会议、宴会沟通会
- ◎ 统计全年婚宴预订情况
- ◎ 情人节促销活动推广

13
- ◎ 提交次月预测数据
- 跟进到店团队客户
- ◎ 更新会议预订信息统计表

14
- ◎ 确定未来 3 个月团队占房
- ◎ 反馈会议客人意见

15
- ◎ 召开会议、宴会沟通会
- ■ 拜访重要协议客户

16
- ■ 维护重点客户

21
- ◎ 确定未来 3 个月团队占房
- 反馈会议客人意见
- ● 春季地毯式扫楼

22
- ◎ 召开会议、宴会沟通会
- ■ 跟进到店团队客户
- ◎ 春季地毯式扫楼

23
- ◎ 监测价格
- ● 神秘访客报告分析及活动方案落实
- ◎ 春季地毯式扫楼

24
- ■ 检查第三方网站后台数据
- ● 开展竞争酒店市场调研
- ◎ 春季地毯式扫楼

3月 Mar.

01
- 制订当月拜访计划与工作安排
- 重要客户到店接待

02
- 开展当月部门培训
- 提交部门"金点子"

03
- ◎ 提交市场分析数据
- ◎ 为协议价客户注册会议活动会员

04
- ◎ 调整预测
- ◎ 调整价格
- 春季客户拜访周（北京、上海）
- ◎ 召开会议、宴会沟通会

09
- 查看竞争酒店会议活动
- ◎ 统计全年婚宴预订情况

10
- 开展竞争酒店市场调研
- 提交次月推广活动计划

11
- ◎ 调整预测
- ◎ 调整价格
- ◎ 完成上月协议客户分析

12
- ◎ 收益会
- 开启春季推广活动

17
- 检查第三方网站后台数据

18
- ◎ 调整预测
- ◎ 调整价格

19
- ◎ 收益会
- 重要线上客户维护

20
- 沟通会议细节
- 团队到店接待
- ◎ 召开会议、宴会沟通会
- 提交次月采购计划

25
- ◎ 调整预测
- ◎ 调整价格

26
- ◎ 收益会
- ◎ 制订销售人员下月任务目标
- ◎ 入住率较高，配合放房

27
- 跟进团队住房情况
- 重要线上客户维护

28
- ◎ 完成季度性经营分析会报告
- ◎ 确定未来3个月团队占房
- ★ 地球一小时活动
- 反馈客人意见

★ 企业责任　■ 宾客体验　■ 安全资产　● 员工团队　◎ 财务回报

05
- ◎ 收益会
- 春季客户拜访周

06
- ◎ 统计销售人员上月各项指标完成情况
- ◎ 完成月度协议客户分析
- ■ 春季客户拜访周

07
- ◎ 确定未来3个月团队占房
- ◎ 调整价格
- ■ 春季客户拜访周

08
- ■ 拜访周总结
- 春季客户拜访周

13
- ◎ 提交次月预测数据
- 拜访外地旅行社
- ● 召开会议、宴会沟通会

14
- ◎ 确定未来3个月团队占房
- ■ 反馈客人意见

15
- 进行春季推广活动
- ◎ 更新会议预订信息统计表

16
- 维护重点客户

21
- ◎ 确定未来3个月团队占房
- ■ 反馈客人意见

22
- ◎ 召开会议、宴会沟通会
- 与重要线上客户沟通

23
- ◎ 监测价格
- ● 神秘访客报告分析及行动方案落实

24
- 维护重点客户

29
- ◎ 召开会议、宴会沟通会
- 常住客维护

30
- ◎ 完成月度协议客户分析

31
- ◎ 与合作单位签署协议价
- ◎ 提交月结报表
- ◎ 更新会议预订信息统计表

4月 Apr.

01
- ◎ 调整预测
- ◎ 调整价格
- ● 开展当月部门培训

02
- ◎ 收益会
- ● 制订当月拜访计划与工作安排
- ● 提交部门"金点子"

03
- ◎ 提交市场分析数据
- ◎ 统计销售人员上月各项指标完成情况

04
- ◎ 召开会议、宴会沟通会
- ● 旅行社产量分析

09
- ◎ 收益会
- ■ 接待重要客户到店

10
- ◎ 提交次月预测数据
- ■ 拜访婚庆公司
- ◎ 完成上月协议客户分析
- ■ 提交次月推广活动计划

11
- ◎ 举办户外婚礼开放日活动
- ◎ 制订旺季前扫楼拜访计划

12
- ◎ 召开会议、宴会沟通会
- ■ 反馈会议客人意见
- ◎ 提交劳动节客房促销活动方案

17
- ■ 推广集团双倍积分
- ■ 线上重要客户维护
- ◎ 旺季前扫楼拜访

18
- ■ 跟进国际性团队客户
- ◎ 旺季前扫楼拜访
- ◎ 劳动节促销活动宣传

19
- ◎ 召开会议、宴会沟通会
- ■ 反馈会议客人意见

20
- ■ 维护重点客户
- ■ 提交次月采购计划
- ◎ 劳动节促销活动宣传

25
- ● 神秘访客报告分析及行动方案落实

26
- ◎ 召开会议、宴会沟通会
- ◎ 制订销售人员下月任务目标
- ◎ 劳动节促销活动宣传

27
- ◎ 会员产量分析

28
- ◎ 完成月度协议客户分析
- ◎ 确定未来3个月团队占房
- ◎ 劳动节促销活动宣传

第七章 销售部 365 天可视化工作管理实务

★ 企业责任　■ 宾客体验　■ 安全资产　● 员工团队　◎ 财务回报

05	06	07	08
线上重要客户维护 复盘去年同期销售数据，拉动 5~7 月销售 联系跟进旅行社	● 查看竞争酒店会议活动 ■ 为协议价客户注册会议活动会员	◎ 开展竞争酒店市场调研 ◎ 确定未来 3 个月团队占房	◎ 调整预测 ◎ 调整价格 ◎ 统计全年婚宴预订情况

13	14	15	16
◎ 监测价格 ● 旺季前扫楼拜访	◎ 核查第三方网络后台数据 ◎ 确定未来 3 个月团队占房 ◎ 旺季前扫楼拜访	◎ 调整预测 ◎ 调整价格 ● 更新会议预订信息统计表 ◎ 旺季前扫楼拜访	◎ 收益会 ● 制订重要客户拜访计划 ● 旺季前扫楼拜访

21	22	23	24
● 查看竞争酒店会议 ● 确定未来 3 个月团队占房	◎ 调整预测 ◎ 调整价格 ◎ 劳动节促销活动宣传	◎ 收益会 ■ 维护重要客户	与重要线上客户沟通 线上重要客户维护 ◎ 劳动节促销活动宣传

29	30		
◎ 调整预测 ◎ 调整价格 ● 常住客维护	■ 季度双倍积分会员推广活动培训 ◎ 提交月结报表 ■ 吸引客户注册双倍积分活动 ● 更新会议预订信息统计表		

5月 May.

01	02	03	04
◎ 统计全年婚宴预订情况 ● 开展当月部门培训	■ 提交市场分析数据	● 统计销售人员上月各项指标完成情况	■ 为协议价客户注册会议活动会员

09	10	11	12
◎ 确定未来3个月团队占房 ■ 维护旅行社客户	◎ 召开会议、宴会沟通会 ■ 反馈会议客人意见 ◎ 完成上月协议客户分析 ■ 提交次月推广活动计划	■ 跟进国际性团队客户 ◎ 开展竞争酒店市场调研	■ 检查第三方网站后台数据

17	18	19	20
◎ 召开会议、宴会沟通会 ■ 反馈会议客人意见	◎ 查看竞争酒店会议活动	◎ 提交儿童节客房促销活动方案	◎ 调整预测 ◎ 调整价格 ■ 提交次月采购计划

25	26	27	28
◎ 监测价格 ◎ 儿童节促销活动宣传	■ 会员产量分析	■ 拜访重要客户 ■ 神秘访客报告分析及行动方案落实	◎ 收益会 ■ 线上重要客户维护 ◎ 儿童节促销活动宣传

★ 企业责任　■ 宾客体验　■ 安全资产　● 员工团队　◎ 财务回报

05
- ◎ 召开会议、宴会沟通会
- 制订当月拜访计划与工作安排
- 提交部门"金点子"

06
- ◎ 调整预测
- ◎ 调整价格

07
- ◎ 收益会
- ■ 线上重要客户维护

08
- ■ 拜访旅行社客户

13
- ◎ 调整预测
- ◎ 调整价格

14
- ◎ 收益会
- ■ 线上重要客户维护

15
- ◎ 提交次月预测数据
- ■ 拜访重要协议客户
- ◎ 更新会议预订信息统计表

16
- ◎ 确定未来3个月团队占房
- ■ 维护重要协议客户

21
- ◎ 收益会
- 线上重要客户维护
- 马拉松活动接待准备工作沟通会

22
- ■ 拜访婚庆公司
- ■ 跟进团队活动

23
- ◎ 确定未来3个月团队占房
- ■ 婚庆公司维护
- ◎ 儿童节促销活动宣传

24
- ◎ 召开会议、宴会沟通会
- ■ 反馈会议客人意见

29
- 制订销售人员下月任务目标
- 常住客维护

30
- ◎ 确定未来3个月团队占房
- ◎ 完成月度协议客户分析
- ◎ 儿童节促销活动宣传

31
- ◎ 召开会议、宴会沟通会
- ◎ 提交月结报表
- ◎ 更新会议预订信息统计表

6月 Jun.

01
- 开展当月部门培训
- 维护重点客户
- 统计全年婚宴预订情况

02
- 团队接待
- 制订当月拜访计划与工作安排
- 提交部门"金点子"

03
- 调整预测
- 调整价格
- 参加百会通㊀夏季巡展

04
- 收益会
- 提交市场分析数据

09
- 开展行业拜访

10
- 调整预测
- 调整价格
- 完成上月协议客户分析
- 提交次月推广活动计划

11
- 收益会
- 与重要线上客户沟通
- 马拉松活动接待

12
- 提交次月预测数据
- 夏季推广
- 马拉松活动接待

17
- 调整预测
- 调整价格
- 拜访商会客户

18
- 收益会
- 拜访商会客户

19
- 拜访商会客户

20
- 确定未来3个月团队占房
- 更新会议生意信息
- 拜访商会客户
- 提交次月采购计划

25
- 收益会
- 与重要线上客户沟通

26
- 季度经营分析会报告
- 会员分析

27
- 确定未来3个月团队占房
- 常住客维护

28
- 召开会议、宴会沟通会
- 制订销售人员下月任务目标

㊀ 百会通：网络会议平台，专注于为会议场所的需求双方提供高效、专业的交易平台和解决方案。

第七章 销售部 365 天可视化工作管理实务

★ 企业责任　　● 宾客体验　　■ 安全资产　　● 员工团队　　◎ 财务回报

05	**06**	**07**	**08**
● 完成月度协议客户分析 ● 统计销售人员上月各项指标完成情况 ● 为协议价客户注册会议活动会员	◎ 确定未来 3 个月团队占房 ■ 马拉松活动接待人员安排	◎ 召开会议、宴会沟通会 ■ 反馈会议客人意见 ● 跟进重大会议生意	● 制订行业拜访计划

13	**14**	**15**	**16**
● 确定未来 3 个月团队占房 ● 更新会议预订信息统计表	◎ 召开会议、宴会沟通会	● 查看竞争酒店会议活动	◎ 开展竞争酒店市场调研

21	**22**	**23**	**24**
● 召开会议、宴会沟通会 ● 拜访商会客户	◎ 客户答谢半年活动	◎ 检查第三方网站后台数据	◎ 调整预测 ◎ 调整价格

29	**30**		
● 神秘访客报告分析及行动方案落实 ● 兰洽会活动接待准备工作沟通会	◎ 提交月结报表 ◎ 更新会议预订信息统计表 ◎ 销售人员半年业绩评估		

— 143 —

7月 Jul.

01
- 开展当月部门培训
- ◎ 统计全年婚宴预订情况
- 制订当月拜访计划与工作安排
- ■ 兰洽会活动接待准备工作人员安排

02
- ◎ 收益会
- ◎ 重要会议收益预测
- 提交市场分析数据
- 提交部门"金点子"

03
- ◎ 重要会议期间价格监控
- ◎ 确定未来3个月团队占房

04
- ◎ 重大活动期间价格监控调整
- 统计销售人员上月各项指标完成情况

09
- ◎ 收益会
- ■ 与重要线上客户沟通

10
- ◎ 提交次月预测数据
- ◎ 确定未来3个月团队占房
- 完成上月协议客户分析
- ■ 提交次月推广活动计划

11
- ■ 跟进重要会议

12
- ◎ 召开会议、宴会沟通会
- ■ 维护会议团队重要客户

17
- ◎ 确定未来3个月团队占房

18
- ■ 参加跨国公司报价培训

19
- ◎ 召开会议、宴会沟通会
- ◎ 设置跨国公司报价系统

20
- 查看竞争信息
- ■ 提交次月采购计划

25
- 制订销售人员下月任务目标

26
- ◎ 召开会议、宴会沟通会
- ■ 制订年度跨国公司报价体系

27
- ◎ 检查第三方网站后台数据

28
- ■ 神秘访客报告分析

★ 企业责任　　■ 宾客体验　　▰ 安全资产　　● 员工团队　　◎ 财务回报

05
- ○ 召开会议、宴会沟通会
- ○ 重要会议期间收益分析

06
- ■ 为协议价客户注册会议活动会员
- ◎ 重要会议接待服务总结

07
- ○ 重要会议接待回访
- ○ 兰洽会活动接待

08
- ◎ 调整预测
- ◎ 调整价格
- ■ 开展秋季营销拜访月活动

13
- ○ 查看竞争酒店会议活动

14
- ○ 开展竞争酒店市场调研

15
- ◎ 调整预测
- ◎ 调整价格
- ◎ 更新会议预订信息统计表

16
- ◎ 收益会
- ■ 启动次年跨国公司报价工作

21
- ○ 持续推广户外啤酒花园、夜游黄河、暑期亲子游等活动

22
- ◎ 调整预测
- ◎ 调整价格

23
- ◎ 收益会
- ■ 与重要线上客户沟通

24
- ◎ 确定未来3个月团队占房

29
- ◎ 调整预测
- ◎ 调整价格
- ■ 常住客维护

30
- ◎ 收益会
- ◎ 提交月结报表

31
- ● 总结当月任务完成情况
- ◎ 完成月度协议客户分析
- ◎ 更新会议预订信息统计表

8月 Aug.

01
- ◎ 确定未来3个月团队占房
- ● 制订当月拜访计划与工作安排
- ● 开展当月部门培训

02
- ◎ 提交市场分析数据
- ◎ 召开会议、宴会沟通会
- ● 提交部门"金点子"

03
- ■ 为协议价客户注册会议活动会员
- ● 根据当月入住率，提前安排好支援、在岗人员

04
- ◎ 统计全年婚宴预订情况

09
- ◎ 召开会议、宴会沟通会
- ■ 三倍积分推广活动
- ◎ 完成上月协议客户分析

10
- ◎ 查看竞争酒店会议活动
- ■ 提交次月推广活动计划

11
- ◎ 开展竞争酒店市场调研

12
- ◎ 调整预测
- ◎ 调整价格

17
- ◎ 月饼售卖跟进

18
- ◎ 检查第三方网站后台数据

19
- ◎ 调整预测
- ◎ 调整价格

20
- ◎ 收益会
- ● 制订商会拜访计划
- ■ 提交次月采购计划

25
- ● 开展竞争酒店市场调研

26
- ◎ 调整预测
- ◎ 调整价格

27
- ◎ 收益会
- ● 拜访重点行业客户

28
- ● 制订销售人员下月任务目标
- ■ 重点行业客户回访

★ 企业责任　　▢ 宾客体验　　▇ 安全资产　　● 员工团队　　◎ 财务回报

05
- ◎ 调整预测
- ◎ 调整价格
- ◎ 秋季巡展

06
- ◎ 收益会
- ▇ 重要线上客户维护

07
- ● 统计销售人员上月各项指标完成情况
- ▇ 旅行社客户拜访

08
- ◎ 确定未来3个月团队占房
- ▇ 旅行社客户维护

13
- ◎ 收益会
- 拜访协议客户

14
- ◎ 提交次月预测数据
- ▇ 维护协议客户

15
- ◎ 确定未来3个月团队占房
- ▇ 重点协议客户回访
- ◎ 更新会议预订信息统计表

16
- ◎ 召开会议、宴会沟通会

21
- ◎ 启动次年预算工作
- 拜访重要商会

22
- ◎ 确定未来3个月团队占房
- ▇ 重点商会客户回访

23
- ◎ 召开会议、宴会沟通会

24
- ● 查看竞争酒店会议活动

29
- ◎ 确定未来3个月团队占房
- 秘访客报告分析及行动方案
- 常住客维护

30
- ◎ 召开会议、宴会沟通会
- 跟进次年跨国公司报价

31
- ● 提交月结报表
- ● 完成月度协议客户分析
- ◎ 更新会议预订信息统计表

9月 Sep.

01	02	03	04
● 开展当月部门培训 ● 制订当月拜访计划与工作安排	■ 秋季客户拜访周 ● 提交部门"金点子"	◎ 收益会 ◎ 提交市场分析数据	● 统计销售人员上月各项指标完成情况

09	10	11	12
● 年底婚礼展方案策划	◎ 收益会 ◎ 完成第一轮预算数据 ● 完成上月协议客户分析 ■ 提交次月推广活动计划	◎ 提交次月预测数据 ★ 拜访政府部门 ● 制订年度客户答谢方案	◎ 召开会议、宴会沟通会 ★ 拜访政府部门 ◎ 确定未来3个月团队占房

17	18	19	20
◎ 收益会 ■ 与重要线上客户沟通 ◎ 秋季地毯式扫楼	● 拜访跟进重要协议客户 ● 回访主要协议客户 ● 与协议公司签署协议	◎ 确定未来3个月团队占房	◎ 召开会议、宴会沟通会 ■ 回访重要协议客户 ■ 提交次月采购计划

25	26	27	28
■ 回访重要会议客户	◎ 确定未来3个月团队占房 ■ 拜访重要会议客户	◎ 召开会议、宴会沟通会 ● 制订销售人员下月任务目标	● 神秘访客报告分析及活动方案落实

第七章 销售部 365 天可视化工作管理实务

★ 企业责任　　■ 宾客体验　　■ 安全资产　　● 员工团队　　◎ 财务回报

05
- ◎ 确定未来 3 个月团队占房
- ◎ 调整预测
- ◎ 调整价格

06
- ◎ 召开会议、宴会沟通会
- ● 统计全年婚宴预订情况

07
- ◎ 查看竞争酒店会议活动
- ■ 为协议价客户注册会议活动会员

08
- ◎ 开展竞争酒店市场调研

13
- ★ 维系政府部门关系
- ◎ 调整预测
- ◎ 调整价格
- 秋季地毯式扫楼

14
- ◎ 检查第三方网站后台数据
- ◎ 秋季地毯式扫楼

15
- ◎ 查看竞争酒店会议活动
- ◎ 更新会议预订信息统计表
- ◎ 秋季地毯式扫楼

16
- ◎ 秋季地毯式扫楼

21
- ◎ 开展竞争酒店市场调研

22
- ● 年底婚礼展方案确定

23
- ◎ 调整预测
- ◎ 调整价格
- ● 年底婚礼展婚庆公司拜访名单确定

24
- ◎ 收益会
- ■ 重新校准 FAB

29
- ◎ 完成月度协议客户分析
- ◎ 跟进次年跨国公司报价
- ■ 常住客维护

30
- ◎ 调整预测
- ◎ 调整价格
- ◎ 收益会
- ◎ 季度性经营分析会报告
- ● 提交月结报表
- ◎ 更新会议预订信息统计表

10月 Oct.

01	02	03	04
◎ 监测十一期间房间价格及房量 ● 制订当月拜访计划与工作安排	◎ 制订年会开放日⊖活动计划	◎ 监测房间价格及房量 ● 跟进次年婚宴预订及推广签约	◎ 监测房间价格及房量 ◎ 提交市场分析数据

09	10	11	12
◎ 提交市场分析数据 ■ 确定年度客户答谢方案 ● 提交部门"金点子"	◎ 确定未来3个月团队占房 ■ 提交次月推广活动计划	● 统计销售人员上月各项指标完成情况 ◎ 召开会议、宴会沟通会	■ 市场竞争酒店年度优劣机会威胁分析 ■ 为协议价客户注册会议活动会员

17	18	19	20
■ 客户拜访周 ◎ 确定未来3个月团队占房 ● 完成上月协议客户分析	◎ 召开会议、宴会沟通会 ■ 客户拜访周	■ 客户拜访周总结	■ 检查第三方网站后台反馈 ■ 提交次月采购计划

25	26	27	28
◎ 召开会议、宴会沟通会 ◎ 提交第一轮次年预算	■ 维护常住客	■ 维护重要会议客户	◎ 调整预测 ◎ 调整价格

⊖ 年会开放日：酒店推出年会开放日活动，当天各公司可享受一定优惠预订酒店场地。

第七章 销售部 365 天可视化工作管理实务

★ 企业责任　● 宾客体验　■ 安全资产　● 员工团队　◎ 财务回报

05	06	07	08
监测房间价格及房量 调整预测 调整价格	◎ 监测房间价格及房量 ● 跟进次年会议询价	● 开展当月部门培训 ◎ 完成十一同期预测收入分析	◎ 统计全年婚宴预订情况 ◎ 收益会

13	14	15	16
酒店 FAB 更新	◎ 调整预测 ◎ 调整价格 ◎ 更新会议预订信息统计表	◎ 收益会 ■ 客户拜访周	◎ 提交次月预测数据 ■ 客户拜访周

21	22	23	24
调整预测 调整价格	◎ 收益会 ■ 线上重要客户维护	◎ 年会开放日活动策划	◎ 确定未来 3 个月团队占房

29	30	31	
收益会 完成月度协议客户分析	● 制订销售人员下月任务目标 ◎ 年度收入及利润情况测标	◎ 确定未来 3 个月团队占房 ◎ 提交月结报表 ◎ 更新会议预订信息统计表	

11月 Nov.

01
- ◎ 召开会议、宴会沟通会
- ● 开展当月部门培训

02
- ◎ 制订当月拜访计划与工作安排
- ● 提交部门"金点子"

03
- ◎ 统计全年婚宴预订情况
- ■ 举办年会开放日活动

04
- ◎ 调整预测
- ◎ 调整价格
- ● 提交市场分析数据

09
- ● 制订年会集中式扫楼方案
- ■ 为协议价客户注册会议活动会员

10
- ● 检查第三方网站后台
- ■ 提交次月推广活动计划

11
- ◎ 调整预测
- ◎ 调整价格
- ■ 年会集中扫楼

12
- ◎ 收益会
- ■ 年会集中扫楼

17
- ● 制订次年客户小礼品方案

18
- ◎ 调整预测
- ◎ 调整价格
- ● 制订次年重点客户合作方案

19
- ◎ 收益会
- ● 跟进次年重点客户合作事宜

20
- ● 重要客户维护
- 拜访重点客户
- ■ 提交次月采购计划

25
- ◎ 调整预测
- ◎ 调整价格

26
- ◎ 收益会
- ■ 与重要线上客户沟通

27
- ● 跟进次年跨国公司报价
- ● 神秘访客报告分析及行动方案落实

28
- ◎ 确定未来3个月团队占房
- ● 完成月度协议客户分析

第七章 销售部 365 天可视化工作管理实务

★ 企业责任　☐ 宾客体验　■ 安全资产　● 员工团队　◎ 财务回报

05	06	07	08
● 收益会	◎ 制订次年价格体系 ● 统计销售人员上月各项指标完成情况	◎ 确定未来 3 个月团队占房	◎ 召开会议、宴会沟通会 ■ 与重要线上客户沟通

13	14	15	16
■ 提交次月预测数据 ● 年会集中扫楼	◎ 确定未来 3 个月团队占房 ■ 年会集中扫楼	◎ 召开会议、宴会沟通会 ● 制订次年营销方案 ◎ 更新会议预订信息统计表	■ 年度客户答谢活动 ■ 客户邀请

21	22	23	24
◎ 确定未来 3 个月团队占房 ● 拜访重点客户	◎ 召开会议、宴会沟通会 ★ 落实重要会议工作	◎ 开展竞争酒店市场调研	● 查看竞争酒店会议活动

29	30		
◎ 召开会议、宴会沟通会 ● 制订销售人员下月任务目标 ● 常住客维护	◎ 提交月结报表 ● 总结会员数量 ◎ 更新会议预订信息统计表		

12月 Dec.

01
- 开展当月部门培训
- 制订当月拜访计划与工作安排
- ★ 召开酒店年度经营研讨会，讨论次年方案

02
- 提交部门"金点子"
- 酒店周年庆活动宣传

03
- ◎ 收益会
- ◎ 提交市场分析数据

04
- 统计销售人员上月各项指标完成情况

09
- 为协议价客户注册会议活动会员

10
- ◎ 收益会
- 与重要线上客户沟通
- 完成上月协议客户分析
- 提交次月推广活动计划

11
- ◎ 提交次月预测数据
- ★ 跟进次年礼品选样

12
- 确定未来3个月团队占房
- ◎ 制订次年婚宴方案
- ◎ 调整预测
- ◎ 调整价格

17
- ◎ 收益会
- 全年婚宴预订情况分析

18
- 跟进重要客户公司年会
- ◎ 酒店周年庆活动宣传

19
- ◎ 确定未来3个月团队占房
- ◎ 调整预测
- ◎ 调整价格
- ★ 周年庆客户人数确定

20
- ◎ 召开会议、宴会沟通会
- ◎ 确定次年预算
- 提交次月采购计划

25
- ◎ 跟进重要公司年会结账
- 收集重要公司在店召开年会意见
- 拜访商会客户

26
- ◎ 确定未来3个月团队占房
- ◎ 跟进次年跨国公司报价

27
- ◎ 召开会议、宴会沟通会
- 制订销售人员下月任务目标
- ◎ 调整预测
- ◎ 调整价格

28
- ◎ 年度经营分析总结

★ 企业责任　■ 宾客体验　▬ 安全资产　● 员工团队　◎ 财务回报

05
◎ 确定未来3个月团队占房
◎ 调整预测
◎ 调整价格

06
◎ 召开会议、宴会沟通会
● 洽谈竞争酒店次年协议价格

07
★ 年度部门工作总结

08
◎ 制订次年差旅计划
◎ 酒店周年庆活动宣传

13
◎ 召开会议、宴会沟通会
◎ 制订次年大型会议价格

14
★ 确定周年庆客户出席人数
◎ 酒店周年庆活动宣传

15
◎ 第三方合作网站全年数据分析
◎ 更新会议预订信息统计表

16
◎ 酒店周年庆活动宣传

21
★ 举办周年庆活动
■ 拜访商会客户

22
◎ 会员全年专项占比分析
■ 拜访商会客户

23
■ 拜访商会客户

24
◎ 收益会
▬ 与重要线上客户沟通
■ 拜访商会客户

29
◎ 完成年度协议客户分析
◎ 完成营销人员年度评估
■ 常住客维护

30
◎ 全年预订信息存档

31
◎ 收益会
◎ 提交月结报表
◎ 更新会议预订信息统计表

第八章 传媒部 365 天可视化工作管理实务

一、职责概述

根据酒店要求及标准，完成酒店品牌在区域内的规划与推广。传媒部包含传媒部经理、传媒部主管、美工、协调员，通过策划、落实酒店活动及品牌传播，提高酒店知名度和美誉度。拓展与维护区域范围内的媒介关系，统筹区域品牌建设与媒介管理工作。监控舆情动态，应对突发问题，塑造、推广、提升酒店的品牌形象。

二、主要工作职责

在销售部总监的指导下，按酒店的政策与程序制订公共关系计划，用于增进和维系良好的公共关系，以保持酒店的良好声誉；负责酒店的广告、活动、公关方案策划与组织实施；协助销售部编制与执行营销活动推广；回复第三方订房网站评论，并组织收集竞争者的网评信息，及时与酒店各部门分享以提高酒店网络评论得分；抓住行业或产品卖点，编辑具有市场热度的产品文案，落实产品营销工作。

三、组织架构

传媒部常见组织架构见图 8-1。

四、工作细则

（1）传媒部经理　以市场目标为基础，为酒店制订公关活动计划，并开展系列公关活动以维系市场；与媒体、会议发布公司签订合同，代表酒店与

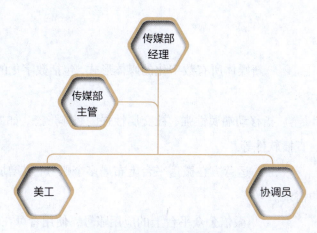

图 8-1 传媒部常见组织架构

媒体接触以推广对酒店有正面影响的报道、协调中和对酒店有负面影响的报道；协调相关部门开展和组织酒店推广活动，邀请贵宾客户和媒体参加活动，准备所有发布会的相关事宜；在本地商业和媒体上发布新闻稿，制订计划以定期地向客户告知酒店的推广信息、特别的活动等。

（2）传媒部主管　协助传媒部经理，设计酒店宣传文案、拍摄并留存酒店影像资料；负责酒店广告、宣传资料和酒店要求的其他美术设计项目；审核广告、宣传印刷品资料等美术设计项目，确保设计和排版符合酒店标准；为宣传印刷品的设计提供有创意的建议和方案；每天回复第三方订房网站平台客评，并收集差评供各部门参考整改；定时更新酒店官网或第三方平台的宣传图片、文字等，确保美观、信息全面。

（3）美工　协助传媒部主管，完成酒店广告、宣传资料的设计、排版工作；与指定的印刷厂商协调沟通，完成宣传品制作工作；根据酒店宴会主题，设计装饰风格；负责酒店的宣传、拍摄工作，并有序地存档。

（4）协调员　及时答复电话、传真和电子邮件的问询；维护客户档案系统；维护合同存档系统；必要时协调酒店的拍摄工作；及时统计传媒部所需材料并补充；负责酒店宣传资料的分类、存档；规范酒店品牌宣传资料。

五、专业术语

（1）**信息媒体** 新媒体所有数字化的媒体形式，包括数字化的传统媒体、网络媒体等。

（2）**新媒体** 指移动端属性强、社交属性强的媒体形态，如微信、微博、新闻客户端、直播软件等。

（3）**矩阵公众号** 运营方在微信平台上布局多个账号，以增加用户数量，满足不同用户需求。

（4）**微信公众号** 微信公众平台上的应用账号，使用者可在微信平台上和特定群体沟通互动，包括订阅号、服务号和企业号。订阅号主要为用户提供信息，大部分账号每天可以推送1次，每次最多8条消息，显示在"订阅号"文件夹中；服务号主要为用户提供服务，每个月推送4次，每次最多8条消息，显示在聊天列表的首页，并可申请自定义菜单；企业号帮助企业、政府机关等与员工、合作伙伴建立联系，简化管理流程，提高沟通效率，服务一线员工。

（5）**微博** 通过关注机制，分享简短的、实时的信息。如无特别说明，"微博"通常指新浪微博。

六、关键指标

（1）**酒店宣传推广** 传媒部需要有效运用广告、直销、促销、宣传刊物、公共关系等方式，通过市场分析，制订月度、季度和年度推广计划，适时推出具有话题热度的宣传活动，提高酒店知名度与竞争力。

（2）**广告监督** 包括本酒店广告监督，如浏览点击量、转发量、客户反馈、成本控制等，也包括竞争对手广告频次、内容、浏览量、客户反馈等，通过对比及时向销售部提供有效信息，调整营销策略。

（3）**危机处理** 如发生危机公关，需第一时间配合酒店总经理及时发布声明，控制事态发展，协调中和媒体负面报道并安排专人24小时监督舆情发展。作为总经理委派的唯一对外发布渠道，对外发布相关事宜。

（4）公共关系　传媒部需梳理并维护酒店的良好公共形象，通过连续性与统一性的宣传扩大酒店知名度；维系良好的社会关系，与社会各界保持良好关系，包括政府机构、商企业界、新闻媒体界、同行业、顾客等，与公众建立相互了解与信赖的关系，树立良好的企业形象和信誉。

七、365天可视化工作管理日历

1月 Jan.

01
- ◎ 发布元旦电子海报
- ◎ 发布元旦酒店餐饮、客房推广活动

02
- ◎ 春节、情人节客房推广方案提报
- ◎ 准备餐饮推广会议议题（2次/月）

03
- ● 1月份部门"金点子"提报
- ◎ 餐饮推广会议

04
- ★ 设计新年红包
- ● 准备重要会议推文⊖

09
- ◎ 制作餐饮推文
- ◎ 准备元宵节推文

10
- ◎ 准备小年推广
- ◎ 设计大寒海报
- ■ 检查酒店电子屏内容（1次/周）

11
- ● 直客通第一季度培训及沟通
- ◎ 制作春节期间餐饮推文

12
- ★ 酒店外景拍摄
- ◎ 准备初一至初七餐饮、客房活动推广

17
- ◎ 餐饮推广会议
- ◎ 发送小年推文

18
- ◎ 发布春节、情人节客房推文

19
- ■ 媒体发稿统计

20
- ■ 新春装饰
- ◎ 发布大寒海报

25
- ■ 发布春节拜年视频
- ◎ 发布春节推广海报

26
- ■ 准备智能布草芯推广方案
- ● 1月份部门"金点子"落实

27
- ■ 地方"两会"影像收集

28
- ■ 查阅竞争酒店网络点评
- ■ 检查酒店电子屏内容（1次/周）

⊖ 推文：应用推广性质的文章。

★ 企业责任　■ 宾客体验　■ 安全资产　● 员工团队　◎ 财务回报

05	06	07	08
◎ 直客通产品上线 ● 1月份部门培训 ● 酒店上一年度12月份月刊设计签批	◎ 发布小寒节气海报 ■ 检查酒店电子屏内容（1次/周）	■ 查阅竞争酒店网络点评	■ 确定大型政务会议宣传设计

13	14	15	16
◎ 酒店餐饮月度菜品拍摄 ◎ 发布小年活动推文	■ 查阅竞争酒店网络点评	★ 酒店绿色、创新媒体组稿	◎ 准备餐饮推广会议议题（2次/月） ★ 社交网站点评分数核查

21	22	23	24
■ 检查酒店电子屏内容（1次/周）	■ 查阅竞争酒店网络点评 ● 酒店1月份月刊设计	◎ 制作餐饮推文 ● 1月份部门培训	◎ 发布春节推文 ◎ 发布初一至初七活动推文

29	30	31	
■ 确定智能布草芯推广方案	◎ 准备春节后餐饮推广方案 ◎ 准备春节后客房推广方案	★ 社交网站点评分数核查	

2月 Feb.

01	02	03	04
★ 制作酒店拟参评奖项清单	◎ 设计立春海报	■ 三八妇女节活动策划	◎ 发布立春海报 ■ 检查酒店电子屏内容（1次/周）

09	10	11	12
◎ 第二季度推广内容提交 ◎ 餐饮推广会议	◎ 查阅竞争酒店网络点评	★ 拍摄客房消毒视频 ◎ 酒店餐饮月度菜品拍摄	◎ 拟定户外婚礼秀、宝宝宴、满月宴等策划方案 ■ 酒店外景拍摄

17	18	19	20
■ 检查酒店电子屏内容（1次/周） ◎ 餐饮推广会议	◎ 酒店餐饮外卖推广	◎ 媒体发稿统计	■ 社交网站点评分数核查

25	26	27	28
★ 拍摄酒店面包外卖视频 ● 酒店2月份月刊设计	◎ 2月份部门"金点子"落实	◎ 酒店面包外卖推广	★ 拍摄布草消毒视频

★ 企业责任　　☐ 宾客体验　　■ 安全资产　　● 员工团队　　◎ 财务回报

05
- 2月份部门"金点子"提报
◎ 春季活动推广

06
■ 查阅竞争酒店网络点评
● 酒店1月份月刊设计签批

07
★ 发送企业公益推文
● 2月份部门培训

08
◎ 发布元宵节活动海报
◎ 准备餐饮推广会议议题（2次/月）

13
◎ 发送情人节推文
■ 检查酒店电子屏内容（1次/周）

14
◎ 情人节活动宣传

15
◎ 制作餐饮推文

16
◎ 准备餐饮推广会议议题（2次/月）

21
★ 准备机器人零接触推广活动

22
★ 准备智能布草芯媒体推广活动

23
◎ 制作餐饮推文
● 2月份部门培训

24
■ 准备食品打印机推广
■ 检查酒店电子屏内容（1次/周）

3月 Mar.

01	02	03	04
◎ 发布妇女节活动推文 ★ 跟进酒店奖项参评	◎ 复活节活动策划 ◎ 准备餐饮推广会议议题 （2次/月）	◎ 智能布草芯媒体推广 ◎ 餐饮推广会议	■ 查阅竞争酒店网络点评 ■ 检查酒店电子屏内容 （1次/周）

09	10	11	12
◎ 制作餐饮推文	■ 检查酒店电子屏内容 （1次/周）	■ 查阅竞争酒店网络点评	◎ 酒店外景拍摄

17	18	19	20
■ 社交网站点评分数核查 ◎ 餐饮推广会议	■ 检查酒店电子屏内容 （1次/周）	◎ 媒体发稿统计	■ 提交业主公司季度推广活动方案 ◎ 发布春分海报

25	26	27	28
● 3月份部门"金点子"跟进	● 酒店3月份月刊设计	◎ 一季度礼品盘点	● 月度推广宣传数据提报

★ 企业责任　▢ 宾客体验　■ 安全资产　● 员工团队　◎ 财务回报

05	06	07	08
■ 3月份部门"金点子"提报	● 酒店2月份月刊设计签批	◎ 设计春分海报 ● 3月份部门培训	◎ 妇女节活动执行 ■ 确定酒店图片拍摄、视频提报方案

13	14	15	16
◎ 酒店餐饮月度菜品拍摄	◎ 查阅竞争酒店网络点评	◎ 清明节客房推广方案提报	● 准备餐饮推广会议议题（2次/月）

21	22	23	24
◎ 制作清明节客房推文	★ 地球熄灯一小时活动媒体联络	◎ 制作餐饮推文 ● 3月份部门培训	■ 检查酒店电子屏内容（1次/周）

29	30	31	
★ 地球熄灯一小时活动宣传	◎ 查阅竞争酒店网络点评	◎ 直客通产品售卖分析	

4月 Apr.

01	02	03	04
■ 查阅竞争酒店网络点评 ■ 检查酒店电子屏内容（1次/周）	◎ 五一小长假、展会客房推广方案提报 ◎ 准备餐饮推广会议议题（2次/月）	★ 跟进酒店奖项参评 ◎ 户外婚礼、晚宴、满月宴微信推文 ◎ 餐饮推广会议	◎ 制作清明节客房推文 ◎ 携程亲子房方案提报 ● 酒店3月份月刊设计签批

09	10	11	12
● 直客通第二季度培训及沟通 ◎ 制作餐饮推文	◎ 制作端午礼粽推文	◎ 制作复活节推文	◎ 户外婚礼、晚宴、满月宴活动内部沟通会 ■ 酒店外景拍摄

17	18	19	20
◎ 发布复活节推文 ◎ 餐饮推广会议	◎ 端午礼粽宣传	◎ 媒体发稿统计	◎ 酒店餐饮月度菜品拍摄

25	26	27	28
● 酒店4月份月刊设计	● 4月份部门"金点子"落实 ◎ 五一小长假宣传	◎ 举办户外婚礼、晚宴、满月宴活动 ● 月度推广宣传数据提报 ● 母亲节活动宣传	● 直客通产品售卖月度分析

★ 企业责任　■ 宾客体验　■ 安全资产　● 员工团队　◎ 财务回报

05	06	07	08
◎ 发送清明节客房推文 ◎ 母亲节活动策划	◎ 直客通产品上线 ● 4月份部门"金点子"提报	■ 检查酒店电子屏内容 （1次/周） ● 4月份部门培训	■ 查阅竞争酒店网络点评

13	14	15	16
◎ 五一小长假活动推广策划	■ 书吧图书盘点	■ 查阅竞争酒店网络点评 ■ 检查酒店电子屏内容 （1次/周）	◎ 户外婚礼秀媒体商务联络工作 ◎ 准备餐饮推广会议议题（2次/月）

21	22	23	24
◎ 制作五一小长假推文 社交网站点评分数核查	■ 查阅竞争酒店网络点评 ● 4月份部门培训	◎ 制作餐饮推文 酒店图片拍摄、视频录制（1个月完成）	■ 检查酒店电子屏内容（1次/周）

29	30		
■ 查阅竞争酒店网络点评 ■ 检查酒店电子屏内容 （1次/周）	◎ 第一季度双倍积分会员推广活动 ◎ 户外婚礼、晚宴、满月宴活动后的微信宣传 ◎ 五一小长假推文宣传 ◎ 直客通产品售卖分析		

5月 May.

01	02	03	04
■ 五一小长假微信推文	◎ 提交6月份亲子欢乐节活动方案	◎ 直客通产品上线 ● 第三季度推广内容提报	■ 书吧图书更新 ■ 检查酒店电子屏内容（1次/周）

09	10	11	12
◎ 端午礼粽宣传 ● 5月份部门"金点子"提报	◎ 母亲节活动影像收集 ● 5月份部门培训	■ 酒店外景拍摄 ◎ 制作餐饮推文	◎ 母亲节活动后的宣传 ■ 检查酒店电子屏内容（1次/周）

17	18	19	20
■ 社交网站点评分数核查 ◎ 餐饮推广会议	■ 酒店餐饮月度菜品拍摄	◎ 媒体发稿统计	■ 查阅竞争酒店网络点评 ■ 检查酒店电子屏内容（1次/周）

25	26	27	28
● 5月份部门"金点子"落实	◎ 无烟日海报宣传 ● 月度推广宣传数据提报	■ 检查酒店电子屏内容（1次/周）	■ 酒店5月份月刊设计 ◎ 暑期客房推广方案提报

★ 企业责任　■ 宾客体验　■ 安全资产　● 员工团队　◎ 财务回报

05	06	07	08
◎ 发布立夏海报 ★ 跟进奖项参评	■ 查阅竞争酒店网络点评 ◎ 夏季活动推广 ◎ 准备餐饮推广会议议题（2次/月）	◎ 制作母亲节推文 ◎ 餐饮推广会议	● 酒店4月份月刊设计签批 ◎ 准备5·20活动推文 ◎ 发送母亲节推文

13	14	15	16
■ 查阅竞争酒店网络点评	◎ 端午节客房推广设计及执行	◎ 6月份儿童节宣传设计及微信推文准备	◎ 准备餐饮推广会议议题（2次/月）

21	22	23	24
● 5月份部门培训	■ 查阅竞争酒店点评	◎ 马拉松活动宣传准备 ◎ 制作餐饮推文	◎ 马拉松活动媒体联络

29	30	31	
◎ 会议影像收集 ◎ 6月份儿童节推广	◎ 会议微信宣传 ◎ 完成6月份儿童节海报设计	● 直客通产品售卖分析 ◎ 父亲节活动推文宣传	

6月 Jun.

01	02	03	04
■ 儿童节活动拍照及宣传 ■ 书吧图书更新	◎ 马拉松活动影像收集 ◎ 准备餐饮推广会议议题 （2次/月）	◎ 查阅竞争酒店网络点评 ◎ 餐饮推广会议	■ 检查酒店电子屏内容 （1次/周） ■ 区域酒店联合推广方案制订

09	10	11	12
■ 酒店餐饮月度菜品拍摄 ◎ 制作餐饮推文	◎ 查阅竞争酒店网络点评 ■ 检查酒店电子屏内容 （1次/周）	◎ 暑期客房推广设计	◎ 父亲节活动宣传

17	18	19	20
■ 查阅竞争酒店网络点评 ◎ 餐饮推广会议	★ 携程口碑榜参评 ■ 检查酒店电子屏内容 （1次/周）	◎ 媒体发稿统计	◎ 提交季度推广活动方案 ● 6月份部门培训

25	26	27	28
● "为你喝彩周"活动宣传 ● 酒店6月份月刊设计 ● 6月份部门"金点子"落实	● "为你喝彩周"活动宣传 ◎ 暑期客房推广宣传	● "为你喝彩周"活动宣传 ◎ 二季度礼品盘点	● "为你喝彩周"活动宣传

★ 企业责任　■ 宾客体验　■ 安全资产　● 员工团队　◎ 财务回报

05	06	07	08
★ 环保日活动宣传 酒店5月份月刊设计签批	● 6月份部门"金点子"提报 ● 6月份部门培训	◎ 端午节海报宣传 ◎ 高考海报宣传 ★ 跟进奖项参评	■ 酒店外景拍摄

13	14	15	16
◎ 马拉松活动影像收集	◎ 巧克力中山桥媒体宣传	◎ 准备餐饮推广会议议题（2次/月）	■ 父亲节活动影像收集

21	22	23	24
◎ 制作餐饮推文 ◎ 暑期客房推广方案提报	■ 检查酒店电子屏内容（1次/周） ■ 查阅竞争酒店网络点评	◎ 制作餐饮推文 ● 直客通产品售卖分析	■ "为你喝彩周"⊖活动宣传

29	30		
◎ 兰洽会⊖相关设计准备	■ 月度推广宣传数据提报		

⊖ "为你喝彩周"：是指洲际酒店集团为答谢员工组织的服务活动。
⊖ 兰洽会：兰州投资贸易洽谈会，西部地区商业化大型展会，每年1次。

7月 Jul.

01	02	03	04
■ 查阅竞争酒店网络点评 ■ 检查酒店电子屏内容（1次/周）	◎ 大型团队、会议接待宣传准备 ◎ 准备餐饮推广会议议题（2次/月）	◎ 餐饮推广会议 ★ 跟进奖项参评	◎ 月饼礼盒推广内容设计 ● 酒店6月份月刊设计签批

09	10	11	12
◎ 制作餐饮推文	★ 茶歇工作室设计	◎ 完成兰洽会接待宣传	■ 酒店外景拍摄

17	18	19	20
◎ 啤酒花园媒体邀请 ◎ 餐饮推广会议	◎ 月饼推广内容设计确认	◎ 媒体发稿统计	◎ 10月份婚礼秀活动策划

25	26	27	28
● 酒店7月份月刊设计 ■ 启动次年酒店礼品设计	◎ 月度推广宣传数据提报	● 7月份部门"金点子"落实	◎ 直客通产品售卖分析

★ 企业责任　■ 宾客体验　■ 安全资产　● 员工团队　◎ 财务回报

05	06	07	08
◎ 大型团队、会议接待宣传 ● 7月份部门"金点子"提报	◎ 直客通产品上线	■ 区域酒店联合推广方案提报 ◎ 发布小暑海报 ● 7月份部门培训	■ 查阅竞争酒店网络点评 ■ 检查酒店电子屏内容（1次/周）

13	14	15	16
● 直客通第三季度培训及沟通	■ 酒店餐饮月度菜品拍摄	■ 查阅竞争酒店网络点评 ■ 检查酒店电子屏内容（1次/周）	◎ 准备餐饮推广会议议题（2次/月） ■ 旅游攻略网站写推文 ◎ 七夕客房推广方案提报

21	22	23	24
■ 社交网站点评分数核查 ◎ 相关单位合作方案提报 ◎ 区域姊妹酒店联合推广方案提报	■ 查阅竞争酒店网络点评 ■ 检查酒店电子屏内容（1次/周）	◎ 次年台历设计 ◎ 制作暑期客房推文 ◎ 制作餐饮推文	◎ 制作满月宴推文 ● 7月份部门培训

29	30	31	
■ 查阅竞争酒店网络点评 ■ 检查酒店电子屏内容（1次/周）	◎ 起草次年全年推广方案	◎ 制作七夕客房推文	

8月 Aug.

01	02	03	04
■ 次年台历设计初稿	◎ 准备餐饮推广会议议题（2次/月） ★ 跟进奖项参评	■ 餐饮推广会议 ◎ 直客通产品上线	■ 书吧图书更新 ● 8月份部门"金点子"提报

09	10	11	12
◎ 制作餐饮推文 ◎ 啤酒花园宣传	■ 检查酒店电子屏内容（1次/周）	■ 酒店餐饮月度菜品拍摄	■ 查阅竞争酒店网络点评 ■ 酒店外景拍摄

17	18	19	20
◎ 餐饮推广会议	■ 户外啤酒花园宣传	◎ 媒体发稿统计 ■ 检查酒店电子屏内容（1次/周）	◎ 次年全年推广方案初稿

25	26	27	28
■ 社交网站点评分数核查	◎ 查阅竞争酒店网络点评 ■ 检查酒店电子屏内容（1次/周）	● 酒店8月份月刊设计 ◎ 次年营销费用预算制订	◎ 月饼礼盒推广及宣传 ● 月度推广宣传数据提报

★ 企业责任　　■ 宾客体验　　■ 安全资产　　● 员工团队　　◎ 财务回报

05	06	07	08
查阅竞争酒店网络点评 检查酒店电子屏内容（1次/周）	◎ 七夕活动宣传 ■ 酒店7月份月刊设计签批	◎ 立秋海报发布 ◎ 七夕活动影像收集	◎ 发布区域姊妹酒店联合推文 ◎ 秋季活动推广 ● 8月份部门培训
13	**14**	**15**	**16**
中秋节客房推广方案提报	◎ 月饼礼盒推广及宣传	◎ 10月份婚礼秀活动方案提报	◎ 准备餐饮推广会议议题（2次/月）
21	**22**	**23**	**24**
会议、宴会场地宣传	◎ 发布处暑海报 ■ 查阅竞争酒店点评	◎ 制作餐饮推文	● 8月份部门培训
29	**30**	**31**	
8月份部门"金点子"落实	◎ 夏季双倍积分会务推广活动 ◎ 制作中秋节客房推文	直客通产品售卖分析	

9月 Sep.

01	02	03	04
◎ 直客通产品上线 ■ 书吧图书盘点	■ 查阅竞争酒店网络点评 ◎ 准备餐饮推广会议议题 （2次/月）	◎ 餐饮推广会议	● 酒店8月份月刊设计签批 ★ 跟进奖项参评

09	10	11	12
◎ 制作餐饮推文 ■ 查阅竞争酒店网络点评	◎ 教师节活动影像收集 ◎ 国庆节客房推广设计及执行	■ 次年台历设计定稿	◎ 酒店外景拍摄 ■ 检查酒店电子屏内容（1次/周）

17	18	19	20
◎ 餐饮推广会议 ◎ 确定10月份婚礼秀合同	◎ 制作国庆节客房推文	◎ 媒体发稿统计 ◎ 提交季度推广活动方案	◎ 酒店周年庆活动及推广方案策划初稿

25	26	27	28
◎ 国庆节活动推广策划	● 酒店9月份月刊设计 ● 9月份部门"金点子"落实	◎ 酒店周年庆活动及推广方案策划确定	● 月度推广宣传数据提报

★ 企业责任　■ 宾客体验　■ 安全资产　● 员工团队　◎ 财务回报

05	06	07	08
● 9月份部门"金点子"提报 ■ 检查酒店电子屏内容（1次/周）	● 9月份部门培训 ◎ 酒店周年庆活动及推广方案策划	◎ 制作中秋节推文	◎ 确定10月份婚礼秀活动

13	14	15	16
◎ 制作中秋节海报 ◎ 中秋节影像收集	■ 酒店餐饮月度菜品拍摄 ■ 次年礼品设计确认	■ 区域酒店联合推广 ■ 检查酒店电子屏内容（1次/周）	■ 查阅竞争酒店网络点评 ◎ 准备餐饮推广会议议题（2次/月）

21	22	23	24
■ 社交网站点评分数核查	■ 检查酒店电子屏内容（1次/周）	◎ 制作餐饮推文 ● 9月份部门培训	◎ 联络媒体宣传酒店国庆节活动 ◎ 10月份婚礼秀推广宣传

29	30		
■ 三季度礼品盘点 ■ 检查酒店电子屏内容（1次/周）	■ 查阅竞争酒店网络点评 ◎ 制作国庆节客房推文		

10月 Oct.

01	02	03	04
■ 发布国庆节海报	◎ 直客通产品上线	■ 书吧图书更新	■ 夜游黄河宣传

09	10	11	12
◎ 准备餐饮推广会议议题（2次/月） ● 酒店9月份月刊设计签批 ★ 跟进奖项参评	◎ 餐饮推广会议 ● 第四季度推广内容提交	◎ 双十一推广方案策划 ● 10月份部门培训	◎ 酒店餐饮月度菜品拍摄 ◎ 年会推广方案策划

17	18	19	20
◎ 次年广告预算确定 ◎ 制作婚礼秀推文	■ 直客通第四季度培训及沟通 ★ 酒店本年度重点工作整理	◎ 媒体发稿统计	■ 社交网站点评分数核查 ■ 检查酒店电子屏内容（1次/周）

25	26	27	28
● 酒店10月份月刊设计 ● 10月份部门培训	■ 年会开放日活动策划确定 ● 10月份部门"金点子"落实	■ 检查次年礼品打样	■ 查阅竞争酒店网络点评 ■ 检查酒店电子屏内容（1次/周）

★ 企业责任　■ 宾客体验　■ 安全资产　● 员工团队　◎ 财务回报

05	06	07	08
■ 查阅竞争酒店网络点评	■ 检查酒店电子屏内容（1次/周）	■ 重阳节海报宣传	■ 发布寒露海报 ● 10月份部门"金点子"提报

13	14	15	16
◎ 酒店外景拍摄	■ 查阅竞争酒店网络点评 ■ 检查酒店电子屏内容（1次/周）	■ 双十一推广方案提报 ◎ 制作餐饮推文 ■ 婚礼秀媒体邀请	◎ 次年全年推广方案确定 ■ 检查次年台历打样

21	22	23	24
◎ 万圣节+圣诞节客房推广方案提报	■ 查阅竞争酒店网络点评 ◎ 发布婚礼秀推文	● 准备餐饮推广会议议题（2次/月） ◎ 发布霜降海报	◎ 制作双十一方案推文 ● 餐饮推广会议

29	30	31	
◎ 制作餐饮推文	● 月度推广宣传数据提报	■ 次年台历到货	

11月 Nov.

01	02	03	04
◎ 酒店周年庆宣传 ◎ 直客通产品上线	◎ 准备餐饮推广会议议题（2次/月） ◎ 年会开放日活动举办	■ 书吧图书盘点 ■ 餐饮推广会议	■ 查阅竞争酒店网络点评 ■ 检查酒店电子屏内容（1次/周）

09	10	11	12
◎ 制作餐饮推文	■ 酒店餐饮月度菜品拍摄	■ 查阅竞争酒店网络点评	■ 检查酒店电子屏内容（1次/周） ■ 酒店外景拍摄

17	18	19	20
◎ 餐饮推广会议	■ 查阅竞争酒店网络点评 ■ 检查酒店电子屏内容（1次/周）	◎ 媒体发稿统计	◎ 年底答谢会/尾牙宴推文宣传

25	26	27	28
■ 查阅竞争酒店网络点评 ■ 检查酒店电子屏内容（1次/周）	◎ 酒店11月份月刊设计	◎ 月度推广宣传数据提报	◎ 11月份部门"金点子"落实 ◎ 年会推广

★ 企业责任　　■ 宾客体验　　■ 安全资产　　● 员工团队　　◎ 财务回报

05	06	07	08
◎ 年会推广方案确定 ● 11月份部门培训	★ 跟进奖项参评 ● 酒店10月份月刊设计签批	◎ 双十一宣传 ● 11月份部门"金点子"提报 ◎ 发布立冬海报	◎ 冬季活动推广 ■ 全年图片整理

13	14	15	16
● 全年亮点工作总结	◎ 年会推广 ◎ 年度酒店宣传视频制作	● 双十二活动策划提报 ● 跨年、元旦客房推广提报	◎ 准备餐饮推广会议议题（2次/月）

21	22	23	24
■ 社交网站点评分数检查	◎ 发布小雪海报	◎ 制作餐饮推文	● 11月份部门培训

29	30		
◎ 制作感恩节餐饮推文	● 直客通产品售卖分析		

12月 Dec.

01	02	03	04
● 部门年度经营研讨会	◎ 准备餐饮推广会议议题（2次/月）	◎ 餐饮推广会议 ◎ 双十二推广	■ 检查酒店电子屏内容（1次/周）

09	10	11	12
■ 查阅竞争酒店网络点评 ◎ 制作餐饮推文	◎ 双十二推广 ■ 检查酒店电子屏内容（1次/周）	★ 跟进奖项参评	◎ 年会推广

17	18	19	20
◎ 餐饮推广会议 ■ 检查酒店电子屏内容（1次/周）	★ 客户答谢活动媒体邀请	◎ 媒体发稿统计 ★ 年度奖项总结 ◎ 年度合同续签完毕	◎ 提交季度推广活动方案

25	26	27	28
★ 年度总结报告 ● 12月份部门"金点子"落实	● 酒店12月份月刊设计 ● 月度推广宣传数据提报	★ 客户答谢活动	★ 客户答谢活动推文

★ 企业责任　■ 宾客体验　■ 安全资产　● 员工团队　◎ 财务回报

05	06	07	08
● 续签年度合同 ■ 酒店11月份月刊设计签批	★ 制订次年工作任务表 ● 12月份部门培训 ● 12月份部门"金点子"提报	◎ 发布大寒海报	● 开展年度部门员工年度评选工作

13	14	15	16
★ 周年庆活动内部沟通	■ 书吧全年盘点 ■ 酒店外景拍摄	● 准备年度审核资料	■ 查阅竞争酒店网络点评 ◎ 准备餐饮推广会议议题（2次/月）

21	22	23	24
◎ 发布冬至海报 ■ 准备地方两会物料	■ 书吧全年图书更换 ◎ 四季度礼品盘点	◎ 制作餐饮推文 ■ 检查酒店电子屏内容（1次/周）	◎ 制作跨年活动推文 ● 12月份部门培训

29	30	31	
■ 直客通全年产品分析	★ 酒店店庆	◎ 跨年活动推广	

第九章　财务部365天可视化工作管理实务

一、职责概述

财务部是酒店经营管理工作的参谋和管家，在酒店经营活动中负责收集、加工、整理、储存信息资料及输出高质量的财务信息等，并依据财务信息对酒店的经营业务活动进行监督、控制和管理。主要承担酒店各项经济指标的预算、财务收支的核算；负责成本的控制、稽核酒店各类营业收入和支出、制订各类价格并负责实施，有效控制资金的使用等，并为酒店领导正确决策提供真实数据和信息资料，确保酒店资产保值、增值，达到提高酒店经济效益的目的。财务部包含财务部总监、总会计师、审计、成本控制经理、采购部经理、信贷部经理、信息技术部经理。

二、主要工作职责

严格执行国家的财政、税务法规，建立健全酒店各项财务管理制度和规定，并实施财务监督和检查；编制酒店财务计划并对执行情况进行监督；对酒店经济业务进行会计核算，编制会计报表；做好纳税申报、筹划、管理和风险防控工作；建立有效的物资采购与保管制度，控制酒店采购、验收和仓库物流的管理，定期盘点并核定消耗指标，提高物资利用率；负责酒店固定资产、低值易耗品、物料用品等财产的使用、保管和资产清查工作；负责财务会计档案管理工作，收集、保存各种与本行业有关的经济法规、文件和本酒店财务经营的资料、报表账册、凭证、报告、总结等。

三、组织架构

财务部常见组织架构见图9-1。

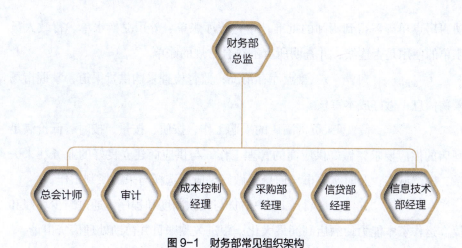

图 9-1　财务部常见组织架构

四、工作细则

（1）**财务部总监**　全面负责酒店财务工作，包括制订经营预算、控制财务收支、控制固定资产购置及大额资金支出、库存与资产管理盘点、组织编辑和审核各项财务报表、健全酒店财务管理制度、负责财务人员工作督导与培训等。

（2）**总会计师**　执行专业的财务职责，管理酒店的支出、收入、资产和债务，以确保公司的资产安全处于集中控制的环境；管理会计人员；每天审查并更正收入账目；编制月度对账单，进行相应的账目调整；控制资产负债表的所有科目；做好酒店住宿预付款项的控制工作，监控酒店的现金及投资分析，研究出纳的账目出入，编制诸如周转金及换置备用金等银行往来调节表；审查月度存货应付账款对账单；审查采购应付账目；审查旅行社提成支付款项；保管换置备用金的现金账目；审查不同来源的账目将其录入总账。

（3）**审计**　确保营业收入每天被记录并报告，执行与收入程序相关的管理制度。所有房费计入客账并确保正确；取保所有餐厅和其他营业点收入与酒店财产管理系统一致；不定期审查备用金；审核免费房和内部用房的附件是否齐全，同时核对房价的变动；审核所有餐厅的账单，对于列入报告的被取消账单，要得到餐厅经理批准，并有合理的解释，对于取消的点菜单、自动厨房点单等需得到厨师的批准；审查餐厅账单、外币兑换水单、行政人员账单的使用是否连续，并查明所有不符合常规的账单。

（4）成本控制经理　盘点库存情况；监督检查采购供货渠道，掌握市场采购信息；做好成本审核。

（5）采购部经理　负责酒店的采购工作，按质、按量、按时、低价满足酒店的供应要求；做好供应商的管理工作，与供应商建立良好的业务往来关系，廉洁诚实；及时掌握市场信息，做好供应商选择与采购谈判工作。

（6）信贷部经理　执行和维护信贷与收款制度和程序，通过减少坏账和提高运作资本能力使酒店利润最大化；跟进欠款账目并协助处理信贷申请。

（7）信息技术部经理　确保酒店的电脑系统运行正常，保障系统安全，计算机硬件保养良好，系统利用率最大化，用以提高酒店的效率和增加利润；坚持符合网络安全的规范和要求。

五、专业术语

（1）酒店固定资产　酒店固定资产是指在酒店中使用期限超过一年的房屋、建筑物、机械、机器、运输工具及其他与生产、经营有关的设备、器具、工具等。不属于生产经营主要设备的物品，单位价值在 2 000 元以上，并且使用年限超过两年的，也应当作为固定资产。

（2）酒店低值易耗品　酒店低值易耗品是指不作为固定资产的且能多次使用而保持实物形态的物品资料，包括客房耗品、餐具、工器具、办公用品、厨房用具、布草类、清洁消毒工具等。

（3）应收账款　即把一定时期内发生的全部应收账款在对账的基础上，按规定的方法进行汇总小结，计算并记录本期发生额和期末余额，与应付账款相对应。

（4）坏账　酒店由于消费人员或单位破产、倒闭造成应收账款长期催收，确实不能收回的账款，因为客户失踪不能收回的欠款，两年以上的拖欠款，且对方无意付款而造成收款难以实现的账款，统称为坏账。

（5）询价采购　询价采购是指采购人向有关供应商发出询价单让其报价，在报价基础上进行比较并确定最优供应商的一种采购方式。采购的货物规格标准统一、现货货源充足且价格变化幅度小的政府采购项目，可以采用询价方式采购。

六、关键指标

（1）拟定酒店财务预算及收支计划、信贷计划工作　拟定工作的评判标准是拟定及时、合理、详细、有据可依并具有可操作性。

（2）内控管理　会计工作、税务缴纳符合相关政策、法律法规要求，保证财务报表真实性；资产购置及费用支出遵守财务预算并保证流程合规。

（3）应缴税款审核，完成税务策划工作　酒店应缴税款审核及时、准确、无差错；全面深入地了解有关税务知识；合理准确地利用有关条款，完成税务工作。

（4）财务制度编制　主持财务报表及财务预决算的编制工作，为公司决策提供及时有效的财务分析，保证财务信息对外披露的正常进行，有效地监督检查财务制度、预算的执行情况，适当及时地调整。

（5）资金风险控制　比较精确地监控和预测现金流量，确定和监控公司负债和资本的合理结构，统筹管理和运作公司资金并对其进行有效的风险控制。

七、365天可视化工作管理日历

1月 Jan.

01
- ◎ 月度财务结账（各岗位）
- ◎ 编制月度财务报表⊖
- ◎ 编制上月下旬经营指标报表

02
- ◎ 各营业网点发票开具系统数据抄报
- ◎ 编制月度 NC 财务报表⊜

03
- ◎ 月结损益报表审核、用户权限审核

04
- ■ 第三方订房中心佣金核对并发送挂账客户催款函
- ■ 应收账对账，发送客户催款函

09
- ◎ 编制月度客户退款申请统计表
- ◎ 月度每日采购物品定价

10
- ◎ 月度增值税及附加税纳税申报
- ◎ 提交本月第一次滚动预测经营数据

11
- ◎ 月度蔬菜、水果、肉类市场调查
- ◎ 编制本月上旬经营指标报表

12
- ◎ 月度蔬菜、水果、肉类议价谈判并定价
- ◎ 厨房后区食品浪费检查

17
- ■ 月度检查自助餐出品并核算每餐食品成本

18
- ◎ 月度信贷协议公司对账并开具发票
- ◎ 审核清欠酒店临时挂账（1次/周）

19
- ◎ 月度各收银点内控现金测试编制报告
- ◎ 月度信贷会并跟进应收账款清欠

20
- ● 月度库房规范管理检查

25
- ◎ 跟进信贷协议公司付款进度
- ★ 学习廉政教育警示片
- ◎ 编制月度会计科目备查明细账册
- ◎ 预测本月经营数据指标

26
- ◎ 编制资金计划报表

27
- ★ 发送酒店合同及证照到期清单（1次/月）

28
- ◎ 厨房和餐厅库房月度盘点
- ● 将酒店前台、人力资源、财务管理系统中的数据备份磁带放入银行托管箱

⊖ 月度财务报表报送对象为酒店管理集团。
⊜ NC 财务报表报送对象为业主公司。

★ 企业责任　■ 宾客体验　■ 安全资产　● 员工团队　◎ 财务回报

05
★ 组织酒店签订年度廉洁从业责任书
◎ 预测本月经营数据指标

06
■ 月度上旬成本（冷冻食品化冰率）检查
◎ 编制月度成本分析报表

07
◎ 审核清欠酒店临时挂账（1次/周）
◎ 银行刷卡POS账户明细核对（1次/周）

08
◎ 月度核对财务系统和前台管理OPERA系统的经营数据

13
◎ 核对挂账客户明细

14
◎ 银行刷卡POS账户明细核对（1次/周）
◎ 审核清欠酒店临时挂账（1次/周）

15
■ 月度采购物资跟进会
● IT经理月度电话会议
■ 检查酒店管理系统、服务器环境、无线设备及网络设备

16
■ 月度中旬成本（冷冻食品化冰率）检查
◎ 预测本月经营数据指标

21
◎ 银行刷卡POS账户明细核对（1次/周）
◎ 编制本月中旬经营指标报表

22
◎ 月度审核酒店销售提成
◎ 月度应付账款对账
◎ 月度备用金盘点

23
★ 月度下旬成本（冷冻食品化冰率）检查
◎ 编制月度工资报表

24
★ 审核清欠酒店临时挂账（1次/周）
■ 厨房后区食品浪费检查

29
★ 月度杀毒软件部署率检查
★ 月度计算机系统风险管理报表审核
■ 检查酒店管理系统、服务器环境、无线设备及网络设备

30
◎ 月度增值税专用发票进项税认证
◎ 银行刷卡POS账户明细核对（1次/周）
◎ 核对POS机刷卡手续费明细表

31
★ 月度新增供应商资质审核并存档
★ 月度成本、费用结算

2月 Feb.

01	02	03	04
◎ 月度财务结账（各岗位） ◎ 编制月度财务报表 ◎ 编制上月下旬经营指标报表	◎ 商业综合责任险计划购买申请 ◎ 编制月度NC财务报表	★ 月结损益报表审核、用户权限审核 ● 员工之家数据分享	◎ 发票抄报及编制数据报表 ◎ 审核清欠酒店临时挂账（1次/周）

09	10	11	12
◎ 审核清欠酒店临时挂账（1次/周） ◎ 编制月度成本分析报表	◎ 月度增值税及附加税纳税申报 ■ 厨房后区食品浪费检查 ◎ 应收账对账，发送客户催款函	◎ 跟进信贷协议公司付款进度、并发送催款函 ◎ 核对供应商和合作单位销售数据 ◎ 编制本月上旬经营指标报表	◎ 编制月度客户退款申请统计表 ■ 月度蔬菜、水果、肉类市场调查 ◎ 月度信贷会并跟进应收账款清欠

17	18	19	20
◎ 月度各收银点内控现金测试编制报告	■ 月度库房规范管理检查 ★ 学习廉政教育警示片 ◎ 召开月度采购计划会	★ 发送酒店合同及证照到期清单（1次/月） ◎ 月度信贷协议公司对账并开具发票	■ 月度中旬成本（冷冻食品化冰率）检查

25	26	27	28
★ 用户权限报表审核 ★ 月度杀毒软件部署率检查 ★ 月度计算机系统风险管理报表审核 ◎ 预测本月经营数据指标	◎ 审核清欠酒店临时挂账（1次/周） ★ 将酒店前台、人力资源、财务管理系统中的数据备份磁带放入银行托管箱	◎ 月度增值税专用发票进项税认证 ■ 检查酒店管理系统、服务器环境、无线设备及网络设备 ◎ 核对POS机刷卡手续费明细表	◎ 月度采购成本、费用报销结算 ★ 月度新增供应商资质审核并存档 ◎ 银行刷卡POS账户明细核对（1次/周）

第九章 财务部 365 天可视化工作管理实务

★ 企业责任　■ 宾客体验　■ 安全资产　● 员工团队　◎ 财务回报

05
- 月度上旬成本（冷冻食品化冰率）检查
- 编制成本月度分析报表
- 预测本月经营数据指标

06
- 第三方订房中心佣金核对并发送挂账客户催款函

07
- ◎ 月度每日采购物品定价
- ◎ 银行刷卡 POS 账户明细核对（1 次/周）

08
- ◎ 月度核对财务系统和前台管理 OPERA 系统的经营数据

13
- ◎ 月度蔬菜、水果、肉类议价谈判并定价
- ● 召开月度采购物资跟进会

14
- 月度检查自助餐出品并核算每餐食品成本
- ◎ 月度各营业点开单测试并出具测试报告
- ◎ 银行刷卡 POS 账户明细核对（1 次/周）

15
- ■ 检查酒店管理系统、服务器环境、无线设备及网络设备
- ◎ IT 经理月度电话会议
- ◎ 编制月度会计科目备查明细账册
- ◎ 预测本月经营数据指标

16
- ◎ 备用金盘点
- ◎ 审核清欠酒店临时挂账（1 次/周）

21
- ◎ 月度审核酒店销售提成
- ■ 厨房后区食品浪费检查
- ◎ 编制本月中旬经营指标报表
- ◎ 银行刷卡 POS 账户明细核对（1 次/周）

22
- ◎ 编制月度工资报表
- ■ 月度下旬成本（冷冻食品化冰率）检查

23
- ◎ 编制资金计划报表

24
- ■ 厨房和餐厅库房月度盘点
- ◎ 跟进信贷协议公司付款进度并发送催款函

3月 Mar.

01
- ◎ 月度财务结账（各岗位）
- ◎ 编制月度财务报表
- ◎ 编制上月下旬经营指标报表

02
- ◎ 发票的控制及发票报税表的统计
- ◎ 编制月度 NC 财务报表
- ★ 固定资产零购采购询价
- ● 员工之家数据分享

03
- ◎ 编制月度成本分析报表
- ★ 月度损益报表审核、用户权限审核

04
- ■ 低值易耗品报废申请（1次/半年）
- ■ 第一季度低值易耗品盘点

09
- ★ 数据库维护及密码更改
- ◎ 编制月度客户退款申请统计表

10
- ◎ 月度增值税及附加税纳税申报
- ◎ 月度每日采购物品定价

11
- ◎ 编制本月上旬经营指标报表

12
- ◎ 审核清欠酒店临时挂账（1次/周）
- ■ 月度蔬菜、水果、肉类市场调查

17
- ◎ 月度各收银点内控现金测试编制报告

18
- ● 月度库房规范管理检查
- ■ 召开月度采购计划会

19
- ◎ 月度各营业点开单测试并出具测试报告
- ◎ 审核清欠酒店临时挂账（1次/周）

20
- ■ 月度中旬成本（冷冻食品化冰率）检查
- ◎ 检查餐饮系统菜品销售价格是否与菜单价格一致

25
- ◎ 厨房和餐厅库房月度盘点
- ◎ 预测本月经营数据指标
- ★ 将酒店前台、人力资源、财务管理系统中的数据备份磁带放入银行托管箱

26
- ◎ 下一季度中西餐原料、海鲜冻品市场调查

27
- ■ 检查酒店管理系统、服务器环境、无线设备及网络设备
- ◎ 下一季度中西餐原料、海鲜冻品议价谈判并定价

28
- ★ 月度新增供应商资质审核并存档
- ◎ 月度增值税专用发票进项税认证
- ■ 月度下旬成本（冷冻食品化冰率）检查

第九章 财务部 365 天可视化工作管理实务

★ 企业责任　▇ 宾客体验　▇ 安全资产　● 员工团队　◎ 财务回报

05	06	07	08
◎ 跟进信贷协议公司付款进度、并发送催款函 ◎ 预测本月经营数据指标	◎ 核对旅行社佣金 ◎ 审核清欠酒店临时挂账（1次/周） ▇ 第三方订房中心佣金核对并发送挂账客户催款函	◎ 月度核对财务系统和前台管理 OPERA 系统的经营数据 ◎ 银行刷卡 POS 账户明细核对（1次/周）	◎ 应收账对账，发送客户催款函 ◎ 核对供应商和合作单位销售数据

13	14	15	16
▇ 厨房后区食品浪费检查 ◎ 月度蔬菜、水果、肉类议价谈判并定价	▇ 月度检查自助餐出品并核算每餐食品成本 ◎ 月度信贷协议公司对账并开具发票 ◎ 银行刷卡 POS 账户明细核对（1次/周）	◎ 召开月度采购物资跟进会 ● IT 经理月度电话会议 ◎ 预测本月经营数据指标 ▇ 检查酒店管理系统、服务器环境、无线设备及网络设备	◎ 编制月度会计科目备查明细账册 ◎ 核对酒水、香烟最低最高库存量是否合理

21	22	23	24
◎ 月度审核酒店销售提成 ★ 学习廉政教育警示片 ▇ 厨房后区食品浪费检查 ◎ 编制本月中旬经营指标报表 ◎ 银行刷卡 POS 账户明细核对（1次/周）	◎ 编制月度工资报表 ◎ 编制资金计划报表	◎ 备用金盘点 ★ 召开采购廉洁会议	★ 发送酒店合同及证照到期清单（1次/月） ◎ 审核清欠酒店临时挂账（1次/周）

29	30	31	
★ 用户权限报表审核 ★ 月度杀毒软件部署率检查 ▇ 月度计算机系统风险管理报表审核	★ 对食品供应商实地审核及食品卫生检查 ◎ 银行刷卡 POS 账户明细核对（1次/周）	◎ 月度采购成本、费用报销结算 ◎ 核对 POS 机刷卡手续费明细表	

4月 Apr.

01
- ◎ 月度财务结账（各岗位）
- ◎ 编制月度财务报表
- ◎ 编制上月下旬经营指标报表

02
- ◎ 发票的控制及发票报税表的统计
- ◎ 编制月度 NC 财务报表
- ● 员工之家数据分享

03
- ■ 月度上旬成本（冷冻食品化冰率）检查
- ◎ 月结损益报表审核、用户权限审核

04
- ◎ 第三方订房中心佣金核对发送挂账客户催款函
- ◎ IT 经理月度电话会议

09
- ◎ 跟进信贷协议公司付款进度、并发送催款函
- ◎ 核对供应商和合作单位销售数据

10
- ◎ 编制月度客户退款申请统计表
- ◎ 月度每日采购物品定价

11
- ◎ 月度各收银点内控现金测试编制报告
- ◎ 编制本月上旬经营指标报表

12
- ◎ 月度增值税及附加税纳税申报
- ★ 学习廉政教育警示片

17
- ■ 月度中旬成本（冷冻食品化冰率）检查

18
- ■ 月度检查自助餐出品并核算每餐食品成本

19
- ◎ 备用金盘点

20
- ◎ 月度各营业点开单测试并出具测试报告

25
- ■ 厨房后区食品浪费检查
- ◎ 预测本月经营数据指标

26
- ◎ 厨房和餐厅库房月度盘点
- ◎ 信贷协议公司跟进付款进度

27
- ■ 检查酒店管理系统、服务器环境、无线设备及网络设备

28
- ★ 月度杀毒软件部署率检查
- ★ 月度计算机系统风险管理报表审核

第九章　财务部 365 天可视化工作管理实务

★ 企业责任　■ 宾客体验　■ 安全资产　● 员工团队　◎ 财务回报

05	06	07	08
◎ 编制成本月度分析报表	◎ 预测本月经营数据指标	◎ 月度核对财务系统和前台管理 OPERA 系统的经营数据 ◎ 银行刷卡 POS 账户明细核对（1 次 / 周）	◎ 审核清欠酒店临时挂账（1 次 / 周） ◎ 应收账对账，发送客户催款函
13	**14**	**15**	**16**
■ 月度蔬菜、水果、肉类市场调查 ■ 编制月度会计科目备查明细账册	◎ 银行刷卡 POS 账户明细核对（1 次 / 周） ■ 检查酒店管理系统、服务器环境、无线设备及网络设备	◎ 召开月度采购物资跟进会 ◎ 月度蔬菜、水果、肉类议价谈判并定价 ◎ 预测本月经营数据指标 ◎ 审核清欠酒店临时挂账（1 次 / 周）	■ 月度信贷协议公司对账并开具发票
21	**22**	**23**	**24**
★ 发送酒店合同及证照到期清单（1 次 / 月） ◎ 编制本月中旬经营指标报表 ◎ 银行刷卡 POS 账户明细核对（1 次 / 周）	◎ 月度审核酒店销售提成 ● 月度库房规范管理检查 ◎ 审核清欠酒店临时挂账（1 次 / 周）	◎ 与餐厅对账 ◎ 编制月工资报表	■ 月度下旬成本（冷冻食品化冰率）检查 ◎ 编制资金计划报表
29	**30**		
★ 用户权限报表审核 ◎ 核对 POS 机刷卡手续费明细表 ★ 将酒店前台、人力资源、财务管理系统中的数据备份磁带放入银行托管箱 ◎ 审核清欠酒店临时挂账（1 次 / 周）	★ 月度新增供应商资质审核并存档 ◎ 月度增值税专用发票进项税认证 ◎ 银行刷卡 POS 账户明细核对（1 次 / 周） ◎ 月度采购成本、费用报销结算		

5月 May.

01	02	03	04
◎ 月度财务结账（各岗位） ◎ 编制月度财务报表 ◎ 编制上月下旬经营指标报表	◎ 发票的控制及发票报税表的统计 ◎ 编制月度 NC 财务报表 ● 员工之家数据分享	■ 月度上旬成本（冷冻食品化冰率）检查	◎ 月结损益报表审核、用户权限审核

09	10	11	12
◎ 核对供应商和合作单位销售数据 ◎ 应收账对账，发送客户催款函	◎ 编制月度客户退款申请统计表 ◎ 月度增值税及附加税纳税申报 ■ 审核清欠酒店临时挂账（1次/周）	◎ 商业综合责任险合同签订计划 ◎ 编制本月上旬经营指标报表	◎ 月度核对财务系统和前台管理 OPERA 系统的经营数据 ■ 月度蔬菜、水果、肉类市场调查

17	18	19	20
★ IT 经理月度电话会议	◎ 月度各收银点内控现金测试编制报告 ◎ 审核清欠酒店临时挂账（1次/周）	★ 发送酒店合同及证照到期清单（1次/月） ■ 月度下旬成本（冷冻食品化冰率）检查	● 月度库房规范管理检查 ■ 召开月度采购计划会

25	26	27	28
■ 检查酒店管理系统、服务器环境、无线设备及网络设备 ◎ 预测本月经营数据指标	◎ 厨房和餐厅库房月度盘点	◎ 月度增值税专用发票进项税认证	★ 将酒店前台、人力资源、财务管理系统中的数据备份磁带放入银行托管箱

★ 企业责任　◆ 宾客体验　■ 安全资产　● 员工团队　◎ 财务回报

05
- ◎ 编制成本月度分析报表
- ◎ 预测本月经营数据指标

06
- ■ 厨房后区食品浪费检查
- ◎ 审核清欠酒店临时挂账（1次/周）

07
- ◎ 第三方订房中心佣金核对并发送挂账客户催款函
- ★ 上半年固定资产盘点
- ◎ 银行刷卡POS账户明细核对（1次/周）

08
- ◎ 月度信贷协议公司对账并开具发票
- ◎ 月度每日采购物品定价

13
- ◎ 月度中旬成本（冷冻食品化冰率）检查

14
- ◎ 月度蔬菜、水果、肉类议价谈判并定价
- ◎ 银行刷卡POS账户明细核对（1次/周）

15
- ● 召开月度采购物资跟进会
- ◎ 月度各营业点开单测试并出具测试报告
- ◎ 预测本月经营数据指标
- ■ 检查酒店管理系统、服务器环境、无线设备及网络设备

16
- ◎ 月度检查自助餐出品并核算每餐食品成本
- ◎ 编制月度会计科目备查明细账册

21
- ◎ 备用金盘点
- ■ 厨房后区食品浪费检查
- ◎ 编制本月中旬经营指标报表
- ◎ 银行刷卡POS账户明细核对（1次/周）

22
- ◎ 信贷协议公司跟进付款进度

23
- ◎ 月度审核酒店销售提成
- ◎ 编制月度工资报表

24
- ◎ 编制资金计划报表
- ★ 学习廉政教育警示片
- ■ 审核清欠酒店临时挂账（1次/周）

29
- ◎ 用户权限报表审核与提交
- ■ 月度杀毒软件部署率检查和审核
- ■ 月度计算机系统风险管理报表审核

30
- ★ 月度新增供应商资质审核并存档
- ◎ 核对POS机刷卡手续费明细表
- ◎ 银行刷卡POS账户明细核对（1次/周）

31
- ◎ 月度采购成本、费用报销结算

6月 Jun.

01
- 月度财务结账（各岗位）
- 编制月度财务报表
- 编制上月下旬经营指标报表

02
- 发票的控制及发票报税表的统计
- 编制月度 NC 财务报表
- 员工之家数据分享

03
- 月度上旬成本（冷冻食品化冰率）检查
- 旅行社佣金、集团付款申请检查备份

04
- 审核清欠酒店临时挂账
- 月结损益报表审核、用户权限审核
- 第三方订房中心佣金核对并发送挂账客户催款函

09
- 月度核对财务系统和前台管理 OPERA 系统的经营数据
- 月度检查自助餐出品并核算每餐食品成本

10
- 厨房后区食品浪费检查
- 编制月度客户退款申请统计表
- 核对供应商和合作单位销售数据

11
- 第二季度低值易耗品盘点
- 半年度固定资产盘点
- 编制本月上旬经营指标报表

12
- 更改数据库密码
- 月度蔬菜、水果、肉类市场调查

17
- 召开月度采购物资跟进会
- IT 经理月度电话会议

18
- 审核清欠酒店临时挂账（1次/周）

19
- 月度中旬成本（冷冻食品化冰率）检查

20
- 检查餐饮系统菜品销售价格是否与菜单价格一致
- 厨房后区食品浪费检查

25
- 核对酒水、香烟最低、最高库存量是否合理
- 信贷协议公司跟进付款进度
- 检查酒店管理系统、服务器环境、无线设备及网络设备

26
- 月度下旬成本（冷冻食品化冰率）检查
- 用户权限报表审核
- 预测本月经营数据指标

27
- 供应商资质审核
- 月度增值税专用发票进项税认证
- 用户权限报表审核
- 将酒店前台、人力资源、财务管理系统中的数据备份磁带放入银行托管箱

28
- 月度杀毒软件部署率检查
- 月度计算机系统风险管理报表审核
- 召开采购廉洁会议

★ 企业责任　　● 宾客体验　　■ 安全资产　　● 员工团队　　◎ 财务回报

05
- 预测本月经营数据指标

06
- ◎ 编制成本月度分析报表
- ◎ 应收账对账，发送客户催款函
- ◎ 跟进信贷协议公司付款进度、并发送催款函

07
- ◎ 月度各收银点内控现金测试编制报告
- ◎ 月度每日采购物品定价
- ◎ 银行刷卡POS账户明细核对（1次/周）

08
- ◎ 审核清欠酒店临时挂账（1次/周）

13
- 月度蔬菜、水果、肉类议价谈判并定价

14
- ■ 检查酒店管理系统、服务器环境、无线设备及网络设备
- ◎ 月度信贷协议公司对账并开具发票
- ■ 月度库房规范管理检查
- ◎ 银行刷卡POS账户明细核对（1次/周）

15
- ◎ 月度增值税及附加税纳税申报
- ◎ 编制月度会计科目备查明细账册
- ◎ 预测本月经营数据指标

16
- ◎ 月度各营业点开单测试并出具测试报告

21
- ◎ 月度审核酒店销售提成
- ◎ 编制月度工资报表
- ◎ 编制本月中旬经营指标报表
- ◎ 银行刷卡POS账户明细核对（1次/周）

22
- ◎ 备用金盘点
- ★ 学习廉政教育警示片
- ◎ 编制资金计划报表

23
- ★ 发送酒店合同及证照到期清单（1次/月）
- ■ 审核清欠酒店临时挂账（1次/周）

24
- ◎ 厨房和餐厅库房月度盘点
- ★ 食品供应商实地审核

29
- ◎ 下一季度中西餐原料、海鲜冻品市场调查
- ◎ 核对POS机刷卡手续费明细表

30
- ◎ 下一季度中西餐原料、海鲜冻品议价谈判并定价
- ◎ 月度采购成本、费用报销结算
- ◎ 银行刷卡POS账户明细核对（1次/周）

7月 Jul.

01	02	03	04
◎ 月度财务结账（各岗位） ◎ 编制月度财务报表 ◎ 编制上月下旬经营指标报表	◎ 发票的控制及发票报税表的统计 ◎ 编制月度 NC 财务报表 ● 员工之家数据分享	■ 月度上旬成本（冷冻食品化冰率）检查	◎ 月结损益报表审核、用户权限审核 ◎ 第三方订房中心佣金核对并发送挂账客户催款函

09	10	11	12
◎ 月度增值税及附加税纳税申报	◎ 核对供应商和合作单位销售数据	◎ 月度信贷协议公司对账并开具发票 ◎ 编制本月上旬经营指标报表	◎ 月度核对财务系统和前台管理 OPERA 系统的经营数据

17	18	19	20
■ 月度中旬成本（冷冻食品化冰率）检查	◎ 月度检查自助餐出品并核算每餐食品成本 ◎ 月度各收银点内控现金测试编制报告	◎ 月度各营业点开单测试并出具测试报告 ■ 厨房后区食品浪费检查 ■ 召开月度采购计划会议	◎ 用户权限报表审核 ◎ 月度杀毒软件部署率检查 ◎ 月度计算机系统风险管理报表审核

25	26	27	28
◎ 厨房和餐厅库房月度盘点 ◎ 信贷协议公司跟进付款进度 ◎ 预测本月经营数据指标	■ 检查酒店管理系统、服务器环境、无线设备及网络设备	★ 将酒店前台、人力资源、账务管理系统中的数据备份磁带放入银行托管箱	◎ 审核清欠酒店临时挂账（1次/周）

★ 企业责任　■ 宾客体验　■ 安全资产　● 员工团队　◎ 财务回报

05
- 编制月度客户退款申请统计表
- 应收账款月结并提供明细账附件
- 预测本月经营数据指标

06
- ◎ 审核清欠酒店临时挂账（1次/周）

07
- ◎ 编制成本月度分析报表
- ◎ 月度每日采购物品定价
- ◎ 银行刷卡POS账户明细核对（1次/周）

08
- ◎ 应收账对账，发送客户催款函

13
- 月度蔬菜、水果、肉类市场调查
- 学习廉政教育警示片

14
- ■ 月度蔬菜、水果、肉类议价谈判并定价
- ■ 编制月度会计科目备查明细账册
- ◎ 预测本月经营数据指标
- ◎ 银行刷卡POS账户明细核对（1次/周）

15
- 召开月度采购物资跟进会
- ◎ IT经理月度电话会议
- ■ 厨房后区食品浪费检查
- ■ 检查酒店管理系统、服务器环境、无线设备及网络设备

16
- ◎ 备用金盘点
- ◎ 旅行社佣金、集团付款申请

21
- 编制本月中旬经营指标报表
- 银行刷卡POS账户明细核对（1次/周）

22
- ■ 月度库房规范管理检查

23
- ◎ 月度审核酒店销售提成
- ◎ 编制月度工资报表

24
- ■ 月度下旬成本（冷冻食品化冰率）检查
- ◎ 编制资金计划报表
- ★ 发送酒店合同及证照到期清单（1次/月）

29
- 审核清欠酒店临时挂账（1次/周）
- 核对POS机刷卡手续费明细表

30
- ★ 月度增值税专用发票进项税认证
- ◎ 银行刷卡POS账户明细核对（1次/周）

31
- ◎ 月度采购成本、费用报销结算

8月 Aug.

01	02	03	04
◎ 月度财务结账（各岗位） ◎ 编制月度财务报表 ◎ 编制上月下旬经营指标报表	◎ 发票的控制及发票报税表的统计 ◎ 编制月度 NC 财务报表 ● 员工之家数据分享	◎ 月结损益报表审核、用户权限审核 ◎ 应收账款月结并提供明细账附件	◎ 审核清欠酒店临时挂账（1次/周）

09	10	11	12
◎ 月度增值税及附加税纳税申报 ◎ 月度每日采购物品定价	◎ 备用金盘点 ◎ 编制月度客户退款申请统计表	◎ 月度各收银点内控现金测试编制报告 ◎ 编制本月上旬经营指标报表	■ 厨房后区食品浪费检查

17	18	19	20
◎ 月度信贷协议公司对账并开具发票	◎ 月度各营业点开单测试并出具测试报告 ◎ 审核清欠酒店临时挂账（1次/周）	■ 月度库房规范管理检查	◎ 月度审核酒店销售提成

25	26	27	28
■ 检查酒店管理系统、服务器环境、无线设备及网络设备 ◎ 预测本月经营数据指标	◎ 厨房和餐厅库房月度盘点 ◎ 与餐厅对账	★ 将酒店前台、人力资源、财务管理系统中的数据备份磁带放入银行托管箱	■ 月度下旬成本（冷冻食品化冰率）检查

★ 企业责任　□ 宾客体验　■ 安全资产　◎ 员工团队　◎ 财务回报

05
- 月度上旬成本（冷冻食品化冰率）检查
- 编制成本月度分析报表
- 预测本月经营数据指标
- 第三方订房中心佣金核对并发送挂账客户催款函

06
◎ 月度核对财务系统和前台管理 OPERA 系统的经营数据

07
- ◎ 银行刷卡 POS 账户明细核对（1次/周）
- ◎ 旅行社佣金核对

08
- ◎ 核对供应商和合作单位销售数据
- ◎ 应收账对账，发送客户催款函

13
- 审核清欠酒店临时挂账（1次/周）
- 月度蔬菜、水果、肉类市场调查

14
- ■ 月度检查自助餐出品并核算每餐食品成本
- 召开月度采购物资跟进会
- ◎ 银行刷卡 POS 账户明细核对（1次/周）

15
- ■ 月度蔬菜、水果、肉类议价谈判并定价
- ◎ IT 经理月度电话会议
- ◎ 预测本月经营数据指标
- ■ 检查酒店管理系统、服务器环境、无线设备及网络设备

16
- ◎ 旅行社佣金、集团付款申请
- ■ 召开月度采购计划会

21
- 月度中旬成本（冷冻食品化冰率）检查
- 编制本月中旬经营指标报表
- 银行刷卡 POS 账户明细核对（1次/周）

22
- ◎ 用户权限报表审核
- ★ 月度杀毒软件部署率检查
- ★ 月度计算机系统风险管理报表审核

23
- ◎ 编制月度工资报表
- ◎ 核对上一季度的会员 TOP100 明细
- ◎ 编制资金计划报表

24
- ★ 发送酒店合同及证照到期清单（1次/月）
- ★ 学习廉政教育警示片
- ◎ 审核清欠酒店临时挂账（1次/周）

29
- 次年度的经营财务预算（初稿）
- ★ 月度新增供应商资质审核并存档
- 月度增值税专用发票进项税认证

30
- ◎ 月度采购成本、费用报销结算
- ◎ 银行刷卡 POS 账户明细核对（1次/周）
- ◎ 核对 POS 机刷卡手续费明细表

31
★ 次年大型、中型设备技术改造及维修计划

9月 Sep.

01
- ◎ 月度财务结账（各岗位）
- ◎ 编制月度财务报表
- ◎ 应收账款月结并提供明细账附件

02
- ◎ 发票的控制及发票报税表的统计
- ◎ 编制月度 NC 财务报表
- ■ 第三季度低值易耗品盘点

03
- ■ 月度上旬成本（冷冻食品化冰率）检查
- ◎ 编制成本月度分析报表
- ◎ 编制上月下旬经营指标报表

04
- ◎ 月结损益报表审核、用户权限审核
- ◎ 审核清欠酒店临时挂账（1次/周）

09
- ◎ 月度信贷协议公司对账并开具发票

10
- ◎ 备用金盘点
- ◎ 编制月度客户退款申请统计表
- ◎ 核对供应商和合作单位销售数据

11
- ■ 月度中旬成本（冷冻食品化冰率）检查
- ◎ 编制本月上旬经营指标报表

12
- ■ 月度检查自助餐出品并核算每餐食品成本

17
- ◎ 食品安全自查
- ◎ 协助各部门进行下一年度固定资产零购询价

18
- ◎ 召开月度采购计划会

19
- ■ 月度各营业点开单测试并出具测试报告

20
- ◎ 审核清欠酒店临时挂账（1次/周）

25
- ◎ 厨房和餐厅库房月度盘点
- ◎ 审核清欠酒店临时挂账（1次/周）
- ◎ 预测本月经营数据指标

26
- ★ 食品供应商实地审核
- ◎ 下一季度中西餐原料、海鲜冻品市场调查
- ◎ 信贷协议公司跟进付款进度

27
- ◎ 核对酒水、香烟最低最高库存量是否合理
- ★ 供应商资质审核
- ■ 检查酒店管理系统、服务器环境、无线设备及网络设备

28
- ◎ 月度增值税专用发票进项税认证
- ◎ 下一季度中西餐原料、海鲜冻品议价谈判并定价
- ★ 将酒店前台、人力资源、财务管理系统中的数据备份磁带放入银行托管箱

★ 企业责任　■ 宾客体验　■ 安全资产　● 员工团队　◎ 财务回报

05
- ◎ 跟进信贷协议公司付款进度
- ◎ 预测本月经营数据指标
- ■ 第三方订房中心佣金核对并发送挂账客户催款函

06
- ◎ 月度核对财务系统和前台管理 OPERA 系统的经营数据
- ◎ 旅行社佣金核对、发送催款函

07
- ★ 雇主责任险及现金险备忘录申请计划
- ◎ 应收账对账，发送客户催款函
- ● 员工之家数据分享
- ◎ 银行刷卡 POS 账户明细核对（1次/周）

08
- ★ IT 即将到期合同的准备（互联网专线合同、计费系统合同、酒店后台合同申请流程的准备）
- ◎ 月度每日采购物品定价

13
- ◎ 月度蔬菜、水果、肉类市场调查
- ◎ 审核清欠酒店临时挂账（1次/周）
- ■ 月度各收银点内控现金测试编制报告

14
- ◎ 月度蔬菜、水果、肉类议价谈判并定价
- ◎ 银行刷卡 POS 账户明细核对（1次/周）

15
- ◎ 月度增值税及附加税纳税申报
- ◎ 预测本月经营数据指标
- ■ 检查酒店管理系统、服务器环境、无线设备及网络设备

16
- ◎ 召开月度采购物资跟进会
- ◎ IT 经理月度电话会议
- ■ 月度库房规范管理检查

21
- ★ 月度新增供应商资质审核并存档
- ◎ 编制本月中旬经营指标报表
- ◎ 银行刷卡 POS 账户明细核对（1次/周）

22
- ★ 召开采购廉洁会议
- ★ 月度杀毒软件部署率检查

23
- ◎ 月度审核酒店销售提成
- ◎ 编制月度工资报表
- ◎ 编制资金计划报表

24
- ■ 月度下旬成本（冷冻食品化冰率）检查
- ■ 检查餐饮系统菜品销售价格是否与菜单价格一致
- ★ 月度计算机系统风险管理报表审核

29
- ★ 学习廉政教育警示片
- ★ 发送酒店合同及证照到期清单（1次/月）
- ◎ 核对 POS 机刷卡手续费明细表

30
- ◎ 用户权限报表审核
- ◎ 月度采购成本、费用报销结算
- ◎ 银行刷卡 POS 账户明细核对（1次/周）

10 月 Oct.

01
- ◎ 月度财务结账（各岗位）
- ◎ 编制月度财务报表
- ◎ 应收账款月结并提供明细账附件

02
- ◎ 发票的控制及发票报税表的统计
- ◎ 编制月度 NC 财务报表
- ● 员工之家数据分享

03
- ◎ 月结损益报表审核、用户权限审核
- ◎ 编制上月下旬经营指标报表

04
- ◎ 月度核对财务系统和前台管理 OPERA 系统的经营数据

09
- ◎ 应收账对账，发送客户催款函
- ■ 年度固定资产报废

10
- ◎ 核对供应商和合作单位销售数据

11
- ◎ 旅行社佣金核对、发送催款函
- ◎ 编制本月上旬经营指标报表

12
- ■ 月度蔬菜、水果、肉类市场调查
- ■ 月度增值税及附加税纳税申报

17
- ■ 月度检查自助餐出品并核算每餐食品成本
- ■ 月度各收银点内控现金测试编制报告
- ◎ 旅行社佣金、集团付款申请

18
- ◎ 月度信贷协议公司对账并开具发票

19
- ◎ IT 部门合同谈判准备

20
- ◎ 月度各营业点开单测试并出具测试报告

25
- ◎ 用户权限报表审核
- ◎ 预测本月经营数据指标
- ◎ 信贷协议公司跟进付款进度

26
- ★ 学习廉政教育警示片

27
- ★ 发送酒店合同及证照到期清单（1次/月）
- ◎ 审核清欠酒店临时挂账（1次/周）
- ■ 检查酒店管理系统、服务器环境、无线设备及网络设备

28
- ★ 将酒店前台、人力资源、财务管理系统中的数据备份磁带放入银行托管箱

★ 企业责任　　□ 宾客体验　　■ 安全资产　　● 员工团队　　◎ 财务回报

05
- ◎ 编制成本月度分析报表
- ◎ 编制月度客户退款申请统计表
- ■ 第三方订房中心佣金核对并发送挂账客户催款函

06
- ■ 检查酒店管理系统、服务器环境、无线设备及网络设备

07
- ◎ 备用金盘点
- ◎ 银行刷卡POS账户明细核对（1次/周）

08
- ■ 月度上旬成本（冷冻食品化冰率）检查
- ◎ 预测本月经营数据指标

13
- ■ 月度蔬菜、水果、肉类议价谈判并定价
- ◎ 审核清欠酒店临时挂账（1次/周）

14
- ◎ 月度信贷会并跟进应收账款清欠
- ◎ 银行刷卡POS账户明细核对（1次/周）

15
- ◎ 召开月度采购物资跟进会
- ◎ 月度每日采购物品定价
- ◎ IT经理月度电话会议

16
- ■ 月度中旬成本（冷冻食品化冰率）检查
- ◎ 预测本月经营数据指标
- ★ 发布次年供应商甄选公告

21
- ■ 月度库房规范管理检查
- ◎ 审核清欠酒店临时挂账（1次/周）
- ◎ 编制本月中旬经营指标报表
- ◎ 银行刷卡POS账户明细核对（1次/周）

22
- ◎ 编制月度工资报表
- ◎ 月度审核酒店销售提成

23
- ◎ 月度杀毒软件部署率检查

24
- ◎ 编制资金计划报表
- ◎ 厨房和餐厅库房月度盘点
- ■ 厨房后区食品浪费检查

29
- ◎ 月度增值税专用发票进项税认证
- ■ 次年经营财务预算（二稿）

30
- ■ 月度下旬成本（冷冻食品化冰率）检查
- ◎ 月度计算机系统风险管理报表审核
- ◎ 银行刷卡POS账户明细核对（1次/周）
- ◎ 核对POS机刷卡手续费明细表

31
- ★ 月度新增供应商资质审核并存档
- ◎ 月度采购成本、费用报销结算

11月 Nov.

01
◎ 月度财务结账（各岗位）
◎ 编制月度财务报表
◎ 应收账款月结并提供明细账附件

02
◎ 发票的控制及发票报税表的统计
● 员工之家数据分享
◎ 编制上月下旬经营指标报表

03
◎ 月结损益报表审核、用户权限审核
◎ 编制月度NC财务报表

04
◎ 月度上旬成本（冷冻食品化冰率）检查
◎ 编制成本月度分析报表
■ 酒店低值易耗品报废申请

09
◎ 月度增值税及附加税纳税申报
◎ 月度每日采购物品定价

10
★ 银行托管箱更换酒店前台、人资、财务管理系统数据备份磁带（1次/周）
■ 月度蔬菜、水果、肉类市场调查

11
★ 检查系统、服务器、无线设备及网络设备
■ 厨房后区食品浪费检查
◎ 编制本月上旬经营指标报表

12
◎ 审核清欠酒店临时挂账（1次/周）
◎ 月度各营业点开单测试并出具测试报告

17
■ 检查酒店管理系统、服务器环境、无线设备及网络设备

18
● 月度库房规范管理检查

19
◎ 备用金盘点
◎ 召开月度采购计划会

20
■ 月度中旬成本（冷冻食品化冰率）检查
◎ 确定年度备货情况及时间节点

25
◎ 厨房和餐厅库房月度盘点
◎ 预测本月经营数据指标

26
■ 月度下旬成本（冷冻食品化冰率）检查
◎ 预测本月经营数据指标

27
★ 用户权限报表审核
★ 月度杀毒软件部署率检查
◎ 月度增值税专用发票进项税认证

28
◎ 审核清欠酒店临时挂账（1次/周）
★ 月度计算机系统风险管理报表审核
■ 检查酒店管理系统、服务器环境、无线设备及网络设备

第九章 财务部365天可视化工作管理实务

★ 企业责任　■ 宾客体验　■ 安全资产　● 员工团队　◎ 财务回报

05	06	07	08
■ 固定资产盘点 ◎ 编制月度客户退款申请统计表 ◎ 预测本月经营数据指标 ■ 第三方订房中心佣金核对并发送挂账客户催款函	◎ 月度核对财务系统和前台管理OPERA系统的经营数据 ◎ 旅行社佣金核对 ◎ 审核清欠酒店临时挂账（1次/周）	◎ 银行刷卡POS账户明细核对（1次/周）	◎ 应收账对账，发送客户催款函 ◎ 月度信贷协议公司对账并开具发票 ◎ 核对供应商和合作单位销售数据

13	14	15	16
■ 月度蔬菜、水果、肉类议价谈判并定价	◎ 月度检查自助餐出品并核算每餐食品成本 ◎ 旅行社佣金、集团付款申请 ◎ 银行刷卡POS账户明细核对（1次/周）	■ 召开月度采购物资跟进会 ■ IT经理月度电话会议 ■ 年度供应商甄选表 ◎ 预测本月经营数据指标	◎ 月度各收银点内控现金测试编制报告 ◎ 审核清欠酒店临时挂账（1次/周）

21	22	23	24
◎ 编制月度工资报表 ■ 厨房后区食品浪费检查 ◎ 编制本月中旬经营指标报表 ◎ 银行刷卡POS账户明细核对（1次/周）	◎ 编制资金计划报表	◎ IT合同谈判合同审核和提交（计费系统合同、酒店后台系统合同、数字专线合同）	★ 发送酒店合同及证照到期清单（1次/月） ★ 学习廉政教育警示片

29	30		
◎ 信贷协议公司跟进付款进度 ★ 月度新增供应商资质审核并存档 ◎ 核对POS机刷卡手续费明细表	◎ 月度采购成本、费用报销结算 ◎ 银行刷卡POS账户明细核对（1次/周） ★ 将酒店前台、人力资源、财务管理系统中的数据备份磁带放入银行托管箱		

12月 Dec.

01
- ◎ 月度财务结账（各岗位）
- ◎ 编制月度财务报表
- ◎ 应收账款月结并提供明细账附件

02
- ◎ 发票的控制及发票报税表的统计
- ◎ 编制上月下旬经营指标报表
- ■ 第四季度低值易耗品盘点

03
- ◎ 编制成本月度分析报表
- ◎ 编制月度 NC 财务报表

04
- ◎ 月度核对财务系统和前台管理 OPERA 系统的经营数据
- ◎ 月结损益报表审核、用户权限审核
- ◎ 预测本月经营数据指标

09
- ◎ 审核清欠酒店临时挂账（1次/周）

10
- ◎ 编制月度客户退款申请统计表
- ◎ 核对供应商和合作单位销售数据

11
- ■ 月度上旬成本（冷冻食品化冰率）检查
- ◎ 编制本月上旬经营指标报表

12
- ■ 月度检查自助餐出品并核算每餐食品成本

17
- ◎ 月度信贷协议公司对账并开具发票

18
- ■ 月度中旬成本（冷冻食品化冰率）检查
- ■ 月度库房规范管理检查

19
- ■ 厨房后区食品浪费检查
- ◎ 审核清欠酒店临时挂账（1次/周）

20
- ◎ 月度各收银点内控现金测试编制报告

25
- ■ 月度下旬成本（冷冻食品化冰率）检查
- ★ 学习廉政教育警示片
- ◎ 跟进信贷协议公司付款进度
- ◎ 预测本月经营数据指标

26
- ■ 食品供应商实地审核
- ★ 发送酒店合同及证照到期清单（1次/月）

27
- ◎ 核对酒水、香烟最低最高库存量是否合理
- ★ 召开采购廉洁会议

28
- ◎ 次年一季度中西餐原料、海鲜冻品市场调查
- ◎ 审核清欠酒店临时挂账（1次/周）

★ 企业责任　■ 宾客体验　■ 安全资产　● 员工团队　◎ 财务回报

05	06	07	08
◎ 旅行社佣金核对、发送催款函 ● 员工之家数据分享 ◎ 第三方订房中心佣金核对并发送挂账客户催款函	◎ 编制月度成本分析报表 ◎ 应收账对账，发送客户催款函	★ 雇主责任险及现金险合同签订计划 ◎ 月度每日采购物品定价 ◎ 银行刷卡POS账户明细核对（1次/周）	■ 月度各营业点开单测试并出具测试报告

13	14	15	16
◎ 备用金盘点	■ 月度蔬菜、水果、肉类市场调查 ■ 月度增值税及附加税纳税申报 ◎ 银行刷卡POS账户明细核对（1次/周）	◎ 月度蔬菜、水果、肉类议价谈判并定价 ◎ 预测本月经营数据指标 ■ 检查酒店管理系统、服务器环境、无线设备及网络设备	◎ 召开月度采购物资跟进会 ★ IT经理月度电话会议

21	22	23	24
◎ 次年供应商现场甄选 ◎ 编制本月中旬经营指标报表 ◎ 银行刷卡POS账户明细核对（1次/周）	★ 用户权限报表审核 ★ 月度计算机系统风险管理报表审核 ★ 月度杀毒软件部署率检查	■ 检查餐饮系统菜品销售价格是否与菜单价格一致 ● 编制月度工资报表	■ 厨房和餐厅库房月度盘点 ◎ 月度审核酒店销售提成 ◎ 编制资金计划报表

29	30	31	
◎ 次年一季度中西餐原料、海鲜冻品议价谈判并定价 ■ 检查酒店管理系统、服务器环境、无线设备及网络设备 ◎ 核对POS机刷卡手续费明细表	■ 次年经营财务预算（终稿） ◎ 银行刷卡POS账户明细核对（1次/周） ★ 将酒店前台、人力资源、财务管理系统中的数据备份磁带放入银行托管箱	★ 月度新增供应商资质审核并存档 ◎ 年度采购成本、费用报销结算 ◎ 月度增值税专用发票进项税认证	

第十章　人力资源部 365 天可视化工作管理实务

一、职责概述

人力资源部负责酒店人力资源的招聘、录用、管理、开发和人力成本的控制、人员培训、考核、奖惩、任免、调配及薪酬管理、社会保险福利、更衣室管理、员工餐厅、宿舍等员工后勤服务工作，是保障酒店正常运营、选拔和培训合格人员的职能部门，为酒店实现既定的经营目标从数量和质量上提供组织和人力保证。包含人力资源部总监、培训经理、人事经理、员工餐厨师长。

二、主要工作职责

负责贯彻落实国家有关劳动人事、工资、社会保险等方面的方针政策和有关规定，并制订酒店相关的人力资源管理制度和工作流程；根据酒店经营需要，制订酒店人工成本预算，实现用工效率最大化；负责酒店员工绩效考核管理工作；核算员工工资，对各类工资相关资料进行存档；组织酒店员工团队建设活动，激励团队，提升员工满意度；建立并不断完善酒店培训体系，根据经营情况制订酒店培训计划和预算并组织实施；负责员工餐厅、宿舍、更衣室等后勤管理工作。

三、组织架构

人力资源部常见组织架构见图 10-1。

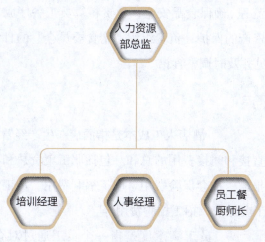

图 10-1 人力资源部常见组织架构

四、工作细则

（1）人力资源部总监 全面负责酒店的人事、劳资、质检、培训、活动组织等工作；根据酒店实际情况制订人力需求计划，根据工作需要和岗位需求合理调配员工，参与员工的调任、提升及任免安排；做好酒店人员编制、工资制订与调整、奖惩机制；根据国家有关人事劳保政策、法规掌握并执行酒店有关劳资、劳动保护、员工福利、奖惩等有关制度；督导酒店员工培训工作，监督劳动纪律。

（2）培训经理 负责监督酒店各部门员工服务质量、仪容仪表、礼貌礼节、劳动纪律、清洁卫生等规章制度的执行情况；负责培训计划的制订并组织实施；协调、检查、落实、考核各部门的培训工作；监督员工执行酒店各项规章制度，评核员工的工作态度与表现。

（3）人事经理 根据各部门人员编制，合理安排人员的调配、提升及任免工作；掌握各部门人员状况，及时招聘、补充所需人员；掌握并执行酒店人事劳资等相关制度；负责工资、奖金、补贴等造册、计算工作并保证按时发放；参与新员工培训授课工作。

（4）员工餐厨师长 负责员工餐厅人员的组织安排；编制每周员工餐厅食谱，做好员工膳食安排；监督员工厨房采购与物资领用工作；检查员工厨房各环节的操作流程，确保食品安全；负责核算员工餐厅成本，做好员工餐厅易耗品与固定资产的保护；负责组织"膳食委员会"的日常工作，收集、整理员工膳食意见并及时调整食谱。

五、专业术语

（1）**酒店人工成本** 酒店人工成本是指酒店在生产经营和提供劳务活动中所发生的各项直接和间接费用的总和。包括职工工资总和与生活成本、其他从业人员劳动报酬、社会保险费用、职工福利费用、员工培训教育费用、劳动保护费用、工会经费、招工招聘费用等。

（2）**员工满意度** 员工满意度是指一个员工通过对企业所感知的效果与他的期望值相比较后所形成的感觉状态，是员工对其需要已被满足程度的感受。通过员工满意度调查可以了解员工的详细情况，同时向员工传达企业的文化管理理念；另一方面，调查活动起到上下沟通的作用，从不同角度来审视企业的经营管理、组织状况和管理者情况等企业经营管理方面的状况，帮助企业了解现状，发现问题，进而为解决问题提供量化数据支撑。

（3）**用工形式** 包括非全日制用工、劳务派遣、退休返聘、实习、岗位外包、业务外包、合伙、自雇、平台用工等多种形式。

（4）**入职培训** 入职培训是培养员工更好地适应工作，提高工作技能的重要举措。通常在入职前一周或入职一周后完成，包括酒店公共信息、业主公司介绍、安全培训、岗位培训等。

（5）**绩效考核奖励机制** 酒店绩效考核奖励机制是为了将绩效管理与酒店发展战略紧密结合起来，充分调动各方面的积极性并加强员工责任感，形成科学合理、与薪酬挂钩的绩效管理机制，从而实现酒店的总体运营战略。

六、关键指标

（1）**人工成本节约率** 人工成本节约率＝［（人工成本预算－实际人工成本）/人工成本预算］×100%，是酒店节约人力成本的一项指标。

（2）培训计划完成率　培训计划完成率=（实际培训完成数/计划培训数）×100%。

（3）业绩考核有效性　业绩考核有效性是指酒店业绩考核工作在规定时间内按计划完成并保持公正有效。

（4）人事报表完成率　人力资源部按一定周期要做很多报表和数据分析，反映公司人力资源管理现状，提供给领导决策，此项考核可规定要做哪些报表，什么格式，什么时间出来。

（5）文化活动完成率　公司人力资源部需负责文化建设和管理，每月有活动计划，并定期开展且达到预期效果。

七、365天可视化工作管理日历

1月 Jan.

01	02	03	04
★2月份员工劳动合同到期审批 ★人力资源月报（含离职率分析）	★元旦法定假加班核算 ★统计上报上个月培训报告	●分析上年度12月份损益报表 ●新员工入职培训 ★上年度12月份外部帮工考勤核对	●上年度12月份优秀员工评选 ★预约春季招聘会 ■年会活动物品采购

09	10	11	12
●1月份实习生活动策划 ★招聘渠道信息更新 ■培训需求会诊工具分享	●酒店年会 ★上年度12月份损益报表 ●上年度12月份优秀宿舍评选	■宿舍安全检查 ★酒店离职率对比分析 ●绩效个人谈话 ●新员工入职培训	■员工餐厅食品卫生安全自查 ●新员工入职培训

17	18	19	20
●1月份员工生日会 ●汇总酒店2月份培训计划 ■更衣室检查	■年度培训计划 ★1月份员工医保卡办理	★绩效工资核算	★1月份考勤数据统计 ★1月份人力资源会议

25	26	27	28
★部门药品盘点 ★1月份新入职员工银行卡信息核对	★1月份外部帮工费用预估 ★院校拜访	★更新人才库信息	●1月份膳食委员会

第十章　人力资源部 365 天可视化工作管理实务

★ 企业责任　　□ 宾客体验　　■ 安全资产　　● 员工团队　　◎ 财务回报

05	06	07	08
个税专项附加扣除信息调整 月度培训员会议 1月份社保新增、停保业务	● 1月份员工生日会策划 ★ 1月份"金点子"收集	★ 退休基数、大病医疗调整 ★ 拟定春节放假安排文件	● 新入职员工沟通会 ★ 上年度12月份外部帮工费用申请结算

13	14	15	16
2月份员工试用期转正通知 2月份员工劳动合同到期续签 新员工入职培训	★ 1月份薪资变动信息汇总 ● 员工春节慰问金申请	★ 1月份公积金新增、封存业务	★ 春节法定假日加班预测 ★ 提交部门2月份采购计划

21	22	23	24
人事系统录入社保、公积金新增及停保信息 1月份总经理座谈会	■ 宿舍安全检查 ■ 客房部外包合同续签	★ 申请1月份社保费用 ■ 管事部外包合同续签	● 1月份实习生活动 ★ 宿舍水电气费用申报

29	30	31	
员工餐厅美食节 更新酒店产品知识手册	● 2月份公共培训、活动月历 ● 2月份线上课程推荐	★ 1月份加班/年假汇总、制订休假计划 ★ 更新员工后区信息	

2月 Feb.

01	02	03	04
★3月份员工劳动合同到期审批 ★1月份优秀员工评选 ★1月份离职率分析	★1月份外部帮工考勤核对 ★院校拜访 ●2月份员工生日会策划	★人力资源月报 ★2月份"金点子"收集	●2月份实习生活动策划 ●统计上报上个月培训报告

09	10	11	12
★宿舍水电气费用申报	■宿舍安全检查	■高管宿舍合同续签 ★春节法定假期加班核算 ●新员工入职培训	●月度培训员会议 ★2月份社保新增、停保业务 ●新员工入职培训

17	18	19	20
★提交部门3月份采购计划 ★更新酒店技能操作及政策 ●妇女节活动策划	★2月份员工医保卡办理 ●1月份优秀宿舍评选 ★2月份考勤数据统计	●2月份员工生日会 ■领导他人课程培训 ★更新员工后区信息	●2月份实习生活动 ★绩效工资核算 ■3月份线上课程推荐

25	26	27	28
●2月份总经理座谈会 ★酒店产品知识竞赛、服务技能大赛策划 ■员工餐厅食品卫生安全自查	★人事系统更新2月份个税专项扣除信息 ■宿舍安全检查 ●第一季度员工大会策划	●2月份外部帮工费用预估 ■3月份公共培训、活动月历 ●2月份膳食委员会	★2月份加班/年假汇总、制订休假计划 ■汇总2月份酒店培训报告 ★员工档案精细化管理

★ 企业责任　▢ 宾客体验　▪ 安全资产　▫ 员工团队　◎ 财务回报

05	**06**	**07**	**08**
▪ 男女更衣室设施检查、报修 ◎ 制订 KPO 绩效目标及岗位职责	▫ "最佳东方"招聘合同续签 ● 新入职员工沟通会	● 员工餐厅美食节	★ 3 月份员工试用期转正通知
13	**14**	**15**	**16**
◎ 1 月份损益报表 ▫ 新员工入职培训	★ 1 月份薪资变动信息汇总 ★ 1 月份外部帮工费用申请	★ 2 月份公积金新增、封存业务	▪ 更衣室检查 ★ 3 月份员工劳动合同到期续签
21	**22**	**23**	**24**
★ 人事系统录入社保、公积金新增及停保信息 ★ 申请 2 月份社保费用	▫ 真正的待客之道培训	★ 确定年度绩效目标 ● 妇女节员工活动宣传	★ 更新人才库信息 ★ 各部门确定个人发展计划人员名单

3月 Mar.

01	02	03	04
★人力资源月报 ★2月份离职率分析 ●2月份优秀员工评选	★管事部、客房部外包合同谈判 ★行为面试培训 ★统计上报上个月培训报告	★2月份损益报表 ★制订继任者岗位及人选	●4月份员工满意度调查名单上传 ★2月份外部帮工考勤核对

09	10	11	12
■宿舍安全检查 ★2月份外部帮工费用申请 ■梳理缺岗，参加招聘会	★员工满意度调查前期宣传 ★新入职员工沟通会 ★英语培训	★清明节法定假期加班费预测 ●新员工入职培训	★3月份薪资变动信息汇总 ■更衣室检查 ●2月份优秀宿舍评选 ●新员工入职培训

17	18	19	20
■员工餐厅食品卫生安全自查 ●3月份膳食委员会	★继任者计划启动会议 ★管事部、客房部外包合同签订	●准备酒店产品知识竞赛、服务技能大赛 ★第一季度真正待客之道服务之星评选	★绩效工资核算 ★制订继任者培训计划

25	26	27	28
●3月份总经理座谈会 ★启动第一季度绩效谈话 ■4月份线上课程推荐	★第一季度员工大会 ★人事系统更新3月份个税专项扣除信息 ■第一季度部门培训员评估	★各部门药箱药品更新 ★3月份外部帮工费用预估	★4月份公共培训、活动月历 ★第一季度招聘数据分析 ★宿舍水电气费用申报

★ 企业责任　　■ 宾客体验　　■ 安全资产　　■ 员工团队　　◎ 财务回报

05	06	07	08
★ 3月份社保新增、停保业务 ● 3月份员工生日会策划	★ 拟清明节放假安排文件 ★ 3月份"金点子"收集 ★ 院校拜访	★ 制订个人发展计划 ★ 4月份员工劳动合同到期审批	● 妇女节员工活动 ★ 4月份员工试用期转正通知

13	14	15	16
★ 3月份员工医保卡办理 ● 第一季度员工餐厅满意度调查 ★ 更新人才库信息 ● 新员工入职培训	● 月度培训员会议 ★ 更新酒店产品知识手册 ★ 提交部门4月份采购计划	★ 3月份公积金新增、封存业务 ■ 员工餐厅美食节	★ 4月份员工劳动合同到期续签 ★ 更新继任者计划人员信息

21	22	23	24
★ 3月份考勤数据统计 ★ 3月份人力资源会议 ● 人事系统录入社保、公积金新增及停保信息	● 3月份实习生活动 ■ 领导他人课程培训	★ 申请3月份社保费用 ■ 汇总酒店4月份培训计划	★ 拟定五一劳动节放假安排文件

29	30	31	
★ 3月份加班/年假汇总、制订休假计划 ★ 联系院校6~7月实习生	■ 更新员工后区信息 ● 3月份员工生日会	■ 更新各部门培训手册	

4月 Apr.

01
- ★ 人力资源月报
- ★ 3月份外部帮工考勤核对
- ★ 2月份离职率分析

02
- ● 启动员工满意度调查
- ● 统计上报上个月培训报告
- ★ 4月份"金点子"收集

03
- ● 3月份优秀员工评选
- ● 4月份实习生活动策划
- ● 趣味运动会策划

04
- ★ 3月份损益报表
- ■ 入职顾问培训

09
- ★ 4月份人力资源会议
- ★ 3月份外部帮工费用申请
- ★ 五一劳动节法定节假日加班费预测

10
- ● 新入职员工沟通会
- ★ 参加校园招聘会
- ■ 技能培训认证课程

11
- ● 合作院校实习生参观酒店
- ● 新员工入职培训

12
- ● 月度培训员会议
- ★ 5月份员工试用期转正通知
- ★ 宿舍水电气费用申报
- ● 新员工入职培训

17
- ● 员工满意度调查情况跟进
- ■ 更衣室检查
- ● 员工餐厅美食节

18
- ● 4月份膳食委员会
- ● 酒店产品知识竞赛、服务技能大赛

19
- ★ 参加人才招聘会
- ■ 高管宿舍合同续签
- ● 新员工入职培训

20
- ● 4月份实习生活动
- ★ 提交部门5月份采购计划
- ● 新员工入职培训

25
- ● 4月份员工生日会
- ★ 拜访院校联系实习生事宜
- ■ 汇总4月份酒店培训报告

26
- ★ 人事系统更新4月份个税专项扣除信息
- ● 趣味运动会
- ■ 5月份公共培训、活动月历

27
- ● 员工宿舍安全检查
- ■ 英语培训

28
- ★ 参加人才招聘会
- ★ 更新人才库信息

★ 企业责任　　■ 宾客体验　　■ 安全资产　　★ 员工团队　　◎ 财务回报

05	06	07	08
★ 5月份员工劳动合同到期审批	● 4月份员工生日会策划	■ 员工宿舍安全检查	★ 3月份社保新增、停保业务 ★ 签订继任者协议

13	14	15	16
■ 员工餐厅食品安全自查 ● 3月份优秀宿舍评选 ● 更新员工后区信息 ● 新员工入职培训	★ 5月份员工劳动合同到期续签 ★ 院校拜访	★ 4月份员工医保卡办理 ★ 4月份公积金新增、封存业务	★ 4月份薪资变动信息汇总 ■ 领导他人课程培训

21	22	23	24
★ 4月份考勤数据统计 ★ 绩效工资核算	★ 人事系统录入社保、公积金新增及停保信息 ■ 汇总酒店5月份培训计划	● 4月份总经理座谈会 ★ 申请4月份社保费用	■ 问题处理课程培训 ★ 继任者月度回顾

29	30		
★ 4月份外部帮工费用预估 ■ 5月份线上课程推荐	★ 更新酒店组织架构图 ★ 4月份加班/年假汇总、制订休假计划		

5月 May.

01	02	03	04
★人力资源月报	★5月份"金点子"收集	★本地市场薪资调查 ●新入职员工沟通会	★本地市场薪资调查 ★6月份员工劳动合同到期审批 ●统计上报上个月培训报告

09	10	11	12
●5月份实习生活动策划 ■员工宿舍安全检查 ●拟定拔河比赛方案	★4月份外部帮工费用申请 ●月度培训员会议 ●4月优秀宿舍评选 ●新员工入职培训	★外包合同谈判 ●新员工入职培训	★参加人才市场招聘会 ●新员工入职培训 ★6月份员工试用期转正通知

17	18	19	20
★参加人才市场招聘会 ■理论培训认证课程	★参加人才市场招聘会 ●员工餐厅美食节	●5月份总经理座谈会 ■更衣室检查 ●半年度部门培训员活动策划	●员工满意度调查行动计划上传 ★绩效工资核算 ★院校拜访，接洽实习生事宜

25	26	27	28
★更新酒店产品知识手册 ★人事系统更新5月份个税专项扣除信息	★更新员工后区信息 ■上半年固定资产盘点	●拔河比赛 ★参加人才招聘会	■工程部、客房部固定资产维护保养课程学习 ★更新人才库信息 ★参加人才招聘会

★ 企业责任　□ 宾客体验　■ 安全资产　● 员工团队　◎ 财务回报

05
- 4月份优秀员工评选
- 联系学校参加双选会
- 五一劳动节法定假期加班核算

06
- ★ 4月份离职率分析
- ★ 4月份外部帮工考勤核对

07
- ★ 4月损益报表
- ★ 6月员工劳动合同到期续签

08
- ★ 5月份社保新增、停保业务
- ★ 新员工入职沟通会
- ★ 拟定端午节放假安排文件

13
- 导出4月份员工心语调查结果报告
- 员工餐厅食品安全自查

14
- 分享员工心语调查结果
- ★ 5月份人力资源会议
- ★ 5月份薪资变动信息汇总

15
- ● 5月份医保卡办理
- ★ 提交部门6月份采购计划
- ● 5月份员工生日会

16
- ★ 5月份公积金新增、封存业务
- ● 5月份膳食委员会
- ● 员工满意度调查行动计划会议

21
- ◎ 5月份考勤数据统计
- 人事系统录入社保、公积金新增及停保信息
- 英语培训

22
- 汇总酒店6月份培训计划
- ■ 员工宿舍安全检查
- 领导他人课程培训

23
- ★ 申请5月份社保费用
- ● 5月份实习生活动
- ★ 宿舍水电气费用申报

24
- ★ "为你喝彩周"活动策划
- 上报薪酬调查报告

29
- 员工餐厅排风管道清理打扫
- 确认大型活动志愿者用餐事宜

30
- 培训网络课程《真正待客之道服务技能》及《问题处理》
- ★ 5月份外部帮工费用预估
- 5月份公共培训、活动月历

31
- ★ 5月份加班/年假汇总、制订休假计划
- ● 5月份线上课程推荐

6月 Jun.

01
- ★ 人力资源月报参加人才市场招聘会
- ● 6月份实习生活动方案拟定
- ★ 7月份员工劳动合同到期审批

02
- ● 6月份生日会策划
- ★ 6月份"金点子"收集
- ★ 7月份员工试用期转正通知

03
- ● 统计上报上个月培训报告
- ★ 5月份离职率分析
- ★ 6月份社保新增、停保业务

04
- ★ 5月份损益报表
- ● 5月份优秀员工评选

09
- ● 第二季度员工餐厅满意度调查
- ★ 5月份外部帮工费用申请

10
- ■ 新员工入职培训
- ● 5月份优秀宿舍评选
- ★ 人力资源月报

11
- ★ 参加校园招聘会
- ★ 端午节法定节假日加班费用核算
- ● 新员工入职培训

12
- ● 6月份员工生日会
- ● 新员工入职培训

17
- ★ 6月份人力资源会议
- ★ 6月份薪资变动信息汇总
- ● 6月份实习生活动

18
- ■ 更衣室检查
- ★ 提交部门7月份采购计划

19
- ● 6月份总经理座谈会

20
- ★ 绩效工资核算
- ■ 保安部安全生产培训
- ★ 参加校园招聘会

25
- ● "为你喝彩周"活动一
- ★ 参加校园招聘会
- ★ 人事系统更新6月份个税专项扣除信息

26
- ● "为你喝彩周"活动二
- ■ 员工餐厅美食节
- ★ 第二季度真正待客之道服务之星评选

27
- ● "为你喝彩周"活动三
- ★ 6月份帮工预估费用
- ● 更新人才库信息

28
- ● "为你喝彩周"活动四
- ★ 第二季度招聘数据分析

★ 企业责任　■ 宾客体验　■ 安全资产　● 员工团队　◎ 财务回报

05
- ★ 5月份外部帮工考勤核对
- ● 新入职员工沟通会

06
- ● 第二季度员工大会策划

07
- ■ 员工宿舍安全检查

08
- ● "为你喝彩周"物资采购

13
- ★ 6月份医保卡办理
- ■ 员工餐厅食品安全自查
- ● 继任者计划回顾
- ● 新员工入职培训

14
- ■ 安全生产培训
- ● 6月份膳食委员会

15
- ★ 6月份公积金新增、封存业务
- ■ 第二季度部门培训员评估

16
- ● 半年度部门培训员活动
- ★ 宿舍水电气费用申报

21
- ★ 6月份考勤数据统计
- ★ 人事系统录入社保、公积金新增及停保信息

22
- ★ 参加人才招聘会
- ■ 汇总酒店7月份培训计划
- ■ 英语培训

23
- ■ 员工宿舍安全检查
- ● 领导他人课程培训

24
- ● "为你喝彩周"启动仪式
- ★ 申请6月份社保费用

29
- ● 7月份公共培训、活动月历
- ● 7月份线上课程推荐
- ● 第二季度员工大会
- ★ 6月份外部帮工费用预估
- ★ 参加人才招聘会

30
- ★ 参加人才招聘会
- ★ 6月份加班/年假汇总、制订休假计划
- ★ 更新员工后区信息

7月 Jul.

01	02	03	04
★ 人力资源月报 ★ 6月份离职率分析	★ 调整养老社保基数 ★ 6月份外部帮工考勤核对	■ 高管宿舍续签文件签订 ★ 签订社保基数调整确认函 ★ 7月份"金点子"收集	★ 6月份损益报表 ★ 7~8月工资滚动预测 ★ 接洽实习生事宜

09	10	11	12
● 员工活动策划 ● 6月份优秀宿舍评选	★ 7月份人力资源会议 ■ 新员工入职培训 ★ 启动第二季度绩效谈话	● 新员工入职培训 ■ 8月份员工劳动合同到期续签	● 新员工入职培训 ★ 8月份员工试用期转正通知

17	18	19	20
★ 绩效工资核算 ■ 更衣室检查	■ 跟进宿舍住房合同续签事宜 ● 举办员工活动	● 7月份实习生活动 ■ 问题处理课程培训	★ 宿舍水电气费用申报 ★ 申请7月份社保费用

25	26	27	28
★ 实习生欢迎仪式 ■ 真正的待客之道培训课程	● 7月份总经理座谈会	★ 参加人才招聘会	★ 更新酒店产品知识手册 ★ 参加人才招聘会

第十章　人力资源部365天可视化工作管理实务

★ 企业责任　■ 宾客体验　■ 安全资产　● 员工团队　◎ 财务回报

05	06	07	08
★ 7月份社保新增、停保业务 ★ 7月份膳食委员会 ★ 8月份员工劳动合同到期审批	★ 6月份外部帮工费用申请 ■ 员工宿舍安全检查 ★ 统计上报上个月培训报告	● 7月份实习生活动策划 ● 6月份优秀员工评选	● 新入职员工沟通会 ● 英语培训

13	14	15	16
■ 员工餐厅食品安全自查 ★ 新员工入职培训	★ 7月份薪资变动信息汇总	★ 7月份公积金新增、封存业务 ● 月度培训员会议	★ 7月份医保卡办理 ★ 申请7月员工社保费用付款 ★ 提交部门8月份采购计划

21	22	23	24
★ 7月份考勤数据统计 ● 7月份员工生日会	★ 人事系统录入社保、公积金新增及停保信息 ■ 领导他人课程培训毕业典礼	● 员工餐厅美食节	★ 联系合作院校沟通实习生事宜 ★ 人事系统更新7月份个税专项扣除信息

29	30	31	
★ 7月份外部帮工费用预估 ★ 更新人才库信息 ■ 更新酒店产品知识手册	■ 8月份公共培训、活动月历 ■ 8月份线上课程推荐	★ 7月份加班/年假汇总、制订休假计划 ★ 更新员工后区信息	

8月 Aug.

01	02	03	04
★7月份外部帮工考勤核对 ★人力资源月报 ★7月份离职率分析	★9月份员工劳动合同到期续签 ★8月份"金点子"收集	■宿舍物业合同续签 ■员工宿舍安全检查	★9月份招聘会预约 ★统计上报上个月培训报告 ●7月份优秀宿舍评选

09	10	11	12
★8月份人力资源会议 ■领导他人课程培训	★9月份员工试用期转正通知 ★9月份员工劳动合同到期续签 ●新入职员工沟通会	★院校拜访 ●新员工入职培训	★外部劳务合同续签 ★中秋节加班计划统计、费用预测 ●新员工入职培训

17	18	19	20
★提交部门9月份采购计划	■员工宿舍安全检查	★人事系统更新8月份个税专项扣除信息 ●员工活动	★绩效工资核算 ●8月份实习生活动 ★宿舍水电气费用申报

25	26	27	28
★更新人才库信息 ■英语培训	★劳务派遣公司合同续签 ■酒店律师合同续签 ★申请8月份社保费用	■员工餐厅食品安全自查	■新员工入职培训 ★8月份外部帮工费用预估

★ 企业责任　■ 宾客体验　■ 安全资产　● 员工团队　◎ 财务回报

05
- ● 7月份优秀员工评选
- ◎ 7月份损益报表

06
- ● 8月份社保新增、停保业务
- ★ 7月份外部帮工费用申请

07
- ★ 拟定中秋节放假安排文件
- ■ 真正的待客之道培训
- ● 院校拜访

08
- ● 8月份实习生活动策划
- ★ 8~9月工资滚动预测
- ★ 拟定"环球慈善月"活动方案

13
- ■ 酒店员工急救培训
- ● 入职顾问培训
- ● 新员工入职培训

14
- ★ 调整公积金基数
- ■ 酒店员工急救培训
- ● 8月份医保卡办理

15
- ★ 8月份公积金新增、封存业务
- ■ 更衣室检查
- ● 月度培训员会议

16
- ● 8月份薪资变动信息汇总
- ● 8月份膳食委员会

21
- ● 8月份考勤数据统计
- ■ 男女更衣柜卫生清洁
- ● 人事系统录入社保、公积金新增及停保信息

22
- ■ 拟定员工宿舍物业合同
- ● 技能认证培训

23
- ● 员工餐厅美食节
- ★ 人事系统更新8月份个税专项扣除信息

24
- ★ 参加人才招聘会
- ■ 劳务派遣公司合同谈判

29
- ● 8月份员工生日会
- ● 9月份线上课程推荐

30
- ● 8月份总经理座谈会
- ★ 8月份加班/年假汇总、制订休假计划

31
- ★ 更新员工后区信息
- ■ 9月份公共培训、活动月历

9月 Sep.

01
- 8月份外部帮工考勤核对

02
- 8月份优秀员工评选
- ★ 10月份员工劳动合同到期审批
- ★ 人力资源月报

03
- ★ 8月份损益报表
- ★ 拟定国庆节放假安排文件
- ★ 8月份离职率分析

04
- ★ 8月份外部帮工费用申请
- ★ 统计上报上个月培训报告
- 第三季度员工大会策划

09
- 新入职员工沟通会
- ★ 9月份人力资源会议

10
- 月度培训员会议
- 9月份实习生活动
- 8月份优秀宿舍评选

11
- "环球慈善月"活动一
- ■ 更衣室检查
- ★ 10月份员工试用期转正通知
- 新员工入职培训

12
- 9月份医保卡办理
- ★ 10月份员工劳动合同到期续签
- 新员工入职培训

17
- "环球慈善月"活动二
- ★ 中秋节法定假日加班费用核算
- ■ 真正的待客之道培训

18
- 9月份总经理座谈会
- ★ 提交部门10月份采购计划
- ★ 更新人才库信息

19
- 10月份员工满意度调查宣传
- ■ 新员工入职培训
- ★ 预估9月份外部帮工费用

20
- 9月份膳食委员会
- ■ 员工餐厅食品安全自查

25
- 9月份员工生日会
- ■ 导师带徒计划师徒合同续签
- ★ 宿舍水电气费用申报

26
- 员工餐厅国庆节装饰美化
- 第三季度员工大会
- ★ 启动第三季度绩效谈话

27
- 10月份员工满意度调查名单上传
- 员工餐厅美食节
- 第三季度真正待客之道服务之星评选

28
- ★ 参加迎国庆人才招聘会
- ★ 申请9月份社保费用

★ 企业责任　■ 宾客体验　■ 安全资产　● 员工团队　◎ 财务回报

05	06	07	08
★ 国庆节计划加班统计、费用预算 ◎ 9~10月工资滚动预测 ● 9月份社保新增、停保业务	★ "环球慈善月"义卖活动 ■ 行为面试培训	★ 9月份"金点子"收集	■ 员工宿舍安全检查

13	14	15	16
● 院校拜访 ● 新员工入职培训	■ 领导他人课程培训	● 员工夏日慰问活动	★ 9月份薪资变动信息汇总 ★ 9月份公积金新增、封存业务

21	22	23	24
◎ 绩效工资核算 ● 继任者季度回顾	★ 9月份考勤数据统计 ★ 更新酒店产品知识手册	● "环球慈善月"活动三 ★ 人事系统录入社保、公积金新增及停保信息	★ 人事系统更新9月份个税专项扣除信息 ■ 员工宿舍安全检查

29	30		
■ 10月份公共培训、活动月历 ■ 10月份线上课程推荐 ● 第三季度招聘数据分析	★ 9月份加班/年假汇总、制订休假计划 ★ 更新员工后区信息 ■ 第三季度部门培训员评估		

10月 Oct.

01	02	03	04
★人力资源月报	★9月份外部帮工考勤核对	★11月份员工劳动合同到期续签	★11月份员工试用期转正通知

09	10	11	12
★9月份损益报表 ★10月份社保新增、停保业务 ●9月份优秀宿舍评选	★10~12月工资滚动预测 ■员工宿舍安全检查 ●9月份优秀员工评选	★9月份外部帮工费用申请 ●新员工入职培训	●新员工入职培训

17	18	19	20
●员工满意度调查宣传 ★绩效工资核算 ■技能培训认证培训	●10月份总经理座谈会	●技能培训认证培训	●10月份员工满意度调查启动 ★院校拜访

25	26	27	28
★第三季度绩效谈话 ●员工活动——荧光夜跑	★预估10月份外部帮工费用	★服务文化系列课程在线学习启动	●联系院校1月份实习生 ■问题处理课程 ●员工满意度调查情况统计

★ 企业责任　☐ 宾客体验　■ 安全资产　● 员工团队　◎ 财务回报

05	06	07	08
★ 10月份"金点子"收集	● 员工活动策划	■ 更衣室检查	★ 9月份离职率分析

13	14	15	16
★ 10月份医保卡办理 ● 新员工入职培训	★ 10月份薪资变动信息汇总	★ 提交部门11月份采购计划 ● 10月份膳食委员会	■ 更新人才库信息

21	22	23	24
★ 10月份考勤数据统计 ● 人事系统录入社保、公积金新增及停保信息	★ 人事系统更新10月份个税专项扣除信息 ■ 餐饮部（西餐厅）外部劳务用工协议续签	■ 员工餐厅食品安全检查 ● 10月份实习生活动	■ 领导他人课程培训

29	30	31	
● 英语培训 ● 10月份员工生日会	★ 11月份线上课程推荐 ■ 11月份公共培训、活动月历	★ 更新员工后区信息 ★ 10月份加班/年假汇总、制订休假计划	

11月 Nov.

01
- ★ 人力资源月报
- ★ 10月份离职率分析
- ★ 10月份损益报表填写

02
- ★ 参加人才招聘会
- ★ 11月份"金点子"收集
- ★ 12月份员工劳动合同到期审批

03
- ★ 参加人才招聘会
- ★ 10月份优秀员工评选
- ★ 统计上报上个月培训报告

04
- ★ 10月份外部帮工考勤核对
- ■ 酒店安全培训
- ★ 办理11月份社保新增、停保业务

09
- ■ 更衣室检查
- ★ 参加合作院校招聘会
- ● 11月份膳食委员会

10
- ● 唱诗班第二次练习
- ★ 绩效工资核算

11
- ■ 问题处理课程培训
- ★ 11月份人力资源会议
- ● 10月份优秀宿舍评选
- ● 新员工入职培训

12
- ● 新员工入职培训
- ★ 12月份员工劳动合同到期续签

17
- ★ 提交部门12月份采购计划
- ● 唱诗班第四次练习

18
- ★ 年终绩效评估启动
- ● 11月份总经理座谈会

19
- ● 唱诗班第五次练唱
- ★ 员工餐厅食品安全自查

20
- ★ 人事系统录入社保、公积金新增及停保信息
- ● 实习生活动

25
- ● 唱诗班第六次练唱
- ■ 问题处理课程培训
- ★ 10月份员工心语调查跟进分数报告

26
- ● 11月份员工生日会（人力资源部）

27
- ■ 强化领导力发展培训
- ★ 11月份外部帮工费用预估

28
- ● 唱诗班第七次练唱
- ● 员工餐厅感恩美食节

★ 企业责任　● 宾客体验　■ 安全资产　● 员工团队　◎ 财务回报

05
- ● 新入职员工沟通会
- ★ 11~12月工资滚动预测

06
- ★ 参加年终绩效评估
- ★ 10月份外部帮工费用申请

07
- ★ 参加校园招聘会
- ● 唱诗班第一次练习

08
- ★ 12月份员工试用期转正通知
- ★ 院校拜访

13
- ★ 11月份医保卡办理
- ● 月度培训员会议
- ● 新员工入职培训

14
- ● 唱诗班第三次练习

15
- ★ 11月份公积金新增、封存业务
- ★ 11月份薪资变动信息汇总

16
- ■ 员工宿舍安全检查

21
- ★ 11月份考勤数据统计
- ★ 申请11月份社保费用

22
- ● 行为面试培训

23
- ★ 更新酒店产品知识手册
- ■ 员工宿舍安全检查
- ★ 参加校园双选会

24
- ★ 人事系统更新11月份个税专项扣除信息

29
- ★ 参加校园双选会
- ■ 12月份线上课程推荐
- ■ 12月份公共培训、活动月历

30
- ★ 更新人才库信息
- ★ 11月份加班/年假汇总、制订休假计划
- ★ 更新员工后区信息

12月 Dec.

01
- 酒店年终述职大会策划
- 11月份优秀员工评选

02
★ 年终绩效评估
★ 人力资源月报

03
★ 11月份离职率计算
★ 11月份损益报表
★ 11月份外部帮工考勤核对

04
★ 酒店周年庆活动策划
★ 12月份工资滚动预测
★ 12月份"金点子"收集

09
★ 年终绩效评估校准会议
● 员工年会策划

10
● 12月份膳食委员会
● 11月份优秀宿舍评选
● 冬至员工活动策划

11
■ 更衣室检查
● 新员工入职培训
● 第四季度员工大会

12
★ 12月份医保卡办理
● 新员工入职培训

17
★ 提交部门次年1月份采购计划
■ 领导他人课程培训

18
★ 人事系统录入社保、公积金新增及停保信息
● 12月份生日会

19
■ 员工宿舍安全检查

20
★ 绩效工资核算
■ 强化领导力发展培训

25
● 年终述职大会启动
● 年会主持人选拔

26
● 12月份总经理座谈会

27
★ 12月份外部帮工费用预估

28
★ 更新员工后区信息

第十章 人力资源部 365 天可视化工作管理实务

★ 企业责任　● 宾客体验　■ 安全资产　● 员工团队　◎ 财务回报

05	06	07	08
★ 11月份外部帮工费用申请 ★ 1月份员工劳动合同到期审批 ★ 办理12月份社保新增、停保业务	● 次年1月份员工试用期转正通知 ● 实习生活动策划	■ 员工宿舍安全检查 ■ 统计上报上个月培训报告	■ 消防安全培训（保安部）

13	14	15	16
★ 11月份公积金新增、封存业务 ● 新员工入职培训 ★ 1月份员工劳动合同到期续签	● 月度培训员会议 ★ 院校拜访	★ 12月份薪资变动信息汇总	■ 员工餐厅食品安全自查

21	22	23	24
● 酒店年终述职大会 ● 冬至员工活动	★ 12月份考勤数据统计	● 酒店周年庆员工活动预热 ★ 人事系统更新12月份个税专项扣除信息 ★ 12月份考勤数据统计	★ 申请12月份社保费用 ● 12月份实习生活动

29	30	31	
● 1月份线上课程推荐	● 酒店周年庆员工活动 ■ 1月份公共培训、活动月历 ★ 更新人才库信息	★ 12月份加班/年假汇总、制订休假计划	

第十一章 保安部 365 天可视化工作管理实务

一、职责概述

保安部是酒店安全管理的职能部门,在酒店高级管理层和上级公安、消防以及司法等政府主管部门的领导下,确保酒店的经营秩序和工作秩序正常进行,保障酒店、宾客和员工的生命、财产不受侵害。保安部的主要任务是以消防安全、治安安全和国家安全为中心,加强对酒店的安全管理、应急管理及风险管理,杜绝事故的发生并能够合理合法地处理好突发事件,避免对酒店产生不良的影响。保安部包含保安部总监、保安部经理、保安主管、监控室专员、消防专员。

二、主要工作职责

根据国家相关安全法律法规,负责建立健全酒店安全防范规章制度,保障住店客人和员工的人身财产安全;执行酒店各区域的日常安全巡视和检查工作,做好风险管控;维护好与当地公安、消防等部门良好的工作联系;及时修订有关财产安全、紧急救助、消防和其他危机事件的处理方案,定期组织消防安全疏散演习及各种突发状况的应急演练;有效记录安全事故,对酒店危机事件进行上报并跟进处理;制订酒店经营活动保安工作计划(如研讨会、大型会议、婚庆等);定期做好酒店内部法制宣传教育,开展消防安全、工作安全等培训。

三、组织架构

保安部常见组织架构见图 11-1。

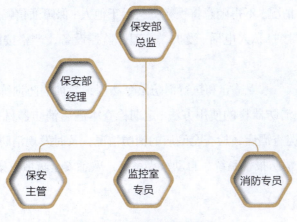

图 11-1　保安部常见组织架构

四、工作细则

（1）保安部总监　全面负责酒店安保工作，制订各项安保规章制度与安全管理应急预案，协助各部门制订安全岗位责任制并有责任监督各部门执行落实；对酒店环保、消防、重大自然灾害等工作做好预案与日常防范，做好定期检查工作；掌握酒店员工有无犯罪记录；有权调动安保、消防人员及其他部门人员应对危急事件，如对火警、犯罪等事件进行紧急处理，避免事态扩大；与当地治安部门、消防部门做好对接，第一时间掌握相关工作要求。

（2）保安部经理　全力配合保安部总监，对酒店安保工作进行督导、检查与落实，贯彻执行消防、安全的法律法规，负责酒店全区域的安全保卫和消防管理工作，根据应急预案处理安全事件，排除安全隐患，积极配合相关外部部门开展工作。

（3）保安主管　严格执行安保制度及其他安保相关实施细则；掌握安保、防暴、消防相关工具的使用方法；定期检查安保设施设备，定期开展防火、防暴、急救等安全演习，增强实战能力；每日巡逻酒店各区域，及时消除安全隐患；定期对各部门进行安全培训并检查部门执行情况；维持酒店进出车辆秩序；做好酒店各项接待、会议、活动期间的安全保障。

（4）监控室专员　及时掌握各种监控信息，定期、不定期检查重点区域是否存在异常情况；不得随意将视频资料示于他人；保障通信畅通，不得用接警专线拨打、接打私人电话；爱护、管理好监控设备，严格按照相关规定报备监控材料。

（5）消防专员　　遵守和执行消防法令法规，参加消防训练；熟悉岗位环境并掌握各种消防器材的使用方法；定期检查本酒店消防器材是否处于可使用状态；每日巡查酒店，检查全酒店的消防情况，及时发现消防安全隐患；熟悉酒店结构、消防报警系统、自动灭火系统，熟悉安全疏散方案。

五、专业术语

（1）应急预案　　为了在发生自然灾害或突发事件时，酒店能够积极应对，及时、有效、有序地组织救援，把损失降到最低程度，酒店根据相关法律法规，结合酒店实际制订的紧急处置方案，即应急预案。酒店应急预案应包括机构设置、突发事件应急处理小组、各类突发事件应急措施等内容。

（2）消防演习　　消防演习是为了增强员工安全防火意识的活动，了解掌握火灾的处理流程，以及提升在处理突发事件过程中的协调配合能力。增强人员在火灾中互救、自救意识，明确防火负责人及义务消防队员在火灾中应尽的职责，提高酒店员工在突发事件中的应变能力，能有组织、迅速地引导客人安全、快速疏散。

（3）安全岗位责任制　　安全岗位责任制是以抓好全方位安全环保综合管理为目的的制度，主要职责是组织、贯彻和执行国家安全环保方针、政策，检查指导各副总经理、部门经理和承包商履行安全环保管理职责等。

（4）风险管理　　风险管理是指项目或者企业在一个肯定有风险的环境里如何把风险可能造成的不良影响减至最低的管理过程。风险管理对现代企业而言十分重要。当企业面临市场开放、法规解禁和产品创新时，均提高了变化波动程度，连带增加经营的风险性。良好的风险管理有助于降低决策错误概率，避免损失的可能，相对提高企业本身的附加价值。

（5）酒店危机　　酒店危机是指由于突发性的重大事件的产生而使酒店的生产经营活动陷入危及酒店生存与发展的严重困境。酒店危机与一般的危机相比有其特殊性，各种内外部环境因素均影响酒店活动的开展，其产生、发展过程和运动形式都呈现出一定的规律性,并在酒店生产经营活动中表现出具体的逆境征兆。酒店危机事件包括社会环境引发的危机以及酒店运行环境所引发的危机。

六、关键指标

（1）应急预案完善程度　应急预案应包含酒店可能遇到的各类突发事件且程序完整。

（2）消防设施设备检测合格率　酒店消防设施设备检测应按照消防法律法规保证定期检测,并保证检测合格率达到消防法律法规要求的标准。

（3）安全事故发生次数　酒店在规定时间段内实际发生的安全事故次数应低于规定次数。

（4）月度安全例会　月度安全例会是酒店保安部工作的一项基本内容,它可以使员工及时了解同行业间发生的一些安全事故,以及如何去避免发生类似的事故。每月按时召开月度安全例会,是对员工和企业负责的一种表现。

七、365 天可视化工作管理日历

1月 Jan.

01	02	03	04
■ 宴会厅布展安全检查：布展证件、搭建桁架、灯光布线、安全出口通道检查	● 部门内部培训："五步十步"、仪容仪表 ■ 高位水箱间消防稳压泵检查	■ 客房层消火栓、灭火器检查 ■ 防火门检查	■ 防火门检查

09	10	11	12
■ 检查客房应急手电状态 ● 部门内部培训：消防报警主机操作	● 危机十分钟培训 ■ 后区安全检查	■ 重要会议前电梯五方通话安全检查	■ 湿式报警阀检测

17	18	19	20
★ 泳池救生员、救生装备安全检查	■ 自喷系统喷淋头外观检查	■ 灭火器检查	★ 消防维保公司月度设备检测 ● 参加风险管理电话会议培训 ■ 防火门检查

25	26	27	28
■ 健身房安全检查、健身器械检查 ★ 重要会议安全工作保障：提交酒店车辆资料审核	★ 烟感检测 ★ 重要会议安全工作保障：提交安保消防安全处置预案	★ 重要会议安全工作保障：政审人员名单提交 ★ 报送1月份风险管理与安全行动计划	■ 客房层强弱电井气溶胶灭火装置检查 ★ 省"两会"安全工作保障：制订安全重点检查项目计划

★ 企业责任　　▨ 宾客体验　　▪ 安全资产　　● 员工团队　　◎ 财务回报

05	06	07	08
▪ 危机管理学习：风险源的辨识 健身房健身器械安全检查	▪ 宴会厅布展安全检查：布展证件、搭建桁架、灯光布线、安全出口通道检查	★ 酒店停车场车辆规范停放检查 ▪ 厨房安素灭火系统外观检查	▪ 员工区更衣室、淋浴间检查 ▪ 厨房灭火器检查

13	14	15	16
▪ 行政楼层应急灯、安全出口检查	● 部门内部培训：员工通道出入控制	▪ 酒店后区消防手动报警、应急电话检查	★ 监控调阅程序培训

21	22	23	24
▪ 安全培训：快速穿戴消防战斗服 ▪ 防火门检查	★ 报送1月份安全环保生产月报	▪ 消防水箱、自动稳压装置检查	★ 重要会议安全工作保障：政审人员名单整理

29	30	31	
▪ 设备机房灭火器检查 ▪ 湿式报警阀检测	★ 一季度各部门灭火器实操演练	★ 风险管理品牌培训指导	

2月 Feb.

01
- 制订春节前酒店安全大检查计划及方案
- 各部门防火安全自查
- 电梯监控探头检查

02
- 员工宿舍用电安全、灭火器检查
- 员工宿舍防火安全、使用过载电器、电线插板、灭火器检查

03
- 消火栓、灭火器、消防电话、手动报警器测试检查
- 湿式报警阀检测

04
- 做好节日期间全楼安全巡查及人员管控工作
- 高位水箱间消防稳压泵检查

09
- 消防烟感、喷淋、手动报警器、消防电话检查

10
- ★ 学习品牌、安全标准

11
- 西餐厅食品安全检查
- ★ 各部门工作区域机械设备使用安全培训

12
- 消防喷淋头目测检查
- 防火门、疏散指示牌检查

17
- 消防维保公司月度设备检测
- 后区安全检查

18
- 水泵房消防水池水位检查
- ★ 跟进特殊行业许可证年审事项

19
- ★ 提交市重要会议政审人员名单
- ★ 参加2月份风险管理电话会议

20
- 提交市重要会议安全工作保障方案
- ★ 配合市局架设安全检查设备

25
- 消防安全检查
- ★ 风险管理品牌培训指导
- 消火栓、灭火器检查

26
- 健身房应急电话安全检查，SOS报警设备检查
- 消火栓、灭火器检查
- 酒店员工区安全检查

27
- 防烟面罩、逃生线路图检查
- 湿式报警阀检测

28
- 公共区域疏散指示牌、防火卷帘检查
- ★ 报送2月份安全环保生产月报

★ 企业责任　■ 宾客体验　■ 安全资产　● 员工团队　◎ 财务回报

05	**06**	**07**	**08**
■ 餐厅食品安全检查 ■ 楼层显示器、消防电话、手动报警器检查 ■ 宴会厅布展安全检查：布展证件、搭建桁架、灯光布线、安全出口通道检查	■ 厨房安素灭火系统、灭火毯、灭火器外观检查 ■ 厨房可燃气体探测器检查 ■ 厨房排烟罩灭火设备检查	■ 检查巡更系统 ■ 防火门检查	★ 学习上级单位下发的安全生产资料 ■ 防火门检查

13	**14**	**15**	**16**
■ 公共区域巡逻检查 ■ 客房防烟面罩、逃生指示图检查	■ 消防推车检查 ■ 客房防烟面罩、逃生指示图检查	■ 餐厅安全检查 ■ 宴会厅布展安全检查：布展证件、搭建桁架、灯光布线、安全出口通道检查	■ 消防支队检查酒店消防可视化标牌建设成果

21	**22**	**23**	**24**
■ 检查锅炉房、柴发电机房雨淋阀组 ■ 锅炉房可燃气体探测器检查	■ 喷淋、消防电话、防火门检查 ■ 测试消火栓泵 ■ 测试消火栓出水压力 ■ 防火门检查	★ 重要会议车场车辆安全管控工作保障 ★ 报送2月份风险管理与安全行动计划 ■ 防火门检查	■ 消防喷淋泵测试 ■ 泳池安全标识检查，SOS报警装置检查

3月 Mar.

01
- 宴会厅布展安全检查：布展证件、搭建桁架、灯光布线、安全出口通道检查

02
- 湿式报警阀检测

03
- 高位水箱间消防稳压泵检查

04
- 组织酒店安全大检查小组实施春季安全检查

09
- 消防维保公司月度设备检测

10
- 宴会厅布展安全检查：布展证件、搭建桁架、灯光布线、安全出口通道检查

11
- 消防喷淋系统检查
- 强弱电井气溶胶灭火装置检查

12
- ★ 新员工入职安全培训
- 厨房安素灭火系统检查

17
- ● 安防十分钟培训

18
- 灭火器、消火栓外观检查
- 客房层应急灯、出口指示检查

19
- 锅炉房一氧化碳检测装置检查
- 酒店防火卷帘检查
- ★ 参加3月份风险管理电话会议

20
- 行政楼层套房烟感检测
- 客房防烟面罩、逃生指示图外观检查

25
- 客房逃生指示图检查
- 泳池救生员、救生装备安全检查

26
- 酒店所有客房更换防烟面罩
- 酒店设备机房消防电话检查

27
- 残障房应急设备检查
- ★ 第一季度灭火器实操演练

28
- 湿式报警阀检测
- ★ 报送3月份风险管理与安全行动计划

★ 企业责任　　☐ 宾客体验　　■ 安全资产　　● 员工团队　　◎ 财务回报

05	06	07	08
■ 餐厅食品安全检查 ■ 酒店员工区安全检查 ★ 组织风险与安全成员会议	■ 客房防烟面罩、逃生指示图、应急手电检查 ● 消火栓软管使用培训	■ 公共区域防火门、疏散指示牌、手动报警器、消防电话检查 ■ 防火门检查	■ 防火门检查

13	14	15	16
● 部门标准作业程序培训 ■ 后区安全检查	■ 烟感喷淋探头外观检查 ■ 微型消防站消防装备检查	■ 消火栓末端出水压力检测	■ 配合应急管理厅消防安全检查 ■ 厨房可燃气体探测器检查

21	22	23	24
■ 电梯五方通话测试 ■ 雨淋阀保养	■ 员工餐厅安全检查 ★ 报送3月份安全环保生产月报	■ 监控机房机柜季度保养清洁除尘 ■ 消防水泵房水池液位检查	■ 残障房SOS报警装置检测

29	30	31	
★ 春季安全环保现场检查 ■ 防火门检查 ■ 消火栓、灭火器检查	★ 风险管理品牌培训指导 ■ 防火门检查 ■ 消火栓、灭火器检查	■ 外包库房防火安全检查	

4月 Apr.

01	02	03	04
● 部门礼貌礼仪培训	■ 酒店员工更衣室检查 ■ 高位水箱间消防稳压泵检查	■ 客房防烟面罩检查	■ 员工餐厅安全检查 ■ 员工倒班宿舍安全检查 ■ 设备机房应急灯检查

09	10	11	12
■ 酒店烟感、防火卷帘检查 ■ 厨房安素灭火系统排油烟罩检查	★ 迎接安全专项行动督察组现场督察，准备安全档案资料	■ 应急灯、出口指示检查	■ 消防报警系统、排烟系统、喷淋系统季度联动检测

17	18	19	20
■ 套房逃生面罩、应急灯检查	■ 客房疏散指示图检查 ■ 公共区域安全通道检查	■ 健身房SOS报警装置、应急电话安全检查 ★ 学习风险评估分级管理办法	■ 消防稳压泵启泵测试、水泵房消防水池液位检查 ★ 参加4月份风险管理电话会议培训

25	26	27	28
■ 健身房设施安全检查 ★ 完成气体灭火系统项目询价 ■ 消火栓、灭火器检查	■ 安全出口门禁系统检查 ■ 消火栓、灭火器检查	★ 报送4月份风险管理与安全行动计划	★ 报送4月份安全环保生产月报

★ 企业责任　■ 宾客体验　■ 安全资产　● 员工团队　◎ 财务回报

05	06	07	08
■ 消防知识培训 ■ 湿式报警阀检测	■ 宴会厅布展安全检查：布展证件、搭建桁架、灯光布线、安全出口通道检查 ■ 宴会厅疏散通道检查	■ 消防报警主机维护保养 ■ 防火门检查	● 消防报警主机操作学习，报警处理流程学习 ■ 防火门检查

13	14	15	16
■ 消火栓系统、消防应急电话系统季度联动检测	■ 疏散广播系统季度联动检测 ■ 后区安全检查	■ 厨房灭火毯、灭火器安全检查	★ 酒店新员工入职安全培训

21	22	23	24
■ 宴会厅布展安全检查：布展证件、搭建桁架、灯光布线、安全出口通道检查	★ 监控室监控点位编码制作成册	■ 防火门检查 ■ 湿式报警阀检测	■ 客房应急灯检查 ● 婚礼秀活动前安全培训 ■ 防火门检查

29	30		
■ 员工倒班宿舍防火安全检查	■ 酒店设备机房安全检查		

5月 May.

01	02	03	04
★ 部门内部消防灭火知识培训	■ 西餐厅安全检查	■ 食品安全学习	■ 宴会厅布展安全检查：布展证件、搭建桁架、灯光布线、安全出口通道检查

09	10	11	12
■ 烟感检测 ■ 停车场消火栓、疏散指示牌检查	■ 灭火器外观检查 ■ 安全通道、应急灯、安全指示检查	■ 烟感测试，演练报警处理流程 ■ 后区安全卫生检查	■ 安全通道、疏散通道疏散指示牌检查 ■ 高位水箱间消防稳压泵检查

17	18	19	20
● 部门消防灭火技能培训	■ 宴会厅布展安全检查：布展证件、搭建桁架、灯光布线、安全出口通道检查	■ 消防雨淋阀保养检查 ■ 检查消防风机起动情况	■ 行政办公室安全检查 ★ 参加5月份风险管理电话会议培训

25	26	27	28
■ 厨房灭火毯、厨房安素灭火系统、排油烟罩、灭火器外观检查 ■ 消火栓、灭火器检查	★ 制订安全生产月行动计划 ★ 报送5月份风险管理与安全行动计划 ■ 消火栓、灭火器检查	■ 消防湿式报警阀检查 ★ 报送5月份安全环保生产月报	■ 重大赛事比赛前消防设施设备大检查 ■ 设备机房应急消防电话安全卫生检查

第十一章　保安部 365 天可视化工作管理实务

★ 企业责任　■ 宾客体验　■ 安全资产　● 员工团队　◎ 财务回报

05	06	07	08
■ 消防维保公司月度检测 ■ 湿式报警阀检测	■ 餐饮部、客房部库房安全检查	■ 防火门检查 ■ 微型消防站消防装备检查	● 食品安全十分钟培训 ● 部门岗位职责培训 ■ 防火门检查

13	14	15	16
■ 消防泵联动测试、消火栓出水压力测试 ■ 水泵房消防水池液位检查	■ 餐厅食品安全检查 ■ 客房逃生面罩、疏散指示图检查 ★ 学习事故案例分析及生产安全事故应急条例	■ 客房逃生面罩、疏散指示图检查 ● 义务消防员体能训练	■ 消火栓检查 ■ 公共区域防火门检查 ● 客房部灭火步骤排查、房间火灾隐患培训

21	22	23	24
★ 气体灭火系统维修项目合同谈判 ■ 湿式报警阀检测	■ 健身房 SOS 应急电话安全检查	■ 泳池救援设备安全检查 ■ 公共区域疏散通道检查 ■ 防火门检查	■ 防火门检查 ■ 西餐厅食品安全检查

29	30	31	
● 正压式呼吸机使用培训	■ 外包单位防火安全检查	★ 重大赛事安全工作对接	

6月 Jun.

01	02	03	04
★ 重大赛事安全工作安排	★ 重大赛事消防设备安全检查	■ 高位水箱间稳压泵、水泵房消防水池液位检查	■ 员工宿舍防火用电安全检查 ■ 防火门检查

09	10	11	12
■ 库房灭火器检查 ■ 宴会厅布展安全检查：布展证件、搭建桁架、灯光布线、安全出口通道检查	★ 第二季度灭火器实操培训第一场	★ 第二季度灭火器实操培训第二场	■ 客房逃生面罩、疏散指示图检查

17	18	19	20
● 休闲安全十分钟培训 ★ 安全生产月培训第三场	■ 消火栓及灭火器检查 ● 厨房防火安全培训	● 部门安全教育培训 ■ 监控机房设备维护保养	★ 安全生产月培训第四场

25	26	27	28
■ 消火栓、灭火器检查 ■ 防火门检查	● 泳池溺水救援演练 ■ 消火栓、灭火器检查 ■ 防火门检查	■ 配电室应急灯、灭火器检查 ★ 报送6月份风险管理与安全行动计划	■ 员工餐厅食品安全检查、泳池救生器材检查 ★ 报送6月份安全环保生产月报

★ 企业责任　■ 宾客体验　■ 安全资产　● 员工团队　◎ 财务回报

05	06	07	08
● 部门内部培训会议 ★ 新员工入职安全教育培训 ■ 防火门检查	■ 应急灯、安全出口指示检查 ■ 湿式报警阀检测	■ 厨房安素灭火系统、灭火毯、灭火器检查	● 酒店全员消防疏散逃生演练 ● 酒店义务消防员灭火救援演练

13	14	15	16
★ 安全生产月培训第一场：安全知识培训	★ 组织安全生产月风险与安全委员会议	★ 安全生产月培训第二场：安全警示片播放 ★ 风险管理品牌培训指导	■ 消防设备月度检测

21	22	23	24
★ 防汛综合演练 ■ 餐厅食品安全检查	■ 消防泵测试 ★ 消火栓压力测试 ★ 参加6月份风险管理电话会议培训	■ 消防维保单位雨淋阀维护保养	■ 残障房SOS报警装置检测 ■ 客房逃生面罩、疏散指示图检查

29	30		
● 监控室消防设备操作培训 ● 宴会厅布展安全检查：布展证件、搭建桁架、灯光布线、安全出口通道检查	■ 湿式报警阀检查		

7月 Jul.

01	02	03	04
● 部门安全例会	■ 员工更衣室安全检查 ★ 学习上级单位下发的安全文件	■ 客房烟感报警器检查 ■ 客房层消火栓、灭火器检查 ● 部门消防知识培训	■ 员工餐厅食品安全检查 ■ 设备机房灭火器检查 ★ 重要会议安全工作保障
09	**10**	**11**	**12**
■ 维保单位进行消防月度检测 ■ 湿式报警阀检测	● 危机十分钟培训 ■ 客房应急手电检查 ● 部门培训	■ 酒店消防安全专项自查 ■ 公共区域防火门检查 ★ 学习近期重大及典型事故案例	■ 喷淋末端压力检查
17	**18**	**19**	**20**
★ 生态环保知识学习 ■ 电梯五方对讲通话检查	■ 安全环保技术部现场检查酒店消防安全	■ 厨房温感器检查 ■ 健身房SOS报警装置、应急电话检查	★ 参加7月份风险管理电话会议培训 ■ 宴会厅布展安全检查：布展证件、搭建桁架、灯光布线、安全出口通道检查
25	**26**	**27**	**28**
■ 泳池应急电话、SOS报警装置检查 ★ 风险管理品牌培训指导 ■ 公共区域安全卫生检查	■ 监控机房设备维护保养 ■ 健身房应急电话、SOS报警装置检查 ■ 西厨房安全检查	■ 消防警报处理流程演练 ★ 报送7月份风险管理与安全行动计划 ★ 报送7月份安全环保生产月报	■ 行政办公室安全检查 ● 配合工程部进行电梯故障困人、应急救援培训与演练

★ 企业责任　▫ 宾客体验　■ 安全资产　▪ 员工团队　◎ 财务回报

05
- ★ 提交重要会议安全工作保障方案
- ■ 西餐厅安全检查
- ■ 员工餐厅安全检查

06
- ★ 重要会议安全工作保障
- ■ 客房逃生面罩、疏散指示牌检查

07
- ■ 客房逃生、疏散指示图检查
- ■ 防火门检查

08
- ■ 宴会厅布展安全检查：布展证件、搭建桁架、灯光布线、安全出口通道检查
- ■ 防火门检查

13
- ■ 酒店消防安全专项自查
- ■ 应急灯出口指示检查

14
- ■ 水箱间消防稳压泵检查
- ■ 后区安全检查

15
- ■ 酒店消防安全专项自查
- ■ 水泵房消防水池液位检查

16
- ■ 残障房 SOS 报警装置检测

21
- ★ 生态环保考试
- ★ 生态环保试题评分、总结

22
- ▫ 部门体能训练、消防战斗服穿戴、抛水带培训

23
- ■ 防火门检查
- ■ 湿式报警阀检查

24
- ■ 防火门检查

29
- ■ 厨房安素灭火系统、灭火毯、灭火器检查
- ■ 消火栓、灭火器检查

30
- ★ 锅炉房、柴发机房雨淋阀维护保养
- ■ 消火栓、灭火器检查

31
- ▫ 湿式报警阀保养

8月 Aug.

01	02	03	04
■ 组织酒店各部门负责人学习疏散救援演练预案	● 学习健康与安全课程	■ 十分钟安全培训	■ 宴会厅布展安全检查：布展证件、搭建桁架、灯光布线、安全出口通道检查

09	10	11	12
■ 避难层应急灯、出口指示检查	● 学习品牌安全标准工具	■ 酒店夜间灭火救援演练、全员疏散逃生演练	■ 餐饮部、客房部库房灭火器检查 ■ 后区安全检查

17	18	19	20
■ 维保单位消防系统月度检测	■ 消防水泵测试 ■ 消火栓压力测试	■ 喷淋末端压力测试、排烟风机测试 ★ 参加8月份风险管理电话会议培训	■ 湿式报警阀检查 ■ 雨淋阀保养

25	26	27	28
■ 监控机房设备维护保养 ★ 报送8月份风险管理与安全行动计划	■ SOS报警系统测试 ★ 报送8月份安全环保生产月报	■ 消防应急电话检查 ■ 消火栓、灭火器检查	■ 客房逃生面罩检查 ● 部门消防员体能培训 ■ 消火栓、灭火器检查

★ 企业责任　▫ 宾客体验　▪ 安全资产　● 员工团队　◎ 财务回报

05	06	07	08
★ 生态环保应知应会手册学习 ▪ 湿式报警阀检测	▪ 酒店员工区更衣室检查	▪ 厨房灭火毯检查 ▪ 防火门检查	▪ 疏散演练预案桌面推演 ▪ 防火门检查

13	14	15	16
★ 酒店急救员培训 ▪ 客房逃生面罩、疏散指示图检查	▪ 客房烟感检测 ● 部门操作技能培训 ● 十分钟安全培训	● 健康与安全十分钟培训 ▪ 宴会通道防火卷帘检查	★ 学习上级单位下发的安全环保文件

21	22	23	24
▪ 厨房安素灭火系统检查 ● 部门安全例会	▪ 公共区域安全通道检查 ▪ 防火门检查	▪ 健身房应急电话、SOS报警装置安全检查 ★ 气体灭火系统维修项目验收 ▪ 防火门检查	▪ 泳池应急电话、SOS报警装置安全检查

29	30	31	
▪ 客房布草井防火安全检查	▪ 行政办公室安全检查 ★ 风险管理品牌培训指导	▪ 锅炉房一氧化碳检测系统、可燃气体报警系统检查	

9月 Sep.

01
- 库房灭火器检查
- 检查正压送风机、排烟风机起动情况

02
- 高位水箱间消防稳压泵检查

03
- 员工区安全检查

04
- 客房烟感检测
- 部门内部酒店政策与程序培训

09
- 酒店防火卷帘检查

10
- 厨房防火知识培训

11
- 部门消防主机报警培训
- 员工宿舍安全检查

12
- 厨房温感器检测
- 后区安全检查

17
- 雨淋阀检查
- 排烟风机系统正压送风系统检查

18
- 部门安全例会培训
- 客房逃生面罩检查
- 消防系统大修合同资料准备

19
- 喷淋头检查
- 湿式报警阀检测

20
- 厨房排油烟罩管道清洗安全检查
- 手动报警器检查
- 参加9月份风险管理电话会议培训

25
- 消防系统大修合同签批
- 报送9月份风险管理与安全行动计划

26
- 安全十分钟培训
- 公共区域疏散指示牌检查

27
- 国庆节前安全大检查
- 培训客房部员工正确使用自救呼吸器、灭火器
- 消火栓、灭火器检查

28
- 监控机房设备维护保养
- 报送9月份安全环保生产月报
- 消火栓、灭火器检查

★ 企业责任　■ 宾客体验　■ 安全资产　● 员工团队　◎ 财务回报

05	06	07	08
■ 湿式报警阀检测 ■ 防火门检查	■ 防火门检查	■ 配电室应急照明、灭火器检查	■ 消防水泵起动测试 ■ 消火栓压力测试 ■ 喷淋末端压力检测

13	14	15	16
■ 厨房安素灭火系统检查	■ 宴会厅布展安全检查：布展证件、搭建桁架、灯光布线、安全出口通道检查	■ 健身房应急电话、SOS报警装置安全检查	■ 西餐厅食品安全检查

21	22	23	24
■ 宴会厅搭建布展安全检查 ■ 水泵房消防水池液位检查	■ 泳池应急电话、SOS报警装置安全检查 ★ 厨房防火毯使用演练	■ 消防维保单位月度消防系统检测 ■ 防火门检查	■ 设备机房灭火器检查 ★ 消防系统大修合同申报 ■ 防火门检查

29	30		
● 第三季度灭火器实操培训 ■ 宴会厅布展安全检查：布展证件、搭建桁架、灯光布线、安全出口通道检查	● 西餐厅厨房安全培训		

10月 Oct.

01	02	03	04
■ 中国篮协三人篮球赛活动消防安全检查 ■ 高位水箱间消防稳压泵检查	■ 中国篮协三人篮球赛活动消防安全检查	■ 西餐厅安全检查	■ 湿式报警阀检测

09	10	11	12
● 消防安全十分钟培训 ■ 客房应急手电检查 ● 部门安全例会 ■ 防火门检查	● 对高空作业人员进行现场交底和培训	★ 新员工入职安全培训 ★ 气溶胶灭火装置控制箱电池检测更换	★ 消防系统和电器火灾系统检测合同资料整理 ■ 应急灯、出口指示检查

17	18	19	20
■ 员工更衣室防火检查	■ 客房烟感检查 ■ 泳池救生设备安全检查 ■ 餐厅食品安全检查	★ 消防系统和电器火灾系统检测合同签批 ● 电梯应急电话处置流程培训	★ 119消防活动月活动计划制订 ★ 参加10月份风险管理电话会议培训

25	26	27	28
■ 泳池救生员、救生装备安全检查	■ 客房疏散指示图、逃生面罩外观检查	■ 消防维保单位月度消防系统检测 ★ 报送10月份安全环保生产月报 ★ 报送10月份风险管理与安全行动计划	■ 消防泵起泵测试 ■ 末端压力试水测试 ■ 消火栓、灭火器检查

★ 企业责任　■ 宾客体验　■ 安全资产　● 员工团队　◎ 财务回报

05
- ■ 中国篮协三人篮球赛活动球员通道安全保障

06
- ■ 中国篮协三人篮球赛活动客房层消防设备巡检

07
- ■ 中国篮协三人篮球赛活动停车场秩序管控

08
- ★ 消防维保合同资料准备
- ★ 消防系统设备改造及维修开始施工
- ■ 防火门检查

13
- ■ 消火栓、灭火器外观检查
- ■ 客房疏散指示图、逃生面罩外观检查

14
- ■ 厨房温感检测、安素灭火系统检测
- ■ 宴会厅布展安全检查：布展证件、搭建桁架、灯光布线、安全出口通道检查

15
- ■ 客房部库房灭火器外观检查
- ■ 机房应急照明检查
- ★ 门禁系统维修施工布线

16
- ● 部门消防知识培训
- ● 电梯报警应急标准流程培训

21
- ■ 危机管理计划培训
- ■ 湿式报警阀检测

22
- ■ 公共区域防火门检查
- ★ 学习上级单位公司安全自查文件

23
- ■ 安全出口门禁系统检查
- ● 防性骚扰安全培训
- ● 防炸弹爆炸事故安全培训

24
- ■ 健身房应急电话、SOS报警装置安全检查
- ■ 员工宿舍安全检查
- ■ 制订安全环保自查计划

29
- ● 客房部员工异响与报警处理操作培训
- ■ 消火栓、灭火器检查

30
- ■ 冬季安全环保自查

31
- ■ 安全出口门禁系统检查

11月 Nov.

01	02	03	04
★一氧化碳探测器安装合同谈判	■湿式报警阀检测	■高位水箱间消防稳压泵检查	★消防月消防安全教育培训 ★一氧化碳探测器安装项目询价

09	10	11	12
■消防月消防器材展示 ■观看消防重大安全事故展播	■监控机房设备维护保养	★消防月消防安全教育培训 ■电梯五方对讲通话系统检查 ■员工宿舍防火用电安全检查	■酒店后区安全检查 ■设备机房灭火器检查 ■餐饮部、客房部库房灭火器检查

17	18	19	20
■消防维保单位月度消防系统设备检测	■消防正压送风机检测 ■水炮灭火系统检测 ■水泵房消防水池液位检查	■消防报警主机维护保养	■消防水泵起泵检测 ■消火栓压力出水测试 ■喷淋末端压力试水检测

25	26	27	28
★消防系统和电器火灾系统检测合同谈判 ■宴会厅布展安全检查：布展证件、搭建桁架、灯光布线、安全出口通道检查	★消防年度维修保养合同资料整理 ■报送11月份风险管理与安全行动计划	★报送11月份安全环保生产月报	●部门安全例会 ●消防战斗服穿戴、跑水带技能培训 ■消火栓、灭火器检查

★ 企业责任　■ 宾客体验　■ 安全资产　■ 员工团队　◎ 财务回报

05	06	07	08
■ 酒店员工区更衣室检查 ■ 宴会厅布展安全检查：布展证件、搭建桁架、灯光布线、安全出口通道检查	■ 客房烟感检测 ■ 防火门检查	★ 消防月消防安全教育培训 ■ 防火门检查	★ 一氧化碳探测器安装合同签批

13	14	15	16
■ 食品安全十分钟培训 ■ 客房逃生面罩、疏散指示图检查	■ 应急灯、出口指示检查 ★ 灭火器充装合同谈判	★ 签订灭火器年检合同 ★ 消防月消防知识培训 ★ 一氧化碳探测器安装合同签批	★ 锅炉房一氧化碳探测器安装施工 ★ 泳池应急电话、SOS报警装置检查

21	22	23	24
■ 湿式报警阀检查 ■ 雨淋阀检查 ■ 消防排烟风机检测	■ 健身房应急电话、SOS报警装置检查 ■ 员工餐厅安全检查	★ 参加11月份风险管理电话会议培训 ★ 部门如何领导他人培训 ■ 防火门检查	★ 安全出口门禁系统检测 ■ 厨房安素灭火系统检查 ■ 防火门检查

29	30		
★ 消火栓、灭火器检查 ★ 消防年度维修保养合同签批	★ 消防泵技术改造及维修竣工验收 ★ 锅炉房一氧化碳探测器竣工验收		

12月 Dec.

01
- 高位水箱间消防稳压泵检查

02
★ 第四季度灭火器实操演练

03
- 酒店员工更衣室检查
- 消火栓、灭火器检查
- 湿式报警阀检测

04
- 客房烟感检测、逃生指示图检查
- 部门危机应对程序培训
- 消火栓、灭火器检查

09
- 厨房安素灭火系统检查

10
- 总机火警接打电话程序培训
- 酒店后区安全检查

11
- 休闲安全十分钟培训
- 部门电话礼仪培训

12
- 监控机房设备维护保养

17
- 消防灭火救援疏散逃生演练培训

18
- 消防灭火救援疏散逃生演练
- 残疾人疏散逃生演练

19
★ 参加12月份风险管理电话会议培训
★ 第四季度灭火器实操培训

20
- 健身房应急电话、SOS报警装置安全检查
- 餐厅食品安全检查

25
- 客房应急手电、逃生面罩检查
- 省"两会"前仪容仪表、礼貌礼节培训
- 反恐应急培训
★ 消防年度维修保养合同谈判

26
- 泳池救生员、救生装备安全检查
- 行政办公室安全检查
★ 风险管理品牌培训指导

27
- 反恐应急预案桌面推演
- 反恐应急演练
★ 报送12月份风险管理与安全行动计划

28
- 电梯五方对讲通话系统检查
- 雨淋阀检查保养
★ 报送12月份安全环保生产月报

★ 企业责任　■ 宾客体验　■ 安全资产　● 员工团队　◎ 财务回报

05	06	07	08
■ 西餐厅安全检查 ■ 机房气溶胶报警装置、灭火器、应急电话、应急照明检查	■ 员工餐厅安全检查	★ 全楼年度灭火器更换、检测 ■ 防火门检查	★ 全楼年度灭火器更换、检测 ■ 防火门检查

13	14	15	16
■ 应急灯、出口指示检查	■ 宴会厅布展安全检查：布展证件、搭建桁架、灯光布线、安全出口通道检查	■ 排烟风机检查 ■ 正压送风机检查 ★ 消防系统和电器火灾系统检测实施	■ 消火栓压力出水测试 ■ 消防设施设备年度检测

21	22	23	24
■ 监控机房设备维护保养 ■ 水泵房消防水池液检查	■ SOS报警系统检测 ■ 门禁系统检测 ■ 防火门检查	★ 消防大修防火卷帘竣工验收 ● 电梯故障困人应急救援培训演练 ■ 防火门检查	■ 湿式报警阀检测

29	30	31	
■ 重要会议前消防安全自查 ■ 宴会厅布展安全检查：布展证件、搭建桁架、灯光布线、安全出口通道检查	■ 员工宿舍安全检查	● 消防报警流程处理培训	

第十二章　工程部 365 天可视化工作管理实务

一、职责概述

工程部负责酒店所有设施设备的维修保养和安全运转，负责酒店的水、电、气、电梯、空调、给排水等动力能源供应和设备系统的运行管理、维护保养及更新改造。工程部包含工程部总监、总工程师、值班工程师及各工种员工。工程部是酒店的后勤支持部门，也是酒店正常运营不可缺少的重要部门，可视为酒店的"心脏"部门。

二、主要工作职责

负责建立健全酒店设施设备的安全运行和操作规程，确保动力和能源设备等正常运行；对酒店机械、电气、暖通设备及建筑装潢等设施设备进行日常维修和保养，进行预防性维护和更新改造，以保证酒店设施、设备的正常运转；定期审核酒店各项目的规章及安全程序，确保设备测试和检验符合法律规范和消防条例，并向相关单位备案；与酒店合作的第三方或维保公司建立良好的沟通，监管外包服务工作的质量符合优质的工程标准，定期进行工作抽样并提供反馈意见；严格控制工程和维修费用；对酒店的能源用量进行严格的管理和监控，做到节约能源；通过评估、控制和记录能源用量，采用和升级节能系统，使利润最大化。

三、组织架构

工程部常见组织架构见图 12-1。

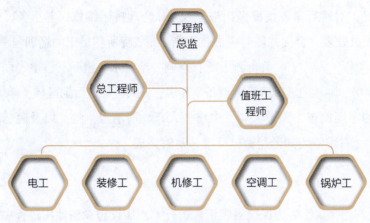

图 12-1　工程部常见组织架构

四、工作细则

（1）工程部总监　在酒店总经理的领导下，主持工程部的全面工作，负责酒店工程维修，设备设施的安装、运行、维修保养工作；制订和审订设备设施及建筑装潢的预防性维修计划、更新改造计划并督促执行；协调处理酒店运营期间工程物业的技术、质量、材料等问题，确保所有建筑及设备正常运转；协助控制酒店建筑、机电和装修等建造成本；协助排查和解决酒店运营过程中发生的各类工程问题，并组织各相关部门进行处理。

（2）总工程师　协助工程部总监负责酒店工程部的保障工作；负责酒店工程部维修工作的组织、指导及管理工作；负责酒店设施设备的安装验收、安全运行、维修保养和房屋修缮等管理工作；制订设施更新、改造工程计划，提高技术革新能力，组织实施技术工程改造；负责工程部人员的调配与管辖，同时妥善管理部分专业项目的外包工作，加强外包单位的管理；制订并完善各种设备的操作流程，定期培训、检查员工的设备操作技能；坚持每日检查重点设施设备的运行状况及公共场所的动力设施；根据实际情况确定各机组、设备起停时间，保证酒店正常运营的情况下最大程度节约能耗成本。

（3）值班工程师　总工程师不在时，代行日常管理职责；系统地掌握主要设备运行及技术状况、技术数据、技术档案等，随时掌握酒店机房、设备运行情况，对所有紧急情况做出应急反应；合理按照维修保养事务，安排专业维修人员处理，督促并随时提供技术指导；负责所辖员工的培训与考核。

（4）各工种员工　负责酒店所有空调、给排水、消防、强电、弱电、电梯、洗衣房、游泳池、厨房机电设备、客房、公共区域、后勤区域土建、装饰、锅炉等的定期检查、维护保养、中修、大修、清洁卫生等，以及酒店的其他突发任务；对维修通知迅速做出反应并及时完成。

五、专业术语

（1）能耗成本　为保障酒店正常运行，酒店设施设备使用过程中所产生的能耗，包括水、电、天然气、燃煤、空调等能耗，照明与空调能耗约占酒店能耗的70%。受季节、天气、客房使用率与经营活动的影响，酒店能耗负荷也随之变化。酒店可根据实际情况进行室温调节、水泵和风机变频调节、新风风量调节等工作，以达到节能降耗的目的。

（2）技术工程改造　酒店技术工程改造是指对酒店现有的设施进行重新装修、改造，改善硬件环境，给原有的设施增加新功能、新体验，在节约新设施采购成本的基础上，对原有设施产品性能、生产工艺、技术装备、生产建筑、公用设施、劳动条件和环境保护等采用新的技术进行革新改造，以保持其技术进步，使企业产品在技术性能、质量和成本方面保持先进水平。

（3）特种作业人员　特种作业人员包括电工、电焊工、电梯操作工、起重工、厂内机动车辆驾驶员、空压机操作工、供热工、制冷工、有毒易燃易爆品仓库保管员等，必须经过安全技术培训，经考试合格取得相关部门颁发的操作合格证后方可上岗操作。

（4）绿色环保参与计划　这是一个创新性的环境可持续发展在线系统，它为酒店提供行之有效的方法，以衡量并管理日常运营对环境产生的影响。酒店可以从精心设计的多种"绿色环保解决方案"中进行选择，从而帮助酒店降低能耗、节约用水、减少废物，并改善日常运营对环境的影响。

（5）客房保养　可销售的房间是酒店最重要的产品之一，房费收入占酒店利润的比例很大。为了保护这个收入来源并且向客人尽可能提供最佳条件的房间，酒店制订了定期保养管理程序（简称 PMM)。设计这个程序的目的是通过提高保养工作效率来协助酒店提高产品质量和客人的满意度。保养程序包括每年对客房进行 3 次逐项和系统的检查，对酒店的前台或者外部区域一年 4 次或者按照要求的频率进行逐项和系统的检查。

六、关键指标

（1）能耗成本节约率　能耗成本节约率 =［（能耗预算－实际能耗）/ 能耗预算］×100%。能耗的节约率越大，表明酒店能耗成本越低，最大程度上提高经营利润率。

（2）主要设施设备完好率　主要设施设备完好率 =（完好设备台数/总台数）×100%。主要设施设备完好率是反映酒店设施设备技术状况和评价设备管理水平的重要指标。

（3）客房定期保养完成率　客房定期保养完成率 =（定期保养客房数/总客房数）×100%。客房定期保养完成率是评价酒店客房良好使用体验及酒店客房设备管理水平的重要指标。

（4）设备资料管理归档　保存所有设备维护保养记录，建立设备维修台账，对图样、能耗数据、设备种类、维保记录、集团标准等资料归档编号，方便查阅。

（5）库存/损失控制　对部门所需材料进行采购和控制，并对库房进行标准化管理。

七、365 天可视化工作管理日历

1月 Jan.

01	02	03	04
■ 各专业系统设备集中消缺 ■ 柴油发电机定期起动测试（1次/月） ★ 游泳池水质检测（第三方） ■ 电梯半月例行保养（为期5天）	★ 签订水箱清洗、消毒合同（2次/年） ★ 签订酒店军团菌检测合同（1次/季）	■ 排污系统定期起动排污及泵体管道阀门检查消缺 ◎ 上报月度能耗对比表 ■ 进行宴会厅的灯光照明系统设备维护保养	■ 所有区域配电箱维护保养 ■ 冷却水泵维护保养 ■ 强电井设备维护保养 ■ 弱电井设备维护保养

09	10	11	12
★ 上报月度工作计划	■ 水泵房冷却水泵维护保养 ■ 水泵房水箱清洗消毒及管道阀门维护保养	■ 水泵房冷却水系统循环水智能加药装置维护保养	■ 检查大堂水幕的蓄水池、潜水泵、溢流管、排水口

17	18	19	20
■ 维护大堂天花照明	■ 宴会厅的会议音响、投影仪设备维护保养	★ 制订春节前安全大检查计划	■ 钢制防火门维护保养 ■ 配合客房部进行大堂新年装饰

25	26	27	28
■ 制冷机房螺杆机组电源启动柜维护保养	■ 制冷机房离心机组电源启动柜维护保养	★ 签订酒店油烟管道清洗合同（1次/季度）	■ 重要会议总结 ■ 水泵房二区浮动盘管换热器及管道阀门维护保养

★ 企业责任　■ 宾客体验　■ 安全资产　■ 员工团队　◎ 财务回报

05	06	07	08
■ 制冷机房离心机组维护保养 ■ 制冷机房冷却供冷板式换热机组维护保养 ■ 宴会厅门、大堂玻璃门维护保养	■ 二次变频冷水泵维护保养 ■ 变频补水泵维护保养、锅炉软水器水质测试 ■ 燃气泄漏巡检（锅炉房、厨房）	★ 大堂旋转门维护保养（维保单位） ★ 酒店电梯维护保养合同到期重新签订（提前两个月做准备工作） ★ 客房ONITY门锁维护保养（维保单位）	★ 程控交换机系统维护保养（维保单位） ■ 制冷机房分水器及阀门维护保养

13	14	15	16
■ 水泵房一区、二区换热设备维护保养 ■ 布草井检查及布草井排气口的清理 ■ 空调机组尘网清洗	■ 水泵房水箱清洗消毒及管道阀门维护保养 ■ 水泵房生活水箱清洗消毒及管道阀门维护保养	■ 应急照明系统维护保养 ■ 公共区域五金件的检查 ★ 每月材料采购计划 ■ 电梯半月例行保养（为期5天）	■ 客房永久维护保养 ★ 春节前工程材料备货

21	22	23	24
■ 水泵房冷冻水系统循环水智能加药装置维护保养 ■ 水泵房一区浮动盘管换热器及管道阀门维护保养	■ 变频补水泵维护保养 ■ 二次变频冷水泵维护保养 ■ 一次冷水泵维护保养	■ 洗衣房顶棚排风管道毛絮清理（1次/月） ■ 洗衣设备定期维护保养 ● 每月员工大会	■ 一次冷水泵维护保养 ■ 水泵房二区浮动盘管换热器及管道阀门维护保养

29	30	31	
★ 春节前安全大检查	■ 制冷机房离心机组电源启动柜维护保养	★ 召开月度绿色环保参与计划会议	

2月 Feb.

01
- 锅炉房燃气热水锅炉维护保养
- 锅炉房变频循环泵（一用一备）维护保养
- 柴油发电机定期起动测试（1次/月）
- 电梯半月例行保养（为期5天）

02
- 锅炉房变频补水泵（一用一备）维护保养
- 锅炉房除氧水泵（一用一备）维护保养
- ★ 游泳池水质检测（第三方）

03
- 燃气泄漏巡检（锅炉房、厨房）
- 锅炉房循环水智能加药装置维护保养
- 弱电井设备灰尘清理

04
- 锅炉房分水器及阀门维护保养
- 锅炉房集水器及阀门维护保养
- ◎ 上报月度能耗对比表

09
- ★ 上报月度工作计划

10
- ★ 签订酒店污水管道清理服务合同（1次/季度）
- 根据新的一年碳排放指标制订节能措施计划

11
- 应急照明系统维护保养
- 布草井检查及布草井排气口的清理

12
- 洗衣房真空烫台维护保养
- 洗衣房菌夹机维护保养
- 洗衣房领袖夹机维护保养

17
- 柴油发电机房日用油箱及油路管道阀门系统维护保养
- 柴油发电机房并车柜配电装置维护保养

18
- 清真粗加工厨房鱼肉类低温冷库设备维护保养
- 清真粗加工厨房鱼肉类高温冷库设备维护保养

19
- 饼房高温冷库设备维护保养
- 饼房低温冷库设备维护保养

20
- 饼房裱花间独立空调清理滤网
- 鱼类加工区鱼类高温冷库设备维护保养

25
- 饼房巧克力间独立空调清理滤网

26
- 客房预防性维护保养
- ★ 春节期间维修计划

27
- 雪花制冰机维护保养

28
- 洗衣房人像机维护保养
- ◎ 上报外包区域能源
- ★ 召开月度绿色环保参与计划会议

★ 企业责任　■ 宾客体验　■ 安全资产　● 员工团队　◎ 财务回报

05	06	07	08
■ 锅炉房板式换热机组维护保养 ■ 配电室干式变压器维护保养 ■ 强电井设备维护保养 ■ 弱电井设备维护保养	■ 配电室 I 段 MNS 柜抽屉式开关维护保养 ■ 员工厨房低温冷库维护保养	★ 签订酒店境外电视频道服务合同（提前两个月做准备工作） ■ 洗衣房大烫机维护保养 ■ 送风机组维护保养	★ 签订酒店锅炉维护保养合同（大包，每月巡检一次） ■ 员工厨房高温冷库维护保养

13	14	15	16
■ 洗衣房烘干机维护保养 ■ 洗衣房烘干机排风系统维护保养 ■ 空调机组滤网清洗及控制柜维护保养	■ 员工餐厅炉灶设施设备维护保养 ■ 洗衣房干洗机维护保养 ■ 方块制冰机维护保养 ■ 空调机组滤网清洗及控制柜维护保养	■ 柴油发电机组维护保养 ■ 排污系统定期起动排污及泵体管道阀门检查消缺 ◎ 每月材料采购计划 ■ 电梯半月例行保养（为期5天）	■ 清真粗加工厨房蔬果类高温冷库设备维护保养 ■ 清真粗加工厨房肉类高温冷库设备维护保养 ★ 第一季度污水管道疏通，化粪池、隔油池清理

21	22	23	24
■ 蔬果加工间蔬果类高温冷库设备维护保养 ■ 酒水冷库设备维护保养 ■ 水冷并联机组设备维护保养	■ 奶制品冷库设备维护保养 ■ 垃圾房冷藏库设备维护保养 ■ 肉类加工区肉类高温冷库设备维护保养	■ 柴油发电机组维护保养 ■ 洗衣房顶棚排风管道毛絮清理（1次/月）	● 每月员工大会

3月 Mar.

01	02	03	04
■ 全日制餐厅低温冷库设备维护保养 ■ 全日制餐厅高温冷库设备维护保养 ■ 柴油发电机定期起动测试（1次/月） ■ 电梯半月例行保养（为期5天）	■ 全日制餐厅制冰机及净水器维护保养	■ 全日制餐厅排风系统设备维护保养 ◎ 上报月度能耗对比表 ★ 游泳池水质检测（第三方）	■ 配电室Ⅱ段MNS柜抽屉式开关维护保养 ■ 锅炉房压力表校验 ■ 强电井设备维护保养

09	10	11	12
■ 大堂吧设施设备维护保养 ■ 大堂水景设施维护保养 ★ 上报月度工作计划	■ 布草井检查及布草井排气口的清理 ★ 第一季度军团菌水质采样及检测	■ 空调机组滤网清洗及控制柜维护保养 ■ 洗衣房空压机维护保养	■ 洗衣房蒸汽管道维护保养 ■ 洗衣房人像机维护保养

17	18	19	20
■ 公共区域及后场动力配电箱保养	★ 开展春季安全大检查自查工作	★ 第一季度厨房排油烟罩及烟道清洗（外包单位）	■ 排污系统定期起动排污及泵体管道阀门检查消缺

25	26	27	28
■ 洗衣房软化水设备维护保养	■ 公共区域及后场照明配电箱保养	■ 配电室干式变压器维护保养	■ 应急照明系统维护保养

★ 企业责任　■ 宾客体验　■ 安全资产　● 员工团队　◎ 财务回报

05
- ■ 全日制餐厅后区热厨炉灶维护保养
- ■ 燃气泄漏巡检（锅炉房、厨房）

06
- ■ 全日制餐厅西式热厨炉灶维护保养
- ■ 拆除春节装饰及室外装饰灯

07
- ■ 全日制餐厅比萨炉维护保养
- ■ 客房永久维护保养

08
- ■ 全日制餐厅洗碗机维护保养
- ■ 全日制餐厅强电井配电箱维护保养

13
- ■ 泛光照明维护保养
- ■ 泳池设备维护保养

14
- ■ 空调机组尘网清洗

15
- ■ 全日制餐厅酒吧设施设备维护保养
- ★ 每月材料采购计划
- ■ 电梯半月例行保养（为期5天）
- ■ 电梯季度保养（为期5天）

16
- ■ 公共区域五金件维护

21
- ■ 洗衣房折叠机维护保养

22
- ■ 弱电井设备清灰

23
- ■ 洗衣房烘干机排风系统维护保养
- ■ 洗衣房顶棚排风管道毛絮清理（1次/月）

24
- ■ 西餐厅厨房配电箱维护保养
- ● 每月员工大会

29
- ■ 酒店电梯维护保养合同重新签订
- ■ 上报外包区域能源
- ■ 召开月度绿色环保参与计划会议

30
- ■ 弱电井设备维护保养

31
- ■ 编制年度大中修、技改项目施工方案
- ■ 锅炉房软化水设备维护保养

4月 Apr.

01	02	03	04
■ 柴油发电机定期起动测试（1次/月） ■ 酒店停运供暖系统 ■ 电梯半月例行保养（为期5天）	■ 对宴会厅的灯光照明系统设备进行维护保养 ★ 游泳池水质检测（第三方）	■ 检查新风机组准备投运新风系统 ◎ 上报月度能耗对比表	■ 强电井设备维护保养 ★ 冰箱温度计校准送检 ■ 拆除室外防冻封堵

09	10	11	12
■ 中餐厨房高温冷库维护保养 ★ 上报月度工作计划	★ 中国境外用户收转境外卫星电视频道授权协议书重新签订 ■ 中餐厨房低温冷库维护保养	■ 大厅区域正常照明消缺 ■ 布草井检查及布草井排气口的清理	■ 包厢区域正常照明消缺 ■ 公共区域五金件维护

17	18	19	20
★ 大堂旋转门维护保养（委托厂家） ■ 宴会厅门、大堂玻璃门维护保养	■ 应急照明系统维护保养 ■ 烧腊间配电箱保养	■ 地下车库车道维护保养	■ 检查供冷板式换热器、供冷系统注水

25	26	27	28
■ 大厅、包厢区域空调滤网清洗 ■ 用餐包厢五金件检查	■ 用餐包厢卫生间设施设备检查	★ 召开月度绿色环保参与计划会议	★ 签订酒店旋转门维护保养合同（提前两个月做准备工作）

第十二章 工程部 365 天可视化工作管理实务

★ 企业责任　■ 宾客体验　■ 安全资产　● 员工团队　◎ 财务回报

05	06	07	08
■ 中餐厨房热厨炉灶维护保养 ■ 燃气泄漏巡检（锅炉房、厨房） ■ 泳池设施设备维护保养	■ 中餐厨房洗碗机维护保养 ■ 检查室外水景设备	■ 弱电井设备维护保养 ■ 室外绿化供水井检查	■ 中餐厨房冷菜间独立空调维护保养 ■ 中餐厨房配电箱保养

13	14	15	16
■ 面点房配电箱保养	■ 空调机组尘网清洗 ■ 用餐包厢空调尘网清洗	■ 空调机组滤网清洗及控制柜维护保养 ★ 每月材料采购计划 ■ 电梯半月例行保养（为期 5 天）	■ 配电室应急母线段 MNS 柜抽屉式开关维护保养 ■ 锅炉房膜盒压力表检测（第三方）

21	22	23	24
■ 清洗、检查冷却塔	■ 客房预防性维护保养	■ 配电室安全工具、仪器检测（第三方） ■ 洗衣房顶棚排风管道毛絮清理（1 次 / 月）	■ 排污系统定期起动排污及泵体管道阀门检查消缺 ● 每月员工大会

29	30		
■ 后区照明保养	■ 地下车库装修进行维护		

5月 May.

01	02	03	04
■ 柴油发电机定期起动测试（1次/月） ■ 投运酒店室外水景 ■ 洗衣房真空烫台维护保养 ■ 电梯半月例行保养（为期5天）	■ 宴会厨房高温冷库维护保养 ◎ 洗衣房菌夹机维护保养 ★ 游泳池水质检测（第三方）	■ 宴会厨房冷菜间独立空调维护保养 ■ 上报月度能耗对比表 ■ 冷却水泵维护保养	■ 宴会厨房低温冷库维护保养 ■ IT机房空调室外机灰尘清理 ■ 一次冷水泵维护保养

09	10	11	12
★ 上报月度工作计划 ■ 雪花制冰机维护保养	■ 后场照明检修 ■ 员工厨房低温冷库维护保养	■ 宴会厅后场设施设备检查 ■ 员工厨房高温冷库维护保养	■ 宴会厅灯光系统维护保养 ■ 布草井检查及布草井排气口的清理 ■ 清真粗加工厨房肉类高温冷库设备维护保养

17	18	19	20
★ 酒店电扶梯年度检验（第三方） ■ 饼房高温冷库设备维护保养 ■ 宴会厨房配电箱保养	★ 污水管道疏通、化粪池、隔油池清理 ■ 饼房低温冷库设备维护保养	■ 应急照明系统维护保养 ■ 饼房巧克力间独立空调清理滤网	■ 客房预防性维护保养 ■ 后场墙面修补、维护 ■ 水冷井联机组设备维护保养

25	26	27	28
■ 宴会厅音响系统维护保养 ■ 制冷机组试运行 ■ 垃圾房冷藏库设备维护保养	■ 宴会厅布展专用配电箱维护保养 ■ 肉类加工区肉类高温冷库设备维护保养 ■ 酒店开启制冷机组	■ 宴会厅舞台设施维护保养 ■ 柴油发电机组维护保养 ★ ONITY客房门锁维护保养合同谈判	■ 室外冷却塔风机维护保养 ■ 柴油发电机组维护保养 ◎ 上报外包区域能源 ★ 召开月度绿色环保参与计划会议

★ 企业责任　■ 宾客体验　■ 安全资产　● 员工团队　◎ 财务回报

05
- 宴会厨房洗碗机维护保养
- 燃气泄漏巡检（锅炉房、厨房）
- 洗衣房领袖夹机维护保养

06
- 宴会厨房热厨炉灶维护保养
- 屋面室外排油烟风机维护保养
- 洗衣房烘干机维护保养

07
- 方块制冰机维护保养
- 洗衣房烘干机排风系统维护保养

08
- 洗衣房干洗机维护保养
- 洗衣房大烫机维护保养

13
- 重要会议接待室会议及音响系统设备维护保养
- 公共卫生间设施设备维护保养
- 清真粗加工厨房蔬果类低温冷库设备维护保养

14
- 重要会议接待室智能照明设备维护保养
- 公共卫生间装修维护保养
- 洗衣房人像机维护保养

15
- ★ 每月材料采购计划
- 清真粗加工厨房鱼类低温冷库设备维护保养
- 电梯半月例行保养（为期5天）

16
- 弱电井设备维护保养
- 强电井设备维护保养
- 清真粗加工厨房鱼类高温冷库设备维护保养

21
- 宴会厅配电箱维护保养
- 宴会厅隔断维护保养
- 饼房裱花间独立空调清理滤网

22
- 会议室空调尘网清洗
- 鱼类加工区鱼类高温冷库设备维护保养

23
- 检查空调换热板、水泵等设施设备
- 洗衣房顶棚排风管道毛絮清理（1次/月）

24
- 酒店制冷系统水泵试运行
- 奶制品冷库设备维护保养
- ● 每月员工大会

29
- 室外冷却塔管道及阀门系统维护保养
- 冷却塔风扇电机维护保养
- 柴油发电机房并车柜配电装置维护保养

30
- 柴油发电机房日用油箱及油路管道阀门系统维护保养

31
- 锅炉设备准备年检
- 会议室五金件检查

6月 Jun.

01
- 柴油发电机定期起动测试（1次/月）
- 全日制餐厅低温冷库设备维护保养
- 全日制餐厅高温冷库设备维护保养
- 电梯半月例行保养（为期5天）

02
- 大厅区域空调滤网清洗
- 全日制餐厅制冰机及净水器维护保养
- ★ 游泳池水质检测（第三方）

03
- 包厢区域空调滤网清洗
- ◎ 上报月度能耗对比表
- 强电井设备维护保养

04
- 全日制餐厅西式热厨炉灶维护保养
- 全日制餐厅后区热厨炉灶维护保养

09
- ★ 上报月度工作计划
- 空调机组滤网清洗及控制柜维护保养

10
- ★ 第二季度军团菌水质采样及检测
- 布草井检查及布草井排气口的清理

11
- 大厅区域正常照明消缺
- 洗衣机房空压机维护保养

12
- 包厢区域正常照明消缺
- 洗衣房蒸汽管道维护保养
- 洗衣房折叠机维护保养

17
- 清真厨房热厨炉灶维护保养

18
- 泳池机房沙缸清洗
- 空调机组尘网清洗
- 用餐包厢空调滤网清洗

19
- 泳池机房循环泵维护保养
- 用餐包厢五金件检查
- 用餐包厢设施设备维护保养

20
- 泳池机房水质监控仪及臭氧杀菌装置维护保养
- 洗衣房软化水设备维护保养
- 前场照明消缺检修

25
- 强电井配电箱维护保养
- 弱电井设备维护保养

26
- 全日制餐厅比萨炉维护保养

27
- 泳池设备维护保养

28
- ◎ 上报外包区域能源

★ 企业责任　■ 宾客体验　■ 安全资产　● 员工团队　◎ 财务回报

05	06	07	08
■ 全日制餐厅西式热厨炉灶维护保养	■ 燃气泄漏巡检（锅炉房、厨房） ★ 酒店程控交换机维护保养合同（提前三个月准备）	■ 应急照明系统维护保养	■ 大堂吧设施设备维护保养 ■ 大堂水景设施维护保养

13	14	15	16
■ 空调机组滤网清洗 ■ 公共区域及后场动力配电箱保养 ■ 公共区域及后场照明配电箱保养	■ 空调机组动力控制柜维护保养	■ 客房预防性维护保养 ★ 每月材料采购计划 ■ 全日制餐厅酒吧设施设备维护保养 ■ 电梯半月例行保养（为期5天） ■ 电梯季度保养（为期5天） ■ 电梯半年保养（为期5天）	■ 排污系统定期起动排污及泵体管道阀门检查消缺 ■ 全日制餐厅洗碗机维护保养

21	22	23	24
■ 清真厨房洗碗机维护保养 ■ 后场照明消缺检修	■ 泳池机房板式换热器及系统管道阀门维护保养 ■ 洗衣房烘干机排风系统维护保养	■ 泳池机房PH平衡及消毒计量泵设备维护保养 ■ 西餐厅厨房配电箱维护保养 ■ 洗衣房顶棚排风管道毛絮清理（1次/月）	■ 大堂吧设施设备维护保养 ● 每月员工大会

29	30		
★ 第二季度厨房排油烟罩及烟道清洗（外包单位） ★ 召开月度绿色环保参与计划会议	■ 消防应急疏散指示系统维护保养 ■ 后场装修维护		

7月 Jul.

01
- 客房预防性维护保养
- 柴油发电机定期起动测试（1次/月）
- 电梯半月例行保养（为期5天）

02
- 水泵房二区浮动盘管换热器及管道阀门维护保养
- 泳池区域设施维护保养

03
- 健身房设施维护保养
- 男女更衣室设施维护保养
- ◎ 上报月度能耗对比表

04
- 强电井设备维护保养
- 弱电井设备维护保养
- 公共区域正常照明检查消缺

09
- ★ 上报月度工作计划

10
- 中餐厨房冷菜间独立空调维护保养

11
- ★ 泳池水质检测（第三方）

12
- 应急照明系统维护保养

17
- 冷却水泵（两用一备）维护保养
- 一次冷水泵（两用一备）维护保养
- 面点房配电箱维护保养

18
- 制冷机房离心机组电源起动柜维护保养
- 宴会厅门、大堂玻璃门维护保养
- 烧腊间配电箱维护保养

19
- 空调机组动力控制柜维护保养
- 空调机组滤网清洗
- 后区照明保养

20
- 制冷机房集水器及阀门维护保养
- 大厅、包厢区域空调滤网清洗
- "中国城"用餐包厢空调尘网清洗

25
- 水泵房水箱清洗消毒及管道阀门维护保养
- 应急照明系统维护保养

26
- 强电井设备维护保养
- 中餐厨房洗碗机维护保养

27
- 中餐厨房热厨炉灶维护保养

28
- ◎ 上报外包区域能源

★ 企业责任　■ 宾客体验　■ 安全资产　● 员工团队　◎ 财务回报

05	06	07	08
■ 排污系统定期起动排污及泵体管道阀门检查消缺 ■ 燃气泄漏巡检（锅炉房、厨房）	■ 空调机组滤网清洗及控制柜维护保养	■ 制冷机房离心机组维护保养 ■ 制冷机房冷却供冷板换维护保养	■ 水泵房一区浮动盘管换热器及管道阀门维护保养 ■ 水泵房生活水箱清洗消毒及管道阀门维护保养 ■ 宴会厅门、大堂玻璃门维护保养

13	14	15	16
■ 大堂旋转门维护保养（委托厂家） ■ 中餐厨房高温冷库维护保养 ■ 布草井检查及布草井排气口的清理	■ 宴会厅的灯光照明系统设备维护保养	■ 配电室干式变压器维护保养 ■ 配电室Ⅲ段MNS柜抽屉式开关维护保养 ★ 每月材料采购计划 ■ 电梯半月例行保养（为期5天）	■ 配电室Ⅳ段MNS柜抽屉式开关维护保养 ■ 中餐厨房冷菜间独立空调维护保养 ■ 中餐厨房配电箱保养

21	22	23	24
■ 程控交换机系统维护保养（委托新远景） ■ "中国城"用餐包厢五金件检查 ■ "中国城"用餐包厢卫生间设施设备检查	■ 水泵房冷却水系统循环水智能加药装置维护保养 ■ 制冷机房分水器及阀门维护保养 ■ 弱电井设备维护保养	■ 二次变频冷水泵（两用一备）维护保养 ■ 变频补水泵（一用一备）维护保养 ■ 洗衣房顶棚排风管道毛絮清理（1次/月） ■ "中国城"大厅区域正常照明消缺	■ 大堂旋转门维护保养（委托厂家） ● 每月员工大会 ■ 包厢区域正常照明消缺

29	30	31	
● 召开月度绿色环保参与计划会议	★ 签订ONITY客房门锁维护保养合同（大包，每季度巡检一次）	★ 签订酒店旋转门维护保养合同 ■ 公共区域五金件维护	

8月 Aug.

01
- 客房预防性维护保养
- ■ 柴油发电机定期起动测试（1次/月）
- ■ 雪花制冰机维护保养
- ■ 电梯半月例行保养（为期5天）

02
- ■ 宴会厅配电箱维护保养
- ■ IT机房空调室外机清理灰尘
- ◎ 上报月度能耗对比表

03
- ■ 高位水箱间设备维护保养
- ■ 宴会厅后场设施设备检查

04
- ■ 鱼类加工区鱼类高温冷库设备维护保养
- ■ 肉类加工区肉类高温冷库设备维护保养

09
- ★ 上报月度工作计划

10
- ■ 宴会厅音响系统维护保养

11
- ■ 员工厨房高温冷库维护保养、员工厨房低温冷库维护保养

12
- ■ 弱电井设备维护保养

17
- ■ 饼房巧克力间独立空调清理滤网
- ■ 饼房裱花间独立空调清理滤网

18
- ■ 锅炉房板式换热机组维护保养
- ★ 签订酒店防雷接地装置检测合同（每年监测1次）

19
- ■ 配电室干式变压器维护保养
- ■ 配电室I段MNS柜抽屉式开关维护保养
- ■ 强电井设备维护保养

20
- ■ 饼房高温冷库设备维护保养
- ■ 饼房低温冷库设备维护保养
- ■ 酒水冷库设备维护保养

25
- ■ 清真粗加工厨房蔬果类高温冷库设备维护保养
- ■ 清真粗加工厨房鱼类高温冷库设备维护保养
- ■ 宴会厅灯光系统维护保养

26
- ■ 清真粗加工厨房肉类高温冷库设备维护保养
- ■ 清真粗加工厨房鱼类低温冷库设备维护保养
- ■ 重要会议接待室音响系统设备维护保养

27
- ■ 洗衣房干压机维护保养
- ■ 洗衣房湿夹机维护保养
- ■ 重要会议接待室智能照明设备维护保养

28
- ■ 应急照明系统维护保养
- ★ 召开月度绿色环保参与计划会议
- ◎ 上报外包区域能源

★ 企业责任　■ 宾客体验　■ 安全资产　■ 员工团队　◎ 财务回报

05
- ■ 强电井设备维护保养
- ■ 空调机组滤网清洗
- ■ 空调机组动力控制柜维护保养

06
- ■ 柴油发电机房日用油箱及油路管道阀门系统维护保养
- ■ 柴油发电机房并车柜配电装置维护保养
- ■ 宴会厅舞台设施维护保养

07
- ■ 配电室应急母线段 MNS 柜抽屉式开关维护保养
- ■ 配电室干式变压器维护保养
- ■ 配电室 IV 段 MNS 柜抽屉式开关维护保养

08
- ■ 排污系统定期起动排污及泵体管道阀门检查消缺
- ■ 宴会厅布展专用配电箱维护保养

13
- ■ 锅炉房循环水智能加药装置维护保养
- ■ 锅炉房燃气泄漏巡检、水冷并联机组设备维护保养
- ■ 垃圾房冷藏库设备维护保养

14
- ■ 锅炉房燃气热水锅炉维护保养
- ■ 锅炉房除氧水泵（一用一备）维护保养
- ■ 每月材料采购计划

15
- ■ 锅炉房变频循环泵（一用一备）维护保养
- ■ 锅炉房变频补水泵（一用一备）维护保养
- ■ 电梯半月例行保养（为期5天）

16
- ■ 送风机组维护保养
- ■ 锅炉房集水器及阀门维护保养
- ■ 锅炉房分水器及阀门维护保养

21
- ■ 洗衣房水洗机维护保养
- ■ 洗衣房领袖夹机维护保养、洗衣房菌夹机维护保养
- ■ 洗衣房真空烫台维护保养

22
- ■ 蔬果加工间蔬果类高温冷库设备维护保养
- ■ 奶制品冷库设备维护保养
- ■ 宴会厨房配电箱保养

23
- ■ 办公区域正常照明检查消缺
- ■ SPA 区域正常照明检查消缺
- ■ 洗衣房顶棚排风管道毛絮清理（1次/月）

24
- ■ 水泵房一区、二区换热设备维护保养
- ■ 方块制冰机维护保养
- ● 每月员工大会

29
- ■ 柴油发电机组维护保养
- ■ 柴油发电机组维护保养
- ★ 第三季度污水管道疏通，化粪池、隔油池清理

30
- ■ 办公区域应急照明系统检查消缺
- ■ SPA 区域应急照明系统检查消缺
- ★ 泳池水质检测（第三方）

31
- ★ 酒店程控交换机维护保养合同到期重新签订
- ■ 会议室空调尘网清洗

9月 Sep.

01
- 强电井配电箱维护保养
- 弱电井设备维护保养
- 全日制餐厅低温冷库设备维护保养
- 柴油发电机定期起动测试（1次/月）
- 电梯半月例行保养（为期5天）

02
- 全日制餐厅高温冷库设备维护保养
- 大厅区域空调滤网清洗

03
- 排污系统定期起动排污及泵体管道阀门检查消缺
- 包厢区域空调滤网清洗
- ◎ 上报月度能耗对比表

04
- 弱电井设备维护保养
- 强电井设备维护保养
- 燃气泄漏巡检（锅炉房、厨房）

09
- 全日制餐厅中式热厨炉灶维护保养
- 全日制餐厅西式热厨炉灶维护保养
- ★ 上报月度工作计划

10
- 全日制餐厅比萨炉维护保养
- 全日制餐厅后区热厨炉灶维护保养
- 西餐厅厨房配电箱维护保养

11
- 配电室Ⅱ段MNS柜抽屉式开关维护保养
- 大厅区域正常照明消缺
- 包厢区域正常照明消缺

12
- ★ 泳池水质检测（第三方）
- ★ 西餐厅厨房安素消防系统维护保养（委托厂家）
- 空调机组滤网清洗

17
- 洗衣房软化水设备维护保养
- 后场照明消缺检修
- 前场照明消缺检修

18
- 大堂水景设施维护保养
- 大堂吧设施设备维护保养

19
- 洗衣房烘干机排风系统维护保养
- 洗衣房平烫机维护保养

20
- 空调机组滤网清洗及控制柜维护保养
- 用餐包厢空调滤网清洗

25
- ★ 第三季度军团菌水质采样及检测

26
- 泳池机房板式换热器及系统管道阀门维护保养

27
- 应急照明系统维护保养

28
- 上报外包区域能源
- ★ 召开月度绿色环保参与计划会议

★ 企业责任　■ 宾客体验　● 安全资产　● 员工团队　◎ 财务回报

05	06	07	08
■ 强电井设备维护保养	■ 全日制餐厅排风系统设备维护保养 ■ 全日制餐厅制冰机及净水器维护保养 ■ 弱电井设备维护保养	■ 公共区域正常照明检查消缺	■ 洗衣房大烫机维护保养 ■ 洗衣房人像机维护保养 ■ 布草井检查及布草井排气口的清理

13	14	15	16
■ 空调机组动力控制柜维护保养	■ 清真厨房热厨炉灶维护保养	★ 第三季度厨房排油烟罩及管道清洗（外包单位） ★ 每月材料采购计划 ■ 电梯半月例行保养（为期5天） ■ 电梯季度保养（为期5天）	■ 全日制餐厅洗碗机维护保养 ■ 全日制餐厅强电井配电箱维护保养

21	22	23	24
■ 公共区域及后场照明配电箱保养 ■ 用餐包厢五金件检查 ■ 用餐包厢设施设备维护保养	■ 全日制餐厅酒吧设施设备维护保养 ■ 西餐厅厨房配电箱维护保养	■ 洗衣房顶棚排风管道毛絮清理（1次/月）	● 每月员工大会

29	30		
■ 客房预防性维护保养	■ 换热机房设备维护保养		

10月 Oct.

01
- 排污系统定期起动排污及泵体管道阀门检查消缺
- 柴油发电机定期起动测试（1次/月）
- 电梯半月例行保养（为期5天）

02
- 厨房配电箱保养
- 水泵房二区浮动盘管换热器及管道阀门维护保养
- 泳池区域设施维护保养

03
◎ 上报月度能耗对比表
- 健身房设施维护保养
- 男女更衣室设施维护保养

04
- 燃气泄漏巡检
- 自来水滤芯清洗更换
- 公共区域正常照明检查消缺

09
- 中餐厨房热厨炉灶维护保养
- 中餐厨房洗碗机维护保养
★ 上报月度工作计划

10
- 完成次年大中修、技改项目立项申报工作
- 完成次年固定资产零购计划

11
- 空调机组滤网清洗及控制柜维护保养

12
- 应急照明系统维护保养
- 弱电井设备维护保养

17
- 中餐厨房冷菜间独立空调维护保养

18
- 烧腊间配电箱保养

19
★ 泳池水质检测（第三方）
- 宴会厅门维护保养

20
- 六区换热机房设备维护保养
- 五区换热机房设备维护保养

25
- 大堂玻璃门维护保养

26
- 包厢区域正常照明消缺

27
◎ 上报外包区域能源

28
- 大厅区域正常照明消缺
★ 召开月度绿色环保参与计划会议

★ 企业责任　■ 宾客体验　■ 安全资产　● 员工团队　◎ 财务回报

05
- 空调机组滤网清洗及控制柜维护保养
- 强电井设备维护保养
- 弱电井设备维护保养

06
- 空调机组滤网清洗及控制柜维护保养
- 燃气泄漏巡检（锅炉房、厨房）

07
- 制冷机房离心机组维护保养
- 制冷机房冷却供冷板式换热器维护保养

08
- 大堂吧设施设备维护保养
- 大堂水景设施维护保养

13
- 中餐厨房高温冷库维护保养
- 中餐厨房低温冷库维护保养

14
- 对酒店设施设备进行防冻检查及防冻封堵
- 布草井检查及布草井排气口的清理

15
- 水泵房管道阀门维护保养
- 水泵房管道阀门冷却水泵（两用一备）维护保养
- 水泵房管道阀门一次冷水泵（两用一备）维护保养
- 电梯半月例行保养（为期5天）

16
- 客房预防性维护保养
- 中餐厨房冷菜间独立空调维护保养
- 中厨房配电箱保养

21
- ★ 大堂旋转门维护保养（委托厂家）
- 空调机组滤网清洗
- 后区照明保养

22
- 宴会厅的灯光照明系统设备维护保养
- 应急照明系统维护保养

23
- ★ 每月材料采购计划
- ● 每月员工大会
- 洗衣房顶棚排风管道毛絮清理（1次/月）

24
- 开展冬季安全大检查自查工作
- 配电室安全工器具检测（第三方）
- 锅炉房膜盒压力表检测（第三方）

29
- 大厅、包厢区域空调滤网清洗

30
- 用餐包厢五金件检查
- 用餐包厢卫生间设施设备检查
- ★ 程控交换机系统维护保养（第三方）

31
- 制冷机房集水器及阀门维护保养
- 大厅、包厢区域空调滤网清洗
- 用餐包厢空调尘网清洗

11月 Nov.

01
- IT机房空调室外机清理灰尘
- 雪花制冰机维护保养
- 电梯半月例行保养（为期5天）

02
- 柴油发电机定期起动测试（每周一次）
- 员工厨房高温冷库维护保养、员工厨房低温冷库维护保养

03
- 宴会厅配电箱维护保养
- ◎ 上报月度能耗对比表
- 空调机组动力控制柜维护保养

04
- 宴会厨房高温冷库维护保养
- 鱼类加工区鱼类高温冷库设备维护保养
- 肉类加工区肉类高温冷库设备维护保养

09
- 会议室会议及音响系统设备维护保养
- ★ 上报月度工作计划
- 酒水冷库设备维护保养

10
- 会议室智能照明设备维护保养
- 锅炉房循环水智能加药装置维护保养
- 锅炉房燃气泄漏巡检、水冷并联机组设备维护保养

11
- 重要会议接待室智能照明设备维护保养
- 垃圾房冷藏库设备维护保养
- 宴会厅后场设施设备检查

12
- 宴会厅灯光系统维护保养
- 锅炉房燃气热水锅炉维护保养
- 锅炉房除氧水泵（一用一备）维护保养

17
- ★ 第四季度污水管道疏通，化粪池、隔油池清理
- 饼房巧克力间独立空调清理滤网
- 饼房裱花间独立空调清理滤网

18
- 宴会厨房配电箱保养

19
- ★ 泳池水质检测（第三方）
- 锅炉房板式换热机组维护保养

20
- 客房预防性维护保养
- 配电室干式变压器维护保养
- 配电室I段MNS柜抽屉式开关维护保养

25
- 办公区域正常照明检查消缺
- 水疗区域正常照明检查消缺

26
- 水泵房一区、二区换热设备维护保养
- 方块制冰机维护保养

27
- 室外冷却塔管道及阀门系统维护保养
- 清真粗加工厨房蔬果类高温冷库设备维护保养
- 清真粗加工厨房鱼类高温冷库设备维护保养

28
- 室外冷却塔风机维护保养
- 清真粗加工厨房肉类高温冷库设备维护保养
- 清真粗加工厨房鱼肉类低温冷库设备维护保养
- ★ 召开月度绿色环保参与计划会议

★ 企业责任　■ 宾客体验　■ 安全资产　● 员工团队　◎ 财务回报

05
- ■ 宴会厨房冷菜间独立空调维护保养
- ■ 弱电井设备维护保养

06
- ■ 宴会厨房低温冷库维护保养
- ■ 柴油发电机房日用油箱及油路管道阀门系统维护保养
- ■ 柴油发电机房并车柜配电装置维护保养

07
- ■ 宴会厨房洗碗机维护保养
- ■ 配电室应急母线段MNS柜抽屉式开关维护保养
- ■ 配电室干式变压器维护保养

08
- ■ 宴会厨房热厨炉灶维护保养
- ■ 配电室IV段MNS柜抽屉式开关维护保养
- ■ 强电井设备维护保养

13
- ■ 宴会厅音响系统维护保养
- ■ 锅炉房变频循环泵（一用一备）维护保养
- ★ 酒店油烟管道清洗合同（提前三个月做准备工作）

14
- ■ 宴会厅布展专用配电箱维护保养
- ■ 锅炉房集水器及阀门维护保养
- ■ 锅炉房分水器及阀门维护保养

15
- ■ 宴会厅舞台设施维护保养
- ★ 每月材料采购计划
- ■ 电梯半月例行保养（为期5天）

16
- ■ 宴会厅灯光系统维护保养

21
- ■ 弱电井设备维护保养
- ■ 饼房高温冷库设备维护保养
- ■ 饼房低温冷库设备维护保养

22
- ■ 强电井设备维护保养
- ■ 洗衣房领袖夹机维护保养、洗衣房菌夹机维护保养
- ■ 洗衣房真空烫台维护保养

23
- ■ 洗衣房顶棚排风管道毛絮清理（1次/月）
- ● 每月员工大会

24
- ■ 蔬果加工间蔬果类高温冷库设备维护保养
- ■ 奶制品冷库设备维护保养

29
- ★ 酒店防雷接地装置检测合同重新签订
- ■ 洗衣房干压机维护保养
- ■ 洗衣房湿夹机维护保养

30
- ■ 空调机房机组尘网清洗
- ■ 应急照明系统维护保养
- ◎ 上报外包区域能源

12月 Dec.

01
- 柴油发电机定期起动测试（每周一次）
- 强电井配电箱维护保养
- 弱电井设备维护保养
- 电梯半月例行保养（为期5天）

02
- 泳池机房板式换热器及系统管道阀门维护保养
- 全日制餐厅高、低温冷库设备维护保养
- 大厅区域空调滤网清洗

03
- 燃气泄漏巡检（锅炉房、厨房）
- 包厢区域空调滤网清洗
- ◎ 上报月度能耗对比表

04
- 大厅区域空调滤网清洗
- 包厢区域空调滤网清洗
- 公共区域及后场照明配电箱保养

09
- 清真厨房热厨炉灶维护保养
- ★ 上报月度工作计划
- 空调机组动力控制柜维护保养

10
- ★ 泳池水质检测（第三方）

11
- ★ 第四季度军团菌水质采样及检测

12
- 全日制餐厅中式热厨炉灶维护保养
- 全日制餐厅西式热厨炉灶维护保养

17
- 大厅区域正常照明消缺
- 全日制餐厅洗碗机维护保养
- 全日制餐厅强电井配电箱维护保养

18
- 包厢区域正常照明消缺
- 大堂水景设施维护保养
- 大堂吧设施设备维护保养

19
- 空调机组滤网清洗
- 洗衣房烘干机排风系统维护保养
- 洗衣房平烫机维护保养

20
- 空调机组动力控制柜维护保养
- 用餐包厢五金件检查
- 用餐包厢设施设备维护保养

25
- 泳池机房循环泵维护保养
- 应急照明系统维护保养

26
- 泳池机房水质监控仪及臭氧杀菌装置维护保养
- 洗衣房软化水设备维护保养
- 空调机组滤网清洗及控制柜维护保养

27
- ◎ 上报外包区域能耗
- ★ 签订酒店污水管道服务合同（提前三个月做准备工作）

28
- ★ 召开月度绿色环保参与计划会议

★ 企业责任　■ 宾客体验　■ 安全资产　● 员工团队　◎ 财务回报

05
- ■ 应急照明系统维护保养

06
- ■ 全日制餐厅排风系统设备维护保养
- ■ 全日制餐厅制冰机及净水器维护保养

07
- ■ 配电室干式变压器维护保养

08
- ■ 清真厨房洗碗机维护保养
- ■ 布草井检查及布草井排气口的清理
- ■ 西餐厅厨房配电箱维护保养

13
- ■ 客房预防性维护保养
- ■ 全日制餐厅比萨炉维护保养
- ■ 公共区域正常照明检查消缺

14
- ■ 大厅区域正常照明消缺
- ■ 包厢区域正常照明消缺

15
- ■ 酒店重大活动：配合餐饮进行圣诞夜、跨年夜活动策划并执行
- ■ 空调机组滤网清洗
- ★ 每月材料采购计划
- ■ 电梯半月例行保养（为期5天）
- ■ 电梯季度保养（为期5天）
- ■ 电梯半年保养（为期5天）
- ■ 电梯年度保养（为期5天）

16
- ■ 排污系统定期起动排污及泵体管道阀门检查消缺
- ★ 春节前工程材料备货计划
- ■ 公共区域及后场照明配电箱保养

21
- ■ 全日制餐厅酒吧设施设备维护保养

22
- ● 每月员工大会

23
- ■ 洗衣房顶棚排风管道毛絮清理（1次/月）
- ■ 强电井配电箱维护保养
- ■ 弱电井设备维护保养

24
- ■ 泳池机房沙缸清洗

29
- ■ 布草井检查及布草井排气口的清理

30
- ■ 换热机房设备维护保养

31
- ■ 后区照明保养
- ■ 空调机房机组尘网清洗